数字新媒体营销产教融合型系列教材

电商运营实务

DIANSHANG YUNYING SHIWU

主　编　林志明　王　勇
副主编　钱　敏　周　光

苏州大学出版社
Soochow University Press

图书在版编目(CIP)数据

电商运营实务 ／林志明，王勇主编. --苏州：苏州大学出版社，2024.9. --（数字新媒体营销产教融合型系列教材）. -- ISBN 978-7-5672-4811-3

Ⅰ．F713.365.1

中国国家版本馆 CIP 数据核字第 2024VA5495 号

书　　名：	电商运营实务
主　　编：	林志明　王　勇
责任编辑：	史创新
助理编辑：	王秀秀
封面设计：	刘　俊
出版发行：	苏州大学出版社(Soochow University Press)
社　　址：	苏州市十梓街1号　邮编：215006
印　　装：	苏州市古得堡数码印刷有限公司
网　　址：	www.sudapress.com
邮　　箱：	sdcbs@suda.edu.cn
邮购热线：	0512-67480030
销售热线：	0512-67481020
开　　本：	787 mm×1 092 mm　1/16　印张：14.25　字数：304 千
版　　次：	2024 年 9 月第 1 版
印　　次：	2024 年 9 月第 1 次印刷
书　　号：	ISBN 978-7-5672-4811-3
定　　价：	45.00 元

凡购本社图书发现印装错误，请与本社联系调换。服务热线：0512-67481020

数字新媒体营销产教融合型系列教材编委会

主 任 徐惠钢

副主任 许广举 施 杨

委 员 梁柏松 胡朝斌 尹自强

田 林 杨 帅 蔡瑞林

林志明 沈向东 施晓岚

徐金龙

Preface 前 言

近年，我国网络零售市场稳步增长，线上零售渗透的行业和品类持续扩大，这得益于电子商务在促消费、扩就业、带动产业数字化转型方面的积极贡献。电子商务成为经济稳定增长和高质量发展的重要推力。

电子商务行业瞬息万变，新平台、新技术、新概念、新模式层出不穷，但电商运营是根本，它是开展线上销售活动的必备环节。在这样的大背景下，电商企业要想在日益激烈的市场竞争中站稳脚跟，势必要聚拢电商运营人才，组建优质的运营团体，制订科学的运营策略。同时，实体企业电商化销售使得社会对电商运营人才的需求越来越大。基于此，为了培养满足行业需求的高品质电商运营技能型、应用型人才，编者联合大型电商经营企业精心编撰了本书。

本书紧贴社会需求，从电商经营的实际应用出发，聚焦电商运营岗位的核心技能，以能力培养为目标，旨在让读者掌握电商运营的基本方法，具备电商运营的应用能力，更好地适应企业对电商化销售的需求。本书内容涵盖电商运营概述、网上开店、网店运营、数据运营、流量运营、粉丝运营、活动运营、客服运营、仓储及进销存等。本书适用于应用型本科高校及高职高专院校电子商务、市场营销、工商管理等相关专业的教材或教学参考书，对从事电子商务管理、运营、推广、客服、仓储等人员的实际工作也具有参考价值。

本书具备以下特点。

(1) 逻辑清晰，实用性强

本书以电子商务运营流程为主线，建立了脉络清晰、结构紧密、内容完整的课程体系。同时，在内容上更加注重实例的分析和具体操作方法与流程的讲解，学以致用，符合技能型、应用型的定位。

（2）图文并茂，讲解详细

本书采用图文结合的方式进行讲解，以图析文，以文释图，使读者能够更加直观地理解相关理论知识，快速地掌握操作方法与技巧。

（3）案例丰富，实操性强

本书收集整理了一些运营的精彩案例，并详细分析了案例的思路和模式，介绍了操作过程与方法，使读者能通过案例实操，更加生动地领会所学知识点，真正达到一学即会、举一反三的学习效果。

本书是校企融合教材，由常熟理工学院的林志明和上海路捷鲲驰集团股份有限公司的王勇担任主编，常熟理工学院的钱敏、周光担任副主编，全书由林志明负责统稿。编写过程中，参考了大量文献资料，在此对资料的作者表示诚挚的感谢。由于编者水平有限，书中难免存在疏漏和不足之处，敬请广大读者批评斧正，在此深表谢意！

林志明

2024 年 6 月

目录

第1章 电商运营概述 /1

- 1.1 我国电子商务的发展 /1
  - 1.1.1 电子商务的概念及其意义 /1
  - 1.1.2 我国电子商务的发展历程 /2
  - 1.1.3 我国电子商务的发展趋势 /5
- 1.2 电商运营基本原理 /6
  - 1.2.1 电商运营的含义 /6
  - 1.2.2 电商运营的特点 /7
  - 1.2.3 电商运营的核心内容 /8
  - 1.2.4 电商运营的模式 /9
  - 1.2.5 电商运营效果评估 /12
- 1.3 电商运营岗位 /12
  - 1.3.1 基本岗位设置 /13
  - 1.3.2 其他岗位设置 /14
- 1.4 电商运营思维 /15
  - 1.4.1 用户思维 /15
  - 1.4.2 产品思维 /16
  - 1.4.3 流量思维 /17
  - 1.4.4 数据思维 /19
- 本章小结 /20

第2章 网上开店 /21

- 2.1 电商经营的合法性 /21
  - 2.1.1 电商经营者身份 /22
  - 2.1.2 电商经营行政许可 /23
  - 2.1.3 电商经营基本规范 /23
- 2.2 开店准备 /24

2.2.1 网上开店的含义 / 24
2.2.2 网上开店的特点 / 24
2.2.3 网上开店的基本条件 / 25
2.2.4 网店定位 / 26

2.3 开店资质 / 28
2.3.1 淘宝网开店资质 / 28
2.3.2 京东商城开店资质 / 31
2.3.3 全球速卖通开店资质 / 34
2.3.4 移动微店开店资质 / 34

2.4 开店流程 / 35
2.4.1 平台开店基本流程 / 35
2.4.2 淘宝开店流程 / 36
2.4.3 店铺基本设置 / 40

本章小结 / 45

第3章 网店运营 / 46

3.1 货品选择 / 46
3.1.1 选品策略与标准 / 46
3.1.2 进货渠道分析 / 49
3.1.3 商品定价策略 / 52

3.2 商品发布 / 55
3.2.1 商品发布流程 / 55
3.2.2 商品标题的优化设计 / 57
3.2.3 物流工具设置 / 65

3.3 视觉营销 / 67
3.3.1 视觉营销含义 / 67
3.3.2 商品价值挖掘 / 69
3.3.3 主图策划 / 71
3.3.4 详情页策划 / 74

3.4 日常运营 / 77
3.4.1 网店商品管理 / 77
3.4.2 网店交易管理 / 80
3.4.3 商品信息优化 / 81
3.4.4 店铺体检中心 / 82

本章小结 / 83

- 第4章 数据运营 / 85
  - 4.1 数据运营概述 / 85
    - 4.1.1 数据运营的含义及其意义 / 85
    - 4.1.2 数据运营分析方法 / 87
    - 4.1.3 数据分析的基础工具 / 88
    - 4.1.4 数据分析的平台工具 / 90
  - 4.2 市场数据分析 / 94
    - 4.2.1 市场容量及生命周期 / 94
    - 4.2.2 市场集中度 / 96
    - 4.2.3 消费者特征 / 97
  - 4.3 店铺数据分析 / 99
    - 4.3.1 店铺成交额基本公式 / 99
    - 4.3.2 网店数据其他指标 / 107
  - 4.4 商品数据分析 / 109
    - 4.4.1 上架前商品数据分析 / 109
    - 4.4.2 上架后商品数据分析 / 114
  - 本章小结 / 121

- 第5章 流量运营 / 122
  - 5.1 流量运营概述 / 122
    - 5.1.1 流量运营困境 / 122
    - 5.1.2 流量运营的基本概念 / 123
    - 5.1.3 流量运营过程 / 124
    - 5.1.4 流量运营渠道 / 128
  - 5.2 短视频流量运营 / 129
    - 5.2.1 短视频流量获取 / 129
    - 5.2.2 短视频流量留存 / 130
    - 5.2.3 短视频流量裂变 / 131
    - 5.2.4 短视频流量变现 / 132
  - 5.3 直播流量运营 / 133
    - 5.3.1 直播引流 / 133
    - 5.3.2 直播流量留存和裂变 / 134
    - 5.3.3 直播流量变现 / 135
  - 5.4 社群流量运营 / 136
    - 5.4.1 社群流量获取 / 136

5.4.2 社群流量留存 / 137
         5.4.3 社群流量裂变 / 138
         5.4.4 社群流量变现 / 139
    5.5 微信公众号流量运营 / 140
         5.5.1 微信公众号流量获取 / 140
         5.5.2 微信公众号流量留存 / 141
         5.5.3 微信公众号流量裂变 / 142
         5.5.4 微信公众号流量变现 / 142
    本章小结 / 143

● 第6章 粉丝运营 / 144
    6.1 粉丝及其心理分析 / 144
         6.1.1 粉丝相关概念 / 144
         6.1.2 粉丝的心理特点 / 146
    6.2 粉丝群体形成 / 147
         6.2.1 定位粉丝群体 / 148
         6.2.2 聚集粉丝群体 / 148
    6.3 粉丝群体激活 / 149
         6.3.1 提升账号魅力 / 149
         6.3.2 强化粉丝互动 / 150
         6.3.3 举办活动聚集粉丝 / 151
    6.4 粉丝全链运营 / 151
         6.4.1 自媒体沉淀粉丝 / 152
         6.4.2 社群运营增强粉丝黏性 / 153
    6.5 短视频粉丝运营 / 155
         6.5.1 短视频吸粉 / 155
         6.5.2 短视频推广 / 156
         6.5.3 短视频粉丝运营 / 157
    本章小结 / 159

● 第7章 活动运营 / 160
    7.1 活动运营策略 / 160
         7.1.1 活动运营的含义 / 160
         7.1.2 活动类型 / 161
         7.1.3 活动运营策略 / 164
    7.2 店铺活动策划 / 168

7.2.1 目标设定 / 168
  7.2.2 活动策划 / 168
  7.2.3 后续工作 / 169
 7.3 爆品打造 / 171
  7.3.1 爆品内涵 / 171
  7.3.2 爆品运营 / 172
  7.3.3 爆品传播 / 174
  7.3.4 爆品营销 / 175
 本章小结 / 179

● 第8章 客服运营 / 180
 8.1 客服概述 / 180
  8.1.1 客服的含义和作用 / 180
  8.1.2 客服岗位职责 / 181
  8.1.3 客服的任职基础 / 182
  8.1.4 客服的知识结构 / 183
 8.2 客服技巧 / 183
  8.2.1 语言沟通技巧 / 183
  8.2.2 聊天工具使用技巧 / 184
  8.2.3 处理价格异议 / 185
  8.2.4 处理交易纠纷 / 185
 8.3 客户关系管理 / 187
  8.3.1 客户关系管理的内涵 / 187
  8.3.2 客服关系管理系统 / 187
  8.3.3 客户关怀方法 / 189
  8.3.4 客户忠诚度管理 / 191
 本章小结 / 195

● 第9章 仓储及进销存 / 196
 9.1 进销存实务 / 196
  9.1.1 网店 ERP / 196
  9.1.2 销售发货处理 / 197
  9.1.3 销售统计与分析 / 198
  9.1.4 采购管理 / 199
  9.1.5 入库管理 / 199
  9.1.6 盘存管理 / 199

9.2 包装 / 200
    9.2.1 包装及其分类 / 200
    9.2.2 包装在营销中的作用 / 201
    9.2.3 包装设计与要求 / 202
    9.2.4 包装装潢 / 203
    9.2.5 包装策略 / 204

9.3 物流 / 205
    9.3.1 物流的含义与职能 / 205
    9.3.2 电商物流管理目标及其实现手段 / 205
    9.3.3 电商物流仓储及功能区 / 207
    9.3.4 电商物流的工作流程 / 208
    9.3.5 电商物流相关岗位职责 / 211
    9.3.6 仓储管理系统 / 211

本章小结 / 213

● **参考文献** / 215

第1章　电商运营概述

当前世界经济正向数字化转型，大力发展数字经济成为全球共识。中国也高度重视数字经济发展，提出要坚定不移地建设数字中国，加快数字化发展。电子商务作为数字经济中规模最大、表现最活跃、发展势头最好的新业态新动能，是新发展格局蓝图中非常重要的一环，在畅通国内大循环，促进国内国际双循环中发挥重要作用。一方面，电子商务全面融入国民经济各领域，推动形成全球协作的电子商务大市场，成为新经济增长和新旧动能转换的关键动力；另一方面，电子商务全面覆盖社会发展各领域，带动教育、医疗、文化、旅游等社会事业创新发展，成为促进就业、改善民生、惠及城乡、助力乡村振兴的重要力量。

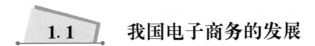

1.1　我国电子商务的发展

1.1.1　电子商务的概念及其意义

电子商务（简称电商），是指通过互联网等信息网络销售商品或者提供服务的经营活动（《中华人民共和国电子商务法》）。

广义电子商务是指使用各种电子工具从事商务劳动或活动。电子工具从初级的电报、电话、广播、电视、传真，到现代计算机、计算机网络，再到NII（国家信息基础设施——信息高速公路）、GII（全球信息基础设施）和Internet（互联网）等现代网络通信系统。商务活动是从泛商品（实物与非实物，商品与商品化的生产要素）的需求活动到泛商品的合理、合法的消费，除去典型的生产过程后的所有活动。

狭义电子商务特指当代利用互联网从事的商务劳动或活动。

电子商务是在技术、经济高度发达的现代社会里，由掌握信息技术和商务规则的人，系统化地运用电子工具，高效率、低成本地从事以商品交换为中心的各种活动的总称。在实际应用中，电子商务是指应用互联网或其他网络购买、销售、运输或者交易泛商品和服务的活动。从更广的意义上来说，电子商务不仅指线上交易活动，也包括所有线上的商业活动，如售前、售中、售后的客户服务，交易信息的发布，网络广告宣传，公司品牌宣传，商业伙伴合作，机构组织内的电子交易活动，等等。

电子商务的成功实践具有重大意义：

① 电子商务是21世纪商业创新的主要动力。20世纪90年代互联网的迅速普及标志着信息时代的来临，电子商务在促进消费与结构调整方面展现出强大的潜力，到21世纪成为驱动国民经济与社会发展的新要素，也为技术进步与创新创造提供了重要平台。

② 电子商务深度触摸各行各业各领域。21世纪以来，电子商务已深入扩展至生活服务、教育、旅游、医疗、娱乐、社交、房产、政府治理、金融等诸多领域，其竞争结构也由网站为王、服务为王转变成内容为王、流量为王。

③ 电子商务提升经济效率，创新商业模式。电子商务二十余年的发展历程说明，作为驱动我国经济与社会发展的新动能，电子商务的鲜明特征体现在其对传统经济和商业模式升级与创新的双元影响上。一方面，电子商务扩大了传统经济运营的规模，提升了效率（升级）；另一方面，电子商务和传统经济的融合也催生出商业的全新模式与全新业态（创新）。

④ 电子商务驱动数字经济大发展。作为数字经济的突出代表，电子商务在促消费、保增长、调结构、促转型等方面展现出前所未有的发展潜力，也为大众创业、万众创新提供了广阔的发展空间，成为我国应对经济下行趋势、驱动经济与社会创新发展的重要动力。

近年来我国电子商务持续快速发展，各种新业态不断涌现，在增强经济发展活力、提高资源配置效率、推动传统产业转型升级、开辟就业创业渠道等方面发挥了重要作用。

1.1.2 我国电子商务的发展历程

我国的电子商务发展得益于互联网的迅速普及与快速发展。随着网民数量的持续增长和互联网人口红利的逐步释放，我国互联网发展经历了四次浪潮，分别是萌芽探索时期、动荡发展时期、万物互联时期和人工智能时期。以互联网技术和平台为基础的电子商务与互联网发展息息相关，涌现出丰富的创业创新模式，也历经了多种原因导致的商业模式衰退甚至失败。

过去二十余年，我国电子商务发展根据转型期的重要事件，可分为三个阶段，即培育期（1999—2005年）、创新期（2005—2015年）和引领期（2015—2023年）。

研究发现，我国电子商务二十余年发展的三个时期呈现出鲜明的时代特征，如表

1-1所示。具体而言，培育期的主要特征是适者生存，创新期是胜者为王，引领期是来者居上。从发展定位来看，我国电子商务在培育期主要参考国外模式，在创新期走向全国，再到引领世界。从受众规模来看，始于小范围高学历人群，到全国普及，再到如今的国际化融合。从关键技术来看，从宽带网络、搜索引擎到在线支付、配套物流，再到引领期的手机 App 和二维码。从产业集聚程度来看，由零星分散到高度竞争，再到如今的加速集聚。从主流业态来看，经历了网站电商、平台电商和内容电商等阶段。从交易内容来看，从网站为王到基于网站的扩展服务，再到多元化、生活化。从资本作用来看，从培育期的资本介入到创新期的资本参与，再到引领期的资本布局。最后，从政策导向来看，从培育期的规范管理到创新期的积极推进，再到引领期的细化指导。

表1-1 我国电商发展三个阶段的时代特征

发展阶段	培育期	创新期	引领期
主要特征	适者生存	胜者为王	来者居上
发展定位	参考国外模式	走向全国	引领世界
受众规模	小范围高学历人群	全国普及	国际化融合
关键技术	宽带网络、搜索引擎	在线支付、配套物流	手机App、二维码
产业集聚	零星分散	高度竞争	加速集聚
主流业态	网站电商	平台电商	内容电商
交易内容	网站为王	基于网站的扩展服务	多元化、生活化
资本作用	资本介入	资本参与	资本布局
政策导向	规范管理	积极推进	细化指导

我国电商发展的三个阶段涌现出一些典型案例，呈现出一些主要特征。

1. 培育期

培育期的主要特征是适者生存，没有固定的发展模式，各种创新层出不穷。培育期的电子商务以网站为主流业态，主要包括以沃尔玛为代表的零售商自营网站、以新浪和网易为代表的门户网站电商、以亚马逊和易趣为代表的电商综合平台、以中国黄页为代表的黄页与信息展示四种模式。

这一时期，企业和政府都开展了积极的探索，进行了多方面的尝试，典型商业探索有中国黄页、携程网等案例；而在政府层面，商务部、国际电子商务中心等也积极开展了中国商品交易市场、在线广交会、中国国际电子商务应用博览会等探索。

第一个典型案例是中国黄页。创始人初期探索过多个创业项目，第一个是海博翻译社，第二个是中国黄页，第三个创业项目才是今天大名鼎鼎的阿里巴巴。早在1995年，创始人与合作伙伴就开始艰难地推广中国黄页。中国黄页就是一个网站，在网站上可以查询企业的详细信息。具体的做法是先说服企业提交产品样本，然后由创始人寄到美国，在美国做好主页后放到网上，并打印一份给国内的企业，客户可以在中国黄页上查找企业联系方式。第一个上黄页的客户是杭州一家四星级宾馆，通过黄页展示，该宾馆1996年的营业额达到了700万元。但在当时，中国互联网刚刚起步，很多企业都认为创始人是骗子，所以初期推广异常艰难。

第二个典型案例是中国最早的电商网站8848。网站创始人是王峻涛，也是第一个从事B2C（企业对个人）电子商务、第一个提出线上线下融合概念的创业者，理念可谓非常先进。当时的获客成本只有4元/人，是欧美同行的10%，但是每单生意的平均交易额有382元，这是十分可观的数字。但后来8848网盛极而衰，业界很多人认为主要是由企业战略摇摆不定、股权结构混乱导致的，但根本原因还是时势，当时国内几百万网民的规模决定了行业天花板，而且缺乏支付与物流的支撑，消费用户增长缓慢，总体业务难以大规模扩张。

第三个典型案例是eBay和易趣。易趣成立于1999年，2003年被eBay全资收购并更名为eBay易趣时，eBay易趣的GMV（成交总额）是刚刚起步的淘宝的近10倍。《中国电子商务》杂志数据显示，2004年初，eBay易趣在中国C2C（个人对个人）市场的份额在90%左右，用户是淘宝的3倍多。当时eBay易趣与主流门户网站都签署了二选一的排他性合作协议，新生的淘宝只能去小网站和户外打广告，缺乏流量来源。但随后淘宝创建支付宝，开启在线支付服务，创新担保支付功能，改革星钻等级与评价体系，对入驻商家实行免费战略，迅速赢得了中国消费者青睐，逼迫eBay易趣最终退出中国市场。淘宝与eBay易趣的早期对决案例说明一个现象：排他性的垄断行为无法阻止创新性的市场需求。

2. 创新期

创新期阶段，我国电子商务的竞争在深度、广度和强度上持续升级，电商领域的资本、技术迎来全面创新。随着在线支付技术与物流信息技术的普及，出现了电商服务业，平台电商成为一种生态；电商交易服务、在线支付、物流等支撑服务业与衍生服务业构成了日益完善的电子商务生态系统。创新期互联网人口红利得到充分释放，激烈竞争下表现为胜者为王，具体可归纳为两个主要特征。

其一，电子商务模式创新不断丰富，广度不断扩展，在B2B（企业对企业）、B2C、信息团购类领域的渗透日益增多。在B2C领域，电子商务出现了京东、苏宁易购、海尔、小米等企业；在B2B领域，出现了找钢网、金银岛等典型代表；同时，美团、大众点评等团购信息类企业也纷纷涌现。

其二，随着支付宝和快递转型布局，产业链日益深化，电子商务生态系统建设日益完善。支付宝以"信任"作为产品和服务的核心，致力于为网络交易用户提供基于第三方担保的在线支付服务。目前，支付宝成为全球最大的移动支付平台，构成了电子商务生态系统的核心环节。2005年，圆通快递与淘宝签订了推荐物流供应商协议，成为淘宝线下物流供应商。随后，中通、申通、韵达也分别与淘宝签订协议，"三通一达"

从原来的商务快递商转型为电商快递供应商。民营快递公司强大的生命力在与电商合作后爆发，也成为电商生态系统的关键环节。高效便捷的物流，为电商贡献了重要力量。京东，从线上开始布局线下；苏宁，却从线下往线上探索，又重回线下。

顾名思义，创新期的核心竞争力是创新，但也有很多企业由于缺乏各个维度的创新能力而归于黯淡，比如缺乏持续创新、运营创新、资本创新、品质创新等。因此，创新成为该阶段电子商务发展兴衰成败的重要决定性因素。

3. 引领期

引领期的电子商务发展以内容和社交为主导，向农业、工业、服务业不断渗透，服务体系逐渐完善，国际影响日益强大。

从2015年开始，我国电子商务发展已经完全超越日本、韩国、欧洲，与美国并驾齐驱；引领期阶段，电子商务发展呈现更加多元化特征，内容电商和社交电商成为电子商务模式的主力军。微信、拼多多、小红书等模式不断推陈出新。头条、抖音、快手等内容和视频网站的兴起重塑了电子商务发展的产业格局。电子商务在农业、工业、旅游业、交通出行等领域的渗透日益加强，很多模式都成为引领全球的典型案例。

微信社交软件拥有强大的资讯功能和支付功能。2015年我国人均每天微信阅读时长为22.6分钟，微信阅读率为51.9%，门户网站和纸质媒体节节败退。而2013年，微信与财付通推出微信支付，在不到5年的时间里，交易额从1 000亿元迅速增长到8.5万亿元，翻了85倍，2018年已经占45%的市场份额。

引领期的电子商务发展国际化步伐日益加快，出现了eWTP（世界电子贸易平台）、跨境电商。我国政府与时俱进，通过中国海关牵头制定的《世界海关组织跨境电商标准框架》，积极尝试跨境贸易综试区、自贸区、保税仓等跨境电商新服务体系建设，开展具有引领性的政策保障探索。跨境电商领域涌现出敦煌网、执御、连连支付等优秀的跨境电子商务平台，不仅为我国的进出口贸易提供新动能，也成为引领全球跨境电子商务发展的重要力量。

在中国电子商务全面发展、高速发展、引领全球的同时，我们也不能忽视发展中存在的现实问题。随着互联网人口红利渐入尾声，流量成本暴涨，线上线下既是竞争关系，又是融合关系，现有的电商商业模式面临挑战。

1.1.3 我国电子商务的发展趋势

从二十余年的发展史来看，我国电子商务的发展呈现三大特征。

第一，电子商务是创新驱动、创新引领的行业。具体而言，电子商务创新体现在技术创新和业务模式创新两个方面，具有高度的不稳定性和动态竞争特征。

第二，电子商务发展需要准确判断时机并把握时机。只有将关键信息技术、典型商业模式与相吻合的互联网发展水平相结合，才能创造出成功的案例。

第三，电子商务的跨界属性日益增强。随着线上线下的高度融合，新兴业态的边界愈发模糊，很难将现在代表性的电商企业/平台对应到某一个传统的业务模块中。

同时，我们可以从五大维度来看待我国的电子商务发展。

第一，在市场规模维度，电子商务通过订单数及销售额呈几何级数的增长，为市场繁荣和经济发展注入了动能。

第二，在信息化发展维度，电子商务的发展促进了国民经济在信息化建设过程中的创新，也提升了社会各界对信息化及互联网应用的重视程度。

第三，在技术创新维度，电子商务促进了国民经济在技术领域的创新，并进一步带动了产品、管理领域的信息化创新。

第四，在应用广度上，电子商务在国民经济的各个环节、各个流程（如研发、生产、流通、销售等）上都具有深度的渗透及广泛的影响，不但革新了商业模式，而且对产业结构、就业形态、国际贸易和货币体系乃至资本市场都产生了深远的影响。

第五，在作用机制维度，电子商务与各产业的融合和升级，改变了现有的生产经营方式，促进了产品及服务多元化，引领新产品、新业态的陆续诞生与持续创新。

未来，我国电子商务发展将呈现四大发展趋势。

第一，电子商务发展将引领一系列新技术的发展。关键技术和商业模式将持续创新，大数据、区块链、人工智能、生物识别等关键技术将在电子商务领域得到充分应用，并不断推广，在实践中进一步完善。

第二，电子商务将成为数字经济发展的重要核心，对国民经济的发展贡献率将日益提高。

第三，电子商务的溢出效应将进一步放大，通过与各产业的深入融合，覆盖到更多领域，线上线下融合的趋势将进一步增强。

第四，电子商务的治理规范将日益完善，在电商立法、监管制度、市场秩序维护、平台治理等方面与时俱进，为电子商务的健康发展提供良好的政策环境支持。

1.2　电商运营基本原理

1.2.1　电商运营的含义

21世纪初，随着互联网技术和信息技术日臻成熟稳定，互联网在商业领域中的应用越发广泛，几乎触摸到商业场景的每一个角落，并逐渐成为人们工作和生活中一个必不可少的组成部分。电子商务通过以互联网为主的计算机网络进行商务信息传播、商务管理和商务交易等。与传统商务相比，电子商务具有交易效率高、成本低、交易便捷、覆盖面广、商业信息对称、交易过程透明、交易周期短等多方面的优势。

早期，电商运营（Electronic Commerce Operation，ECO）一般理解为电子商务平台建设，如企业网站、论坛、博客、微博、商铺、网络直销店等的建设，包括产品的优化推广、电子商务平台的维护重建、扩展，以及网络产品的开发及经营等。

电商运营可以分为两部分——电商和运营，前者是后者所在的平台，后者是基于前者的活动。电子商务通过电子工具，使商务的众多参与者实现交易的高效协同。参与者包括平台买家、电商卖家、带货主播、支付机构、物流企业、生产工厂等。其中，电商卖家不用租用实体店面就可销售产品，买家足不出户就可以下单网购，支付机构高效解决资金流问题，物流快递企业高效解决商品送货问题，生产工厂交付合格的用户需求产品，带货主播不用直接面对客户就能推销企业产品。运营是完成上述工作并达成交易的活动的总和。

电商运营与企业运营存在相似之处，也包括市场调研、产品定位、管理分类、开发规划、运营策划、产品管控、数据分析、分析执行及跟进等具体活动，但其执行对象有别于实体产品。电商运营的对象是根据企业需要所开发、设计、建设的在电子商务平台上宣传、推广的网络产品。

电商运营是电子商务公司以产品和服务的网络销售及交易达成为目标，围绕产品、服务和客户，在经营过程中，对人力、财力、物力、数据等相关资源进行运作和优化的过程。简言之，电商运营是电子商务企业在互联网上的经营，其基本思想是通过互联网，把产品的各种信息传递给目标用户、合作伙伴的群体，通过活动运营，达到销售、成交、赢利的目的。

1.2.2 电商运营的特点

电商运营是以计算机网络及其他电子工具为基础的运营形式，具有高效性、低成本、便捷性、多样性、协调性等特点。

1. 高效性

电商运营以互联网作为传输媒介，在运营过程中，无论是买方还是卖方的信息交换，或者是企业内部的信息传递，都可以通过互联网高速传输，信息交流如同面对面交流一样有效，从而使得电商运营具有高效性的特点。

2. 低成本

在电商运营过程中，以电子邮件代替信函通信，以阿里旺旺、京东咚咚等在线聊天工具来代替电话通信，以线上订单代替购销合同等形式，大大降低了企业的办公费用。

3. 便捷性

电商运营的便捷性体现在运营的整个过程中，企业可以通过互联网进行信息采集与筛选、产品推广、物流信息跟踪等，还可以通过CRM（Customer Relationship Management，客户关系管理）系统进行客户关系管理。总之，通过电商运营平台，企业可以突破时间和地域的限制，以更便捷的方式处理繁杂的商业事务。

4. 多样性

电商运营平台多种多样，如境外的Amazon、Wish、Lazada，国内的阿里巴巴、淘宝网、天猫商城、京东、拼多多等，企业可以自行选择不同平台进行产品推广和销售，也可以同时选择两个或多个平台进行产品在线销售。

5. 协调性

电商运营本身是一个高效协调的过程，市场调研、产品的选择、运营平台的选择、支付渠道、物流的支持和最后的客户关系管理，各个环节之间联系紧密。比如，产品的选择、运营平台的选择不能脱离市场调研而进行，产品推广也不能脱离运营平台而进行，支付也要选择大众均能接受的工具，物流要保证一定的时效性。另外，在电商运营过程中，还需要其他机构的协作，如数据服务商、银行、配送中心、通信部门、技术服务部门等。

1.2.3 电商运营的核心内容

电商运营的核心内容一般包括：产品运营、数据运营、流量运营、用户运营、客服运营、活动运营等，如图1-1所示。

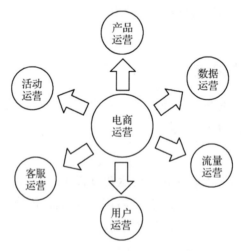

图1-1 电商运营核心内容

产品运营指相关人员通过市场分析，对产品进行选择和定位。对于卖家来说，在准备做电商之前，就要考虑清楚自己网店的经营范围并做好选品。只有进行了合理的产品定位，相关人员才能制订合适的推广营销计划。做好产品选择和定位是产品运营的核心工作，而产品定位包括结合自身实际对产品的用户群、规格档次、价格、包装、服务等方面进行合理定位。

数据运营要贯穿整个电商运营的全过程，为整个电商运营过程提供数据支持，指导电商运营团队进行科学决策。数据运营有不同的层级，比如，基于市场和行情的考察、调研、论证的宏观市场数据运营，包括市场容量、市场集中度、品牌集中度、消费者结构分析等；基于店铺状况分析的中观店铺数据运营，包括店铺访客数量、转化率、客单价、客单量、营收和利润分析等；基于单个商品的微观单品数据运营，包括该产品定价、用户搜索习惯、流量来源数据分析等。

流量运营指相关人员策划各种营销推广活动进而曝光店铺和商品的运营模式，包括针对商品打折的活动、优惠券设置、投放各种线上付费广告，如直通车、钻石展位等，也包括开拓新的流量渠道，如邮件、新媒体、社群、线下实体等。

用户运营指运营人员围绕用户的基本信息、消费行为留存、促销和拉新等开展一系列的拓展新用户、维护老用户的活动。用户运营的重要内容是粉丝运营。粉丝运营指企业通过优秀的产品或企业知名度拉拢大量的消费者群体作为企业私域触达的粉丝，并利用粉丝的社交属性，以相互分享裂变的方式，逐步扩大影响范围的运营模式。运营的主要目标是提高粉丝的留存率、活跃度和付费意愿。

客服运营指通过管理和优化客服中心业务流程，提高客户满意度和忠诚度，提升客服中心运营效率和质量的管理活动。客服运营是客服中心维护日常业务运营、保证服务质量的必备管理手段。采取流程梳理和优化、业务模块化整合、人员管理和培训、质量监控和改进、客户关系管理、团队建设和培训等措施，可以提高客服中心的运营效率和质量，提升客户满意度和忠诚度。客服运营的工作主要分为两部分：一部分是客户服务，包括售前、售中、售后的服务；另一部分是客户关系管理和客户忠诚度管理，主要是提升用户满意度和忠诚度，引导用户复购，建立会员体系，对用户分类并进行因地制宜、因人施策的精准营销等。

活动运营指在商业环境中，通过策划、执行和管理各种营销和推广活动来吸引目标顾客，增加品牌曝光度，提高用户参与度，最终实现销售增长和品牌价值提升的一系列动态过程。商家开展活动的形式多种多样，包括促销、优惠、抽奖、投票、公开课和见面会等，而运营人员侧重于利用创新的策略和工具，如社交媒体、电子邮件营销、联盟营销等来优化活动效果。

除了上述核心内容，电商运营还包括视觉设计、网店日常维护、仓储与进销存管理等工作。电商运营各环节的所有内容是紧密联系、互相影响、不可割裂的，调研、产品、视觉、推广、客服、仓储、分析等各个环节都无法独立存在，它们共同形成了电商运营的生态闭环。

1.2.4　电商运营的模式

电商运营模式有很多类型，但主流的可以分为四种类型，分别是 B2B（企业对企业）模式、B2C（企业对个人）模式、C2C（个人对个人）模式和O2O（线上线下融合）模式类型。

1. B2B模式

B2B（Business-to-Business）指企业与企业之间通过互联网或各种商务网络平台完成商务交易的过程。这一过程包括发布供求信息、下单、支付及物流运输等商务活动。B2B模式的电商平台包括阿里巴巴（https://www.1688.com）、中国制造网（https://en.made-in-china.com）、义乌购（https://www.yiwugo.com）等。

B2B模式又有多种类型，主要包括综合模式B2B、垂直模式B2B和自建模式B2B。

（1）综合模式B2B

综合模式B2B是将各个行业中相近的交易过程集中到一个网上平台，为企业的采购方和供应方提供交易机会。比如，阿里巴巴、义乌购、中国制造网等，这类网站只提供交易平台，既不拥有产品，也不经营商品，利用平台将销售商和采购商汇集到一起。采购商可以在平台上查到销售商的相关信息或者销售商品的相关信息，也可以直接在平台上进行相对较大金额的交易。综合模式B2B的主要代表有阿里巴巴、震坤行等。

（2）垂直模式B2B

垂直模式B2B指面向制造业或某个商业领域的垂直B2B平台。生产商或商业零售商建立垂直B2B，让有此产品需求的经销商、需求方可以直接在平台上完成交易，建立网上的供销贸易关系。垂直模式B2B的客户相对比较集中，大多是某一个行业内的从业者。垂直模式B2B的主要代表有中国化工网、上海钢联等。

（3）自建模式B2B

自建模式B2B是大型行业龙头企业基于自身的信息化建设程度，以自身产品供应链为核心，搭建企业的电子商务平台，同时带动同行企业及上下游企业入驻的模式。行业龙头企业通过自建的电子商务平台，串联起行业整条产业链，供应链上下游企业通过该平台实现信息沟通、交易。

2. B2C模式

B2C（Business-to-Customer）指企业通过互联网直接面向单个消费者进行产品销售、服务提供等一切商务活动。它包括网上零售、网上信息查询、服务订购等活动。天猫、京东、小米网、华为商城等都是典型的B2C电子商务平台。企业在电子商务平台开设网店，自行销售商品，消费者在平台下单、支付，完成交易。从长远来看，随着互联网用户数量的快速增长，B2C电子商务将会快速发展，并将最终在电子商务领域中占据重要地位，成为推动电子商务发展的主要动力。

B2C模式也可以从不同角度分为不同的类型，主要有综合类B2C、垂直类B2C和直销型B2C。

(1) 综合类 B2C

综合类 B2C 网上平台商品种类丰富、购物群体庞大、购物体系完整，如同现实生活中的商城一样。综合类 B2C 电子商务平台一般都有强大的公司背景、稳定的网站平台、完备的支付体系、诚信安全的交易体系和便捷的物流体系，对入驻商家也有相应的资质要求，因此其所售卖的商品的品质也相对有保障。综合类 B2C 的典型代表包括天猫、京东、Amazon、全球速卖通等平台。

(2) 垂直类 B2C

垂直类 B2C 指个人或企业就某个行业深入整合供应链，形成针对此领域的专业的电子商务购物平台。垂直类 B2C 电子商务平台所经营的商品品类相对单一，专注于做深做精、维护好行业客户群，这样才能使该类电子商务平台长久稳定地发展。垂直类 B2C 的典型代表有以经营母婴类商品为主的贝贝网、以经营图书为主的当当网等。

(3) 直销型 B2C

直销型 B2C 指企业通过自建网络销售体系进行自有商品售卖的电子商务模式。直销型 B2C 可以省掉很多中间环节，大大降低消费者的购买成本。直销型 B2C 正成为很多大型企业的主要销售渠道之一，将来会越来越多。直销型 B2C 的典型代表有小米商城、海尔商城、华为商城等。

3. C2C 模式

C2C（Customer-to-Customer）是个人对个人的电子商务模式，其特点类似于现实商务世界中的跳蚤市场。在这种交易模式下，个人既是售卖者，又是消费者，个人将商品信息发布到电子商务平台，供其他个人购买，买卖双方个人通过网络达成交易。C2C 模式最大的特点是单个自然人能借助大型电子商务平台，以免费或者较低的费用在网络平台上销售商品，这样就大大降低了经营成本，几乎人人可以当老板、当店主，但这也造成了商品质量参差不齐，琳琅满目的商品良莠难辨，交易纠纷多等弊端。C2C 模式的典型代表是淘宝网。

4. O2O 模式

O2O（Online-to-Offline/Offline-to-Online）可以理解为线上到线下的电子商务模式，或者线下到线上的电子商务模式，或者简言之为线上线下融合模式。伴随着大数据、云计算、社交工具、位置服务、移动支付等新技术、新工具的应用，零售 O2O 实现了跨越式发展。传统零售商或者服务行业往线上走，如携程网、美团网、国美电器、优衣库、苏宁易购、饿了么等企业。在这种模式下，线下商家可以在线上揽客，消费者可以在线上选择商品和服务，成交后可以线上结算，然后再到线下消费，从而达到零售的规模效应。与此同时，电子商务却往线下走，如电商品牌在各地纷纷开设线下实体店、体验店，入驻当地的百货商城、大型商超。随着本地化电子商务和电子商务生活化的发展，服务信息与服务供给之间、商品信息与商品实物之间、线上下单与线下消费之间的联系会变得更加紧密，它们形成一种线上线下既竞争又融合的发展趋势。

1.2.5 电商运营效果评估

随着互联网技术不断突破，电子商务得以迅速发展，产生了许多专门针对电子商务的评价机构和服务网站。如 Alexa（Amazon 旗下子公司）主要从网站访问量、人均页面浏览数与网站流量等指标来对企业网站进行排名；Gomez（美国高明网络）从客户需求、顾客满意度等角度来评价企业的电商运营水平，其建立的指标体系包括实用性、用户忠诚度、站点资源、客户关系和总成本等五个一级指标。

我国对电子商务领域的研究始于 2000 年前后。在理论方面，以研究电子商务竞争力为主，通过建立网站建设、商品类别、信息技术、服务质量等指标体系，构建评价模型进行分析，也有学者从物流和价值链的角度出发来研究电子商务与物流的关系。在实践方面，艾瑞咨询公司以总体运营、经营环境、营销活动、用户行为、客户价值等指标来衡量和评价电子商务企业的运营能力。

运营能力是企业的核心能力。与传统制造业不同，电子商务企业的运营能力更多体现在其信息化水平上，以信息化技术与研发能力为核心，以客户需求信息收集与服务产品为营销手段，通过提高客户满意度来不断提升其商业品牌价值，从而获得利润。

在新时代背景下，许多企业将关键绩效指标法（Key Performance Indicator，KPI）作为判断运营人员运营能力的指标。KPI 是设计一套业绩关键指标，在进行简单计算后，给出 KPI 目标，让运营人员通过努力，能够比别人更快、更好地实现目标，用实现目标的程度和速度来评价运营能力。关键指标必须符合 SMART 原则，即具体性（Specific）、可衡量性（Measurable）、可实现性（Attainable）、关联性（Relevant）、时限性（Time-based）。关键绩效指标法把对绩效的评估简化为对几个关键指标的考核，将关键指标当作评估标准，把员工的绩效与关键指标做比较，在一定程度上可以说是目标管理法与帕累托定律的有效结合。

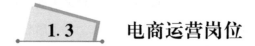

1.3 电商运营岗位

电商运营活动类似于一个项目，需要团队配合运作。在整个运营的链条上，多个不同岗位的人员密切合作，共同实施运营项目，打造一支配合默契、执行高效的运营团队是电商项目成功的关键。传统的电商岗位包括店铺运营、电商客服、视觉美工、推广专员、仓储物流等，它们都是电商企业中的必备岗位，还有细分的岗位如选品员、直通车专员、数据分析员等，新兴的电商岗位包括直播销售员、新媒体专员、直播场控等。电商企业要根据自身的运营模式、运营平台、产品定位、销售规模，结合实际情况，组建电商运营团队，合理设置电商岗位及人员数量。

1.3.1 基本岗位设置

1. 店铺运营

店铺运营岗位是整个团队的核心岗位，相关人员要能够对全店运营进行把控，负责团队的分工、协调和监督工作，以提高整个团队的配合程度和工作效率。店铺运营岗位要能够负责网店的整体规划、营销、推广、客户关系管理等系统经营性工作，能够制订店铺的短期发展规划、中期发展规划和长期发展规划，负责店铺日常改版策划、上架、推广、销售、售后服务等日常运作与管理工作，要熟悉平台操作流程和交易规则，经常关注相关平台公告发布并作出及时应对，能协调店铺与公司内部的各项资源配置，能进行有效的客服培训管理，提高各项工作绩效与能力，能制定各部门工作规范，定期组织KPI考核，能对店铺进行日常维护和诊断，保证网店的正常运作，优化网店及商品的搜索排名。

2. 电商客服

电商客服要在电商平台上接待和服务好买家，主要负责线上和客户交流促单，以及处理客户售后问题。电商客服分为售前、售中、售后客服，具体活动内容包括：以成交为目的的商品介绍、活动推荐、引导下单、催单催款、订单审核、引导好评；以降退为目的的查客物流、漏发补发、缺件核实、价格补差、瑕疵补偿；以服务为目的的换货处理、退款处理、疑难件处理、纠纷处理、评价处理等。客服在经营初期容易被忽视，但其在产品销售、品牌树立、网店推广、客户关系维护等方面能起到非常重要的作用，是电商运营不可或缺的一个重要岗位。

3. 视觉美工

视觉美工岗位主要负责网店及产品的视觉规划、拍摄、图文设计和优化。电子商务与传统商务的主要不同在于买家无法在购买商品之前获得商品实物的亲临性体验，无法体会质感、触摸感，店铺只能通过平台向买家提供图片、文字、视频等虚拟的商品图文信息来吸引买家的注意，传递用户关心的信息，打消买家的购物疑虑，甚至通过提炼卖点、美化商品来激发买家的消费欲望，最终目的是促使买家做出购买决策。因此，视觉美工岗位对商品信息的准确表述和对卖点的简洁提炼显得尤为重要。

4. 推广专员

推广专员的职责是推广公司的产品或服务，扩大品牌知名度并增加销售量。具体来讲，该岗位要负责制订店铺营销推广方案，力争完成店铺销售业绩；执行网店营销推广活动，提高店铺浏览量及产品点击率；根据店铺数据，合理设计并优化店铺免费流量、付费流量、站内流量及站外流量结构；组织报名参加平台活动，并提前做出规划，精准引入流量，活动结束后及时做出绩效分析。

5. 仓储物流

仓储是企业利用自建或者采用租赁方式搭建的仓库，用于货物的储存和物流服务。仓储物流岗位需要严格执行仓库的规章制度，规范作业标准及流程，具体岗位内容包括入仓、装货、卸货、检验、上架、储存、分拣、包装、再加工、配送、盘点等。物流是电商运营中的末端环节，但好的仓储是对商品的一种基本保障，高效的物流配送也是提高客户满意度的重要保障。

1.3.2 其他岗位设置

1. 直播销售员

直播销售员也被称为电商主播，是近年来直播电商迅猛发展下的一个新的且十分诱人的电商岗位，因为电商直播具备强大的网络营销能力。国内主流的泛视频娱乐平台，比如抖音、快手、小红书等，传统的综合电商平台，比如淘宝、京东、拼多多等纷纷推出直播功能，开启商品直播导购模式。直播销售员是在数字化信息平台上，运用网络的交互性与传播公信力，对企业产品进行营销推广的人员。直播主体可以分为商家自播与达人直播。商家自播的销售员多为店铺店主或品牌商自有员工，人力成本低，直播场次多，比较灵活，但是主播流量有限。类似于明星、大咖、大V的达人主播则出场成本很高，直播场次少，但是引入的主播私域流量高。直播间看似风光的工作背后，是对网店主播综合能力的考量。直播销售员需要具有控场管理能力、节奏把控能力、互动能力、带货能力，好的直播销售员甚至要有较好的容貌、伶俐的口齿、过人的才艺等。这是一个对主播个人能力要求比较全面的新兴岗位。

2. 新媒体专员

新媒体专员负责网站、官方微博、公众号、微信等平台的日常内容的撰写与运营。其工作内容包括：收集和研究行业热点话题，结合新媒体特征，对网站内容、微博、公众号、微信等进行实时调整和更新；负责搭建目标用户社群，通过持续的有温度的内容输出，来提高社群的活跃度和黏性；不断开发并整合各种互联网资源，如论坛、邮件、博客、软文、短视频、QQ、微信等，以吸引更多买家进入网店并做出购买决策，提升企业网络推广的效果。

3. 直播场控

直播场控的主要目的是活跃直播间气氛，并与粉丝互动，同时在整个直播过程中弱化自己，突出粉丝。直播场控对于主播来讲是非常重要的助手，如同讲相声的配角，其主要任务是协助主播把控好直播间氛围、引导粉丝互动、处理突发状况、用文字回答粉丝的疑虑、配合执行主播口令等。具体工作内容包括：根据主播节奏，配合修改库存的数量；根据主播节奏进行过款操作；激发粉丝积极性，配合主播话术节奏；制造话题与提问，引导粉丝讨论；陪伴粉丝；维护直播间秩序；等等。

1.4 电商运营思维

电商经营过程中，需要有敏锐的洞察力、高效的执行力、良好的客户关系、强大的数据分析能力。因此，从事电商经营，需要具备一些基本的运营思维，包括用户思维、产品思维、流量思维和数据思维，如图1-2所示。

1.4.1 用户思维

用户思维指电商运营的各个环节都以"用户为中心"去思考问题，即贯穿"以用户为中心"思想，针对用户的各种个性化、细分化、精细化需求，提供各种针对性的产品和服务来满足用户需求，真正做到"用户至上"。用户思维是企业经营的基本思维，同时也是互联网思维的核心，互联网其他思维都是在用户思维的基础上展开的。

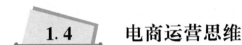

图1-2 电商运营思维

用户思维有三大典型的特征。

1. 用户即朋友

用户思维是一种打动思维，用户思维要把每一位潜在消费者都当成朋友，企业能提供的产品或服务是其产生关系的唯一媒介。

2. 产品超预期

用户思维是信任与认同的思维，打动消费者只是一个开始，想让消费者成为一个忠实的用户，还需要给予他们信任感与认同感，只有这样才算是真正的用户思维。而想要获得用户的信任，就需要让产品体验超出用户预期，即在满足用户基本需求之外，还能带给他们超出其认知的产品体验和对产品的充分认同。

3. 形成社群

用户是一个网络零售项目或者某商品的目标用户，也是在消费过程中逐渐积累起来的一个群体。因此，用户思维也是社群运营思维。用户思维模式就是通过持续不断的产品体验，让用户从无知到关注，从关注到产生兴趣，再到成为消费者，最后变为忠实粉丝，这样不同阶段的用户即会形成一个具有共同特点的社群。

小米公司在成立之初积累口碑最重要的成功秘诀就是用好了用户思维。公司让用户参与产品的设计讨论，即后来流行的用户参与感。在此基础上，小米也逐渐形成了专注、极致、口碑、快的经营理念，努力做高性价比的产品，争取让用户尖叫、超出用户的预期。

如今，电子商务市场的竞争越来越激烈，技术层面的主导作用已经被削弱，线上和线下的商业本质重回一致，唯有以用户为中心、让用户充分参与，打造出好的产品和好的服务并保持下去，才能在市场中站稳脚跟。

1.4.2 产品思维

产品思维是基于需求洞察及分析的思维方式，使用科学高效的生产方式来提供产品或服务，从而去满足用户，并获得有效的结果。具备产品思维的人，能学会用科学的生产方式解决问题，以全局思考及逻辑梳理为工作基础，以用户体验为检验标准，以最小的代价来执行，以流程化生产来提高效率。思考是产品思维的前提，行动是产品思维的过程，结果是产品思维的收获。产品思维必须以问题为中心，而产品是为了解决问题而提供的有形的实物或无形的服务，无论是有形还是无形，本质上产品目标都是为了解决问题。

电商经营是以网络销售为中心的，网络提供了让商品触达消费者的渠道，电商经营的线上商品一般具备以下特征。

1. 产品细分

能把一个产品、一种风格、一个定位、一个细分市场做到极致、专注、少即是多，就是电子商务的产品细分思维模式。

传统的实体零售面对的是一个局限性、地区性的市场，而电子商务面对的是一个几乎完全开放的、全局性的市场。一个细分小众类产品在实体零售场所受基础人流的限制，往往很难做大做强，但电商经营的覆盖率更高，能把小众人群集中化，从而形成一个较大规模的细分小众类产品市场。细分市场不是根据产品品种、产品系列进行划分的，而是从消费者的角度，即消费者的需求、动机、购买行为的多元化和差异化进行划分的。

在互联网上，企业在细分市场中更容易发现被市场忽视的商机，能更加精准定位自己的目标客户，集中人力、财力、物力等资源对目标市场进行投入，产生聚少成多的规模化效应。比如，大码服饰、减肥用品等都是目标用户十分明确的小众细分市场。

2. 快速迭代

产品迭代是调整产品的需要，也是提高用户体验的需要，更是提高产品质量和性能的需要。市场需求在变化，产品也需要与时俱进。通过不断迭代，能够更好地把握市场动态，满足用户需求，提高产品竞争力。另外，产品的每一个版本都可以进一步优化用户体验，让用户更容易使用和享受产品的乐趣。通过不断改进，提高用户体验，增强品牌忠诚度，用户对品牌产生更多信任。同时，随着技术的不断进步，产品将被设计得更加智能化和可靠，用户将拥有更加优秀的产品。

随着市场和用户需求的变化，产品迭代已经成为企业不断进步和发展的重要手段。而快速迭代是指企业不断推出新版本的产品来快速地适应不断变化的市场需求。

互联网的开放性使得优质产品极易在短时间内被竞争对手发现并模仿，这就要求电商商家有较强的时间把控能力。电商渠道销售的产品与用户需求之间的联系更紧密，这就促使电商产品的经营不能完全按照线下的模式，而是要抢抓商机、抢先设计、研发产品，抢先测试，抢在竞争对手前完成产品的更新迭代。要取得出奇制胜的经营效果，不但要更新换代，还要快速迭代，当然，快速迭代离不开创新。在电商经营中，迭代创新要求从细节入手、从用户入手，贴近用户思维，想用户之所想、解用户之所困。

3. 服务即产品

电商经营的对象包括有形的产品和无形的服务，而服务是贯穿"销售商品"整个销售环节的重要因素。服务即产品理念，要求商家不能只关注产品本身，比如性价比、质量、配置等，更要自始至终关注服务质量，服务也是销售商品的一部分。

服务属于产品的外延，要把服务当成一种体系，当成一种固定产品来持续开发。电商经营的相关人员要根据消费者价值模型，判断其喜好，研究其消费行为，有针对性地与之进行互动，开展产品调研、线上回访，做好客户售后维护及长期关怀。同时，客户的售后维护方法要新、态度要真、范围要广、时间要久。

例如，国产彩妆品牌花西子的服务体系一直在不断升级，力求为买家提供极致服务。在买家购买产品后，花西子会为买家提供顺丰物流服务、东方情书、会员生日礼等。花西子坚持以短信的方式传递关怀，除了给买家发送其所购买产品的物流进度和产品教程，还会给买家发送自然灾害和极端天气提醒，用实际行动赢得买家的好感。

1.4.3 流量思维

在移动互联网时代，谁拥有了流量，谁就拥有了核心竞争力。而要拥有流量，就要具备流量思维，然后再利用流量为商家创造价值与利润。在信息高度发达的互联网时代，用户接触到的信息是很多的，并不是产品的质量足够好就行，做电商运营，酒香也怕巷子深，没有流量，就代表着没有人关注。比如网络零售，用户除了看商品的品质外，还会看商品的销量和评价，如果销量和评价不错，那么下单的可能性就大。流量不仅可以显示出一款产品的受欢迎程度，还可以增强人们的信任感。所以，再好的产品，也需要流量的支持。

流量思维指的是以流量为重点的思维方式，用流量撑起销量，用优质的产品和舒心的服务来吸引用户，注重长期的口碑与赢利，而不是只做一锤子买卖。流量思维首先要认识到"先创造流量，再创造收入"的先后顺序，重视流量的价值。因此，引流和引流时机的把握就至关重要。从理论上讲，用户什么时候最需要你的产品，什么时候就是最佳的引流时机。商家要尽可能抓住那些看似还不错的机会，尽可能在用户搜索、寻找、需要的时候将自己的产品及时呈现在他们的面前，而这一定程度上意味着商家要将店铺或店铺产品推送到排名比较靠前的位置上。

引流的同时，更要抢占流量。从用户的角度来说，就是要做出对自己最优的选择；从商家的角度来说，就是留住客户，持续地抢占这些用户流量。有了引流并占领流量的意识，还需要通过一些优惠活动来留住客户，或者利用高品质的服务来让客户满意，让用户觉得自己受到了尊重，得到了实惠的价格或者周到的服务，从而牢牢抓住用户的心。

流量分为两种，即公域流量和私域流量。

公域流量指为平台所有，一次性使用，需要付费的流量，也是商家不能把控的或无法主动触达的，需要借助第三方才能够接触到的流量。比如，京东、淘宝、抖音、快手等平台，里面的用户都属于公域流量。私域流量是商家能够把控的，可以多次触达、反复利用，并且有黏性、互动多的自有流量，一般使用成本相对较低。比如，会员、代理、客户群、VIP、粉丝、朋友圈、关注号等，这些都是有黏性的私域流量。

公域流量和私域流量的关系可以用一个形象的比喻来形容：公域流量是大江大河大海，人人都可以去养鱼打鱼，而私域流量则是自建的鱼塘鱼池，要自放自养自捞。如果说公域流量代表的是流量思维，那么私域流量体现的则是用户思维。

私域流量的经营者拥有自己的用户体系，用户触达更精准、更便捷，电商经营的转化率、客单价和复购率也更高。私域流量中的个人微信号、短视频平台IP是商家建立私域流量池的首要选择，也是目前触达客户的最直接和高效的沟通工具。商家搭建私域流量要牢记"用户在哪里，私城流量就在哪里"。

私域流量主要有五大来源：

① 线上、线下的店铺，门店和行业展会等。

② 付费流量。如在百度、淘宝、京东等主流社交媒体平台、自媒体平台、电商平台上投放广告，可以把流量从公域流量池引流到自己的私域流量池。

③ 商家自建社交媒体账号，做好内容营销，获取精准的私域流量。主流社交媒体平台有微信公众号、抖音、快手、视频号、喜马拉雅FM、小红书等，可以发图文、视

频、音频等内容。如果经营者能推出优质的内容，做好内容营销，讲好自家故事，用内容链接用户、筛选用户，就可以获取源源不断的精准私域流量。

④ 用存量带增量。流量分为存量和增量。获取流量并不容易，所以不但要想着怎样寻找新的用户，还要开动脑筋把存量用户激活，把存量用户运营好。寻找增量和盘活存量是一体两面，要两手抓，两手都要硬。用存量带增量就需要精细化运营，这本身也是必须要做的事情。存量用户运营好了以后，就会口口相传，形成新的传播，产生新的用户。

⑤ 品牌即流量。在商业高度发达的社会中，用户其实已经成为某个品牌的"粉丝"。从短期来看，做品牌的成本较高，但基于品牌的持续性记忆、"粉丝"的口口相传及明星品牌的社会关注度的提高，品牌的边际成本会逐步递减，甚至归零，最后是一劳永逸。

1.4.4 数据思维

在电商运营中，商家要不断地做出决策：做什么行业，卖什么产品，定什么价位，营销怎么做，广告如何投，图片如何设计才能使点击率提高，等等。商家需要不断分析问题、思考问题和解决问题：为什么同样价格的产品，别人卖得好、评论多？为什么产品设计水平一样，别人店铺的转化率高、流量大、人气旺？无论是分析问题还是做决策，都需要有合理的参考，这个合理的参考就是数据。因此，数据就是决策者的眼睛，它告诉商家之前的运营存在什么问题，现在正朝哪个方向发展，将来会成为什么样子。相比于凭借感觉、假设、经验、拍脑袋而做出的决策，基于数据的运营决策更加可靠。数据化思维就是建立自己的数据运营体系，要开发利用经营的历史数据，分析不同数据之间的关系，寻找数据变化规律和趋势，从而洞察商机，科学决策。

电商数据分析是电商运营人员最基础的一项技能，合格的运营一定是数据驱动的运营。电商运营的全过程都离不开数据分析。相比于传统零售行业，电商运营部门在每一个环节中都有直接或间接的数据指标加以量化，并且这些数据指标的获得相对容易和准确。在运营开始前，商家要结合市场数据与自身能力制订运营计划；在运营过程中，商家要将运营计划拆解执行；在运营结束后，商家要对运营数据进行复盘、分析、总结，便于在下一次运营时进行优化调整。

本章小结

电子商务是在技术、经济高度发达的现代社会里,由掌握信息技术和商务规则的人,系统化地运用电子工具,高效率、低成本地从事以商品交换为中心的各种活动的总称。电子商务深入各行各业各领域,提升经济效率,创新商业模式,驱动了数字经济大发展,是21世纪商业创新的主要动力。

中国电子商务发展经历了培育期、创新期和引领期三个发展阶段。

电商运营是电子商务公司以产品和服务的网络销售及交易达成为目标,围绕产品、服务和客户,在经营过程中对人力、财力、物力、数据等相关资源进行运作和优化的过程,是电子商务企业在互联网上的经营。电商运营的核心内容包括产品运营、数据运营、流量运营、用户运营、客服运营、活动运营等。

电商运营的岗位包括店铺运营、电商客服、视觉美工、推广专员、仓储物流、直播销售员、新媒体专员、直播场控等。

电商运营需要具备一些基本的思维,如产品思维、用户思维、流量思维、数据思维等。

第2章 网上开店

伴随着互联网的普及与深入应用,网络购物已经十分成熟并在很大程度上挤压着传统购物市场,逐渐成为主流购物模式。网络购物因不受时间和空间限制、商品的丰富性及多样化给予消费者更多的对比和选择,吸引了越来越多的用户,同时也冲击着传统市场。对经营者来说,网上开店潜藏着巨大的商业价值,在互联网技术日益成熟的今天,成为电商经营的首选。

2.1 电商经营的合法性

电子商务的快速发展和成熟应用给我们的生活、工作带来诸多便利,同时在发展过程中也出现一些无法回避的问题,比如售卖假冒伪劣商品,夸大商品描述和宣传,购买"水军"刷好评,侵犯著作权、专利权、商标权等知识产权,恶意泄露商业数据,倒卖个人信息,大数据垄断"杀熟"等。为此,从2000年开始,经过20余年的电子商务实践及立法探索,我国终于在2018年8月31日,由十三届全国人大第五次会议审议通过《中华人民共和国电子商务法》(以下简称《电子商务法》),并于2019年1月1日起施行。该法的实施标志着我国电子商务发展进入了一个有法可依、有法必依的全新的规范发展阶段,填补了我国多年来电商领域法律法规的空白,将逐渐封堵不法电商经营者的漏洞,有效保障电商交易相关方的合法权益,规范电子商务行为,维护市场秩序,促进电子商务持续健康发展,同时还开创了我国电子商务立法之先河。《电子商务法》共七章,除了总则和附则外,主体内容对电子商务经营者、电子商务合同的订立与履行、电子商务争议解决、电子商务促进、法律责任等方面进行了规定。考虑到电商经营,首先要合规合法,本节就"电子商务经营者"里有关店铺入驻及经营许可方面的内容,结合《电子商务法》的相关条款进行解读,以利于商家守法经营。

2.1.1 电商经营者身份

1. 明确电商经营者身份

开展电子商务经营，无论是销售商品还是提供服务，或者是提供商品交易的虚拟空间或撮合服务，都存在一个经营主体，所以开展电子商务经营，首先要明确电商经营者身份。《电子商务法》第九条规定："本法所称电子商务经营者，是指通过互联网等信息网络从事销售商品或者提供服务的经营活动的自然人、法人和非法人组织，包括电子商务平台经营者、平台内经营者以及通过自建网站、其他网络服务销售商品或者提供服务的电子商务经营者。"平台经营者是指在电子商务中为交易双方或者多方提供网络经营场所、交易撮合、信息发布等服务，供交易双方或者多方独立开展交易活动的法人或者非法人组织；平台内经营者是指通过电子商务平台销售商品或者提供服务的电子商务经营者。因此，电子商务经营者在形态上，可以是自然人、法人及非法人组织；具体在电子商务实践中，可以是淘宝、京东、全球速卖通、拼多多、海尔商城、微店、小程序等平台的所有者主体，以及在平台上开店经营的个人卖家、企业卖家、带货主播、代购、微商等。

2. 电商经营者市场主体登记义务

在《电子商务法》出台之前，为了鼓励电子商务的发展，在网上销售商品或服务的卖家可以选择不进行工商登记，即没有强制要求电商卖家进行工商登记。因此，电商卖家也不需要纳税，这导致了网上零售平台的不规范交易活动，以及税收对线上线下交易的非均等性问题。《电子商务法》出台后，明确了电子商务经营者进行工商登记的义务和纳税的义务，但也有免于登记的少数情况。

《电子商务法》第十条规定："电子商务经营者应当依法办理市场主体登记。但是，个人销售自产农副产品、家庭手工业产品，个人利用自己的技能从事依法无须取得许可的便民劳务活动和零星小额交易活动，以及依照法律、行政法规不需要进行登记的除外。"此条款说明，除了少数特殊情况外，市场主体登记是开展电子商务经营的先决条件。

3. 电商经营者依法纳税义务

有了市场主体登记，不管是线下经营还是线上经营，就都必须依法纳税。《电子商务法》第十一条规定："电子商务经营者应当依法履行纳税义务，并依法享受税收优惠。依照前条规定不需要办理市场主体登记的电子商务经营者在首次纳税义务发生后，应当依照税收征收管理法律、行政法规的规定申请办理税务登记，并如实申报纳税。"此条款说明，即使是免于登记的电商经营主体，在经营初期可免于纳税，但当经营到一定的营收规模和阶段的时候，也必须履行纳税义务。从长期来看，电商经营依法纳税是必须的，可以避免线上线下的非公平竞争。

2.1.2 电商经营行政许可

在线上线下经营过程中，有些特殊的商品或者类目的销售，还需要相应的类目经营许可证，比如食品经营许可证、出版物经营许可证、林业种子生产经营许可证、医疗器械经营许可证等。

《电子商务法》第十二条规定："电子商务经营者从事经营活动，依法需要取得相关行政许可的，应当依法取得行政许可。"也就是说，在开店铺之前，商家要了解平台对于开店商家的资质要求，除了基本的营业执照，特殊类目还需要提供经营许可证。

01 经营许可申请

具体申请流程及示例可扫二维码，详见视频"01 经营许可申请"。

2.1.3 电商经营基本规范

《电子商务法》对电商经营提出了诸多规范经营要求，约束了电商平台经营者、平台内经营者合法守规的经营行为，引导电商向健康、可持续方向稳步发展。

《电子商务法》第十三条规定："电子商务经营者销售的商品或者提供的服务应当符合保障人身、财产安全的要求和环境保护要求，不得销售或者提供法律、行政法规禁止交易的商品或者服务。"《电子商务法》第十四条规定："电子商务经营者销售商品或者提供服务应当依法出具纸质发票或者电子发票等购货凭证或者服务单据。电子发票与纸质发票具有同等法律效力。"《电子商务法》第十五条规定："电子商务经营者应当在其首页显著位置，持续公示营业执照信息、与其经营业务有关的行政许可信息、属于依照本法第十条规定的不需要办理市场主体登记情形等信息，或者上述信息的链接标识。前款规定的信息发生变更的，电子商务经营者应当及时更新公示信息。"《电子商务法》第十七条规定："电子商务经营者应当全面、真实、准确、及时地披露商品或者服务信息，保障消费者的知情权和选择权。电子商务经营者不得以虚构交易、编造用户评价等方式进行虚假或者引人误解的商业宣传，欺骗、误导消费者。"

上述条款说明：电商经营对象不得是违禁商品或服务；电商经营须提供发票或服务单据，电子发票与纸质发票具有同等法律效力；电商经营须持续公示营业执照信息和行政许可信息，若有变动需要及时更新；电商经营要如实披露商品信息，不得误导、欺骗消费者，对商家诚信规范经营做了硬性规定。

持续公示证照流程及示例可扫二维码，详见视频"02 登记亮照"。

02 登记亮照

2.2 开店准备

2.2.1 网上开店的含义

网上开店是一种在互联网时代背景下诞生的新型销售方式,有别于线下的传统商业模式。与大规模的网上商城及零星的个人物品网上拍卖相比,网上开店投入成本小、经营方式灵活,可以为经营者提供不错的利润空间,成为很多人的创业选择。

网上开店是指店主(卖家)自己建立网站或通过第三方平台,把商品(品牌、参数、形象、性能、质量、价值、价格、功能等)展示在网络上给顾客看,并在网络上留下联系方式和支付方式,买卖双方线上沟通,买家以电子货币支付的方式与店主进行买卖,商品通过物流快递送达,最后完成交易的整个流程。

2.2.2 网上开店的特点

网上购物的流行使得一批批创业者将实体店铺搬到了互联网上。与实体店铺相比,网上开店不但节约了成本,而且在商品进货、出售、管理等诸多方面也明显优于实体店铺。

相对于实体店铺而言,开网店具有如下基本特点。

1. 投资少

网上店铺与实体店铺相比,可以大大节省开店成本,而且网店也可以根据顾客的订单进货,不会因为积货占用大量资金,甚至可以一件代发,实现真正零库存。此外,网店经营主要通过网络进行,不需要专人时时看守,可以省下房租、人工费、水电气费等各类杂费,初期投资成本非常低。

相对实体店铺而言,网店仅仅需要支出少量的商品进货费用,而其他基本都是免费的。当然,具备一定规模的网店,可能会需要聘用员工,从而支出一定的员工工资,但一般的网店只要自己利用空闲时间经营即可,基本上不需要投入太多的人力。

至于网店的进货与库存资金方面,网店中展示的只是商品实物图片,可以等待买家下订单后再去进货,还可以做商品代理,这样的网店甚至可以做到零库存。

2. 范围广

实体店铺的顾客一般都局限于店铺附近的人群,受众非常有限,而网店完全没有地域限制,其购买群体可以是自己所在城市之外、省外甚至国外的。可以说,只要所售商品有吸引力，买家就可以来自世界各地。同时，由于无地域限制以及购买群体的广泛分布性，卖家还可以将自己所在地的特产、特色小吃等在网店上销售，这样其他地区的人群也能够方便地买到卖家所在地的各种特产了。

3．限制小

实体店铺往往要受到营业时间、地点、面积等因素的限制，网店则完全不受这些条件的限制。经营者可以全职经营，也可以兼职经营，只要有一台能上网的电脑就可以开网店和经营，营业时间也比较灵活，只要可以及时查看浏览者的咨询并给予及时回复就不影响营业。卖家不必24小时守在店铺中，买家在任意时间浏览了店铺，看上了店中商品，可以直接下单。

另外，对于销售虚拟物品的网店来说，当买家购买虚拟物品后，后续的发货、收款等一系列流程都是自动的，卖家只需定时到网店收钱并补充库存就可以了。

因此，绝大多数能经常上网的朋友，都可以开设自己的网店。

4．方式灵活

网上开店不需要像线下开店那样，必须经过严格的注册登记手续，少数特殊商品的销售只需要免登声明即可，无须实体工商注册。同时，网店在销售之前甚至可以不需要存货或者只需要少量存货。因此，卖家可以随时转换经营项目，可进可退，不会因为积压大量货物而无法抽身。

2.2.3　网上开店的基本条件

网上开店尽管不需要像实体店那样租赁房屋，囤积大量的商品，办理复杂的手续，但是也需要一定的物质条件：

① 经营主体要年满18周岁，具有独立的个人身份证或持有工商登记的营业执照，并具有一定的计算机操作能力。

② 具备网上开店的基本硬件条件，如计算机、手机、照相机等。

③ 需要一定的资金投入。虽然网上开店的成本很低，但是也需要一定的资金投入，如店铺保证金、店铺推广费、进货费等。随着电商平台的逐渐规范，越来越多的电商平台开始提高准入门槛，如淘宝网的图书类目、食品类目等都需要办理相应的许可证件才能开店。

从二十余年国内网上开店的实践来看，网上开店虽然基本开店条件简单，但店铺大小、经营类别与规模各异。因此，按经营策略和经济状况划分，网上开店的卖家可分为三类，即体验型卖家、兼职型卖家、专业型卖家。不同类型卖家的开店条件也有所不同。

体验型卖家的基本要求是要有一台计算机（联网）、一部智能手机（能随时联系到）、一台数码相机（高品质）。如果卖家对网上开店的了解还非常浅显，主要目的是体验，就不需要刻意地配置硬件设施，只要拥有一台可以上网的计算机，就可以开始网上建店之旅了。

对兼职型卖家来说，随着网上交易的开展，交易额趋于稳定，如果考虑进一步扩大经营规模，对硬件的要求也会更高。基本要求是要有多台计算机（联网）、一台数码相机（高品质）、一部智能手机（能随时联系到）。

专业型卖家的基本要求是要有办公场所、多台台式计算机（联网）、一台笔记本式计算机、一台数码相机（高品质）、多部智能手机（能随时联系到）、一部固定电话、一台传真机、一台打印机以及所卖产品的相关设施。由于专业型卖家全力投入，且交易额比较大，所以对硬件的要求就复杂了许多。

2.2.4　网店定位

根据现代营销理论，市场定位涉及三个层次的定位：商品定位、品牌定位和网店定位。但是，对一位刚刚涉足网上交易的卖家来说，开始商品定位和品牌定位为时尚早，需要迫切解决的是网店定位问题。对网店进行市场定位的过程就是寻找网店差别化的过程，即如何寻找差别、识别差别和显示差别的过程。

1. 网店定位的步骤

网店定位是商家对以后经营方向、经营规模、经营档次、目标人群的抽象描述，对于指导后期的电商运营有把控方向的作用，不至于偏离了初期的计划。网店定位可按五步进行，如图2-1所示。

图2-1　网店定位步骤

（1）分析网店优势

有些人有价格低廉的货源，能够以比竞争者低廉的价格销售相同质量的商品，或以相同的价格水平销售更高质量的商品，这就是优势；有些人善于沟通，人缘好，能够很快得到顾客的信任，以较短的时间达成尽可能多的交易，这也是优势；还有些人资金充沛，在与供货商交易时，能够有更强的议价能力，这也是种优势。

（2）提炼商品卖点

通过调查和研究所要出售商品的各种因素，确定商品的优势所在。一件商品通常是多个因素的综合反映，包括性能、构造、成分、包装、形状、质量、品牌、售后服务等。通过综合分析，了解自己经营商品的优势在哪些方面，然后把优势方面作为推广商品的卖点提炼出来。

(3) 选择合适定位

通过对自己、竞争对手、商品的分析后，就可以结合各方面的优势，选择适合自己网店的定位。比如，卖家的进货价格有优势，就可以把自己的店铺定位为低价商品零售商。

(4) 分析竞争对手

商家可以通过浏览竞争对手的店铺、查看网上竞争者的历史交易记录来分析竞争者，确定他们的商品组成、价格、销售量、销售额、利润等，把自己的网店与竞争对手进行全方位综合比较分析，从而检验自己的网店定位是否合理。

(5) 确定定位结果

综合所有分析及各方面调查的结果，就可以为自己的店铺确定最终的市场定位。比如，卖家有物美价廉的进货渠道，经营商品的知名度较高，消费者对该商品的购买意向明确，而网店竞争者普遍交易量有限，在这种情况下，卖家便可以把自己的网店定位为名牌折扣店。

2．网店定位的方法

网店市场定位实际上是一种竞争策略，它显示了一种商品或一个网店与同类商品或同类网店之间的竞争关系。网店的市场定位方式不同，它的竞争态势也有所不同。主要的网店市场定位方法有三种，它们的特点如表2-1所示。

表2-1 网店定位方法及特点

定位方法	特点	适合卖家
迎头定位法	风险大 容易失败 能激发斗志 成功后知名度高	有实力的卖家 有基础的卖家 有综合优势的卖家
差异定位法	避开强手 目标客户清晰 风险小 成功率高	新手卖家 资源受限的卖家
二次定位法	纠正偏差 迅速转向	偏离初次定位的卖家 处于业绩困境中的卖家 适销不对路的卖家

(1) 迎头定位法

这是一种与市场上最强的竞争对手"对着干"的定位方式，也叫"迎头定位"。这种方式有时是一种危险战术，很容易导致失败。但不少卖家认为，这是一种更能激励自己奋发上进的定位，虽然有风险，但一旦成功就会取得巨大的市场优势，产生高额利润和高知名度。新手卖家如果要实行迎头定位，必须知己知彼，尤其要清醒估计自己的实力。由于选择的对手实力很强，在"对着干"时不是一定非要压垮对手，如果能够与其平分秋色就是很大的成功。

（2）差异定位法

这是一种避开强有力的竞争对手的市场定位。优点是能够迅速在市场上站稳脚跟，并能在目标顾客心目中迅速树立起自己网店的形象。这种定位方式市场风险比较小，成功率较高，常常为大多数新手卖家所采用。

（3）二次定位法

通常对销路少、市场反应差的商品进行二次定位。这种定位旨在摆脱困境，重新获得增长与活力。困境可能是决策失误引起的，也可能是竞争对手反击或出现新的竞争对手造成的，还有可能是商品意外地扩大了销售范围引起的。比如，目标市场为青年人的某款服装却在中老年顾客中流行开来，这时就需要重新定位。

2.3 开店资质

2.3.1 淘宝网开店资质

1. 淘宝网简介

2003年5月10日，由阿里巴巴集团投资创办的淘宝网成立。2003年10月，阿里巴巴集团推出第三方支付工具支付宝，用担保交易模式让消费者对淘宝网上的交易产生信任。根据淘宝官网统计，截至2023年底，淘宝网拥有近6亿注册用户数，260万家店铺数，每天有超过6 000万的固定访客，同时每天的在线商品数已经超过了8亿件，平均每分钟售出4.8万件商品。

随着规模的扩大和用户数量的增加，淘宝网从单一的C2C网络零售集市变成了包括C2C、团购、分销、拍卖等多种电子商务模式在内的综合性零售商圈平台，目前已经成为世界范围的电子商务交易平台之一。

淘宝网首页如图2-2所示，淘宝某店铺的首页如图2-3所示。

图 2-2 淘宝网首页

图 2-3 淘宝某店铺首页

2．淘宝网的优势

（1）起步期营销渠道多

淘宝网采用"农村包围城市"策略。由于国家加强了对信息的规范力度，一大批中小型网站和个人网站因失去了利润的来源而难以为继。淘宝网将广告投放到这些小网站上面，通过广告宣传，让广大消费者知道了有这样一个 C2C 电子商务网站。

淘宝网与 MSN 等门户网站联盟。由于人们对淘宝网的看法渐渐发生了很大的转变，所以淘宝网开始组建战略联盟。

淘宝网利用传统媒体进行市场宣传。淘宝网从 2004 年的北京国际广播电视周开始，利用热卖的贺岁片提高其知名度，而且还把道具拿到网上拍卖。

(2) 网站质量高

淘宝网不断优化网站界面。淘宝网不断地进行改进和创新，使得网站的画面更加简洁。淘宝网建立卖家学习中心。一旦用户有什么不明白的问题，就可以到卖家中心的学习页面下寻求解决。学习中心包括精品课、直播、问答三大类别，这里既有系统的网店知识和开店技巧，又能互动寻求帮助，如图2-4所示。

图2-4 千牛卖家学习中心

淘宝网设立虚拟社区。淘宝虚拟社区的建立，促进了消费者的信任。虚拟社区下设建议厅、询问处、支付宝学堂、淘宝里的故事、经验畅谈居等不同版块。

(3) 长期免费优势

淘宝网从2003年5月成功推出之时，就以3年"免费"牌迅速打开中国C2C市场，并在短短3年时间内，替代eBay易趣坐上中国C2C老大的交椅。2005年10月19日，阿里巴巴宣布"淘宝网将再继续免费3年"。2008年10月8日，淘宝在新闻发布会上宣布继续免费，直至今日，依然是免费使用平台。

(4) 完善的信用保障体系

淘宝网采用实名认证。淘宝一旦发现用户注册资料中的主要内容是虚假的，可以随时终止与该用户的服务协议。

淘宝网利用网络信息共享优势，建立公开透明的信用评价系统。淘宝网信用评价系统的基本原则是成功交易一笔买卖，对双方均算作一次信用评价。

(5) 独立的担保交易平台

为了解决C2C网站支付的难题，淘宝打造了"支付宝"服务技术平台。它是由浙江支付宝网络科技有限公司与公安部门联合推出的一项身份识别服务。支付宝的推出，解决了买家对于先付钱而得不到所购买的产品或得到的是与卖家在网上的声明不一致的劣质产品的担忧，同时也解决了卖家担心先发货而得不到钱的问题。

(6) 安全实名认证制度

淘宝网也注重诚信安全方面的建设，引入了实名认证制，并区分了个人用户与卖家用户认证。两种认证需要提交的资料不一样，个人用户认证只须提供身份证明，表明个人身份的真实性，卖家认证还须提供营业执照，表明实际经营主体的真实性。

(7) 接续经营的网店过户

淘宝"网店过户"线上入口已经于2013年7月24日正式开放，意味着网店经营者只要满足一些必要条件，即可向平台提出"过户"申请；过户后网店信誉保持不变，所有经营性的行为都会统一被保留。同时，淘宝对店铺过户双方也有一定约束，如原店铺参加签署的各类服务协议，过户后一并承接。

3. 淘宝网开店基本资质

淘宝网的开店门槛相对较低，凡是年满18周岁的公民都可以开设店铺，而且开店成本相对较低，绝大部分类目只需要1 000元的保证金，有的甚至不需要保证金。随着淘宝网用户的增多，平台管理也越来越规范，对于一些特殊的类目实行许可制度，如食品类目需要提交食品经营许可证和营业执照等资质。

部分个人开设的店铺还可以升级为企业店铺。淘宝企业店铺是一种介于公司直营和个人卖家之间的店铺。企业店铺是指通过支付宝卖家认证，并以工商营业执照开设的店铺。普通个人卖家通过身份认证就可以开店，但淘宝企业店铺需要认证企业营业执照。但是，和天猫、京东等平台不同的是，它没有诸如企业要有100万元以上注册资金、两年以上经营时间、品牌注册商标和纳税身份等限制。所以淘宝开店条件相对是很宽松的。

2.3.2 京东商城开店资质

京东商城作为国内典型的B2C综合零售平台，因拥有快捷的物流服务、完善的退货模式、良好的保障体系而受到广大电商消费者的青睐。2010年，京东推出京东开放平台，吸引了更多优质品牌共同打造安全高效的网络营销平台，让消费者可以在京东购买到更加丰富的商品。为满足更多企业的开店需求，京东为想要入驻商城的第三方卖家定制了多元的运营模式以及相应的入驻流程。

1. 京东开店基本资质

京东开店基本资质如下：

① 京东开放平台执行独立招商政策，没有授权任何机构进行代理招商。

② 京东开放平台不接受个体工商户的入驻申请，卖家须为正式注册企业。

③ 京东开放平台不接受未取得国家商标总局颁发的商标注册证或商标受理通知书的品牌的入驻开店申请，也不接受纯图形类商标的入驻申请。

2. 京东店铺类型

（1）旗舰店

旗舰店是指卖家以自有品牌（商标为"®"或"TM"状态），或由权利人出具的在京东开放平台开设品牌旗舰店的独占性授权文件（授权文件中应明确排他性、不可撤销性），入驻京东开放平台开设的店铺。

旗舰店又可以有以下几种情形：

① 经营一个自有品牌商品的品牌旗舰店（自有品牌是指商标权利归卖家所有）或由权利人出具的在京东开放平台开设品牌旗舰店的独占性授权文件的品牌旗舰店。

② 经营多个自有品牌商品且各品牌归同一个实际控制人的品牌旗舰店（自有品牌的子品牌可以放入旗舰店，主品牌、子品牌的商标权利人应为同一实际控制人）。

③ 卖场型品牌（服务类商标）商标权利人开设的旗舰店。

波司登官方旗舰店在京东平台上的首页如图 2-5 所示。

图 2-5　京东波司登官方旗舰店

（2）专卖店

专卖店是指卖家持他人品牌（商标为"®"或"TM"状态）授权文件在京东开放平台开设的店铺。经营一个或多个品牌商品（多个商标权品牌的商标权利人应为同一实际控制人），但未获得品牌（商标）权利人独占授权而入驻京东开放平台的企业卖家，品牌（商标）权利人出具的授权文件不应有地域限制。

美的冰箱专卖店在京东平台上的首页如图 2-6 所示。

图2-6 京东美的冰箱专卖店

(3) 专营店

专营店是指经营京东开放平台相同一级类目下两个以上品牌（商标为"®"或"TM"状态）商品的店铺。

专营店可以有以下两种情形：

① 相同一级类目下经营两个及以上他人品牌商品入驻京东开放平台的卖家专营店。

② 相同一级类目下既经营他人品牌又经营自有品牌商品入驻京东开放平台的卖家专营店。

如某电器专营店在京东平台上的首页如图2-7所示，其至少经营着美的、小天鹅两个授权品牌的电器。

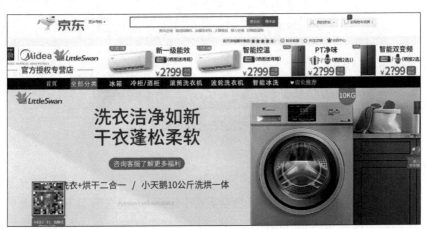

图2-7 京东某电器专营店

2.3.3　全球速卖通开店资质

全球速卖通是阿里巴巴集团旗下面向全球市场打造的跨境电商出口平台，于 2010 年 4 月上线，目前已经覆盖 220 多个国家和地区的海外买家，支持 18 种语言，支持 51 个国家的当地支付方式，网站日均浏览量超 2 亿次，成为全球最大的跨境交易平台之一。目前入驻全球速卖通平台需要企业支付宝账号认证，不接受个体工商户入驻。全球速卖通的店铺类型也分为三种，即官方店、专卖店和专营店。

全球速卖通对所有店主的基本要求如下：

① 所有卖家准入该经营大类的账号需要完成企业认证。

② 经合法登记注册过的公司或企业（不包括个体工商户）。

③ 需要提供"四证"（营业执照、组织机构代码证、税务登记证、银行开户证书）或多证合一后有统一社会信用代码的营业执照及银行开户证书。

④ 对于不同类型的店铺，品牌的资质应符合相应的要求。

⑤ 商品须符合法律及行业标准的质量要求。

⑥ 卖家在全球速卖通上经营必须缴纳年费，年费金额以经营大类为参照，分别为 1 万元和 3 万元。

阿里巴巴全球速卖通首页如图 2-8 所示。

图 2-8　阿里巴巴全球速卖通首页

2.3.4　移动微店开店资质

"微博改变媒体，微信改变社交，微店改变网商"的说法曾经在网络上风靡一时，让很多人认识到通过移动平台开店的重要性。以下几个时间点的大事件反映了微商的发展历程。

2012 年年底，代购开始在朋友圈兴起，微商雏形开始出现。

2013年初,面膜开启微商美妆时代。

2014年9月,中国微商创业大赛启动,传统品牌进军微商,开启微宝贝品牌化时代。

2015年年底,工商总局首次明确将微商纳入监管范围。

2015年9月,新广告法要求微商渠道的卖家和其他行业一样,遵守广告法要求。

2016年12月,国务院首次以积极态度鼓励微商健康发展。

2018年8月,第一部《中华人民共和国电子商务法》出台,引导微商市场步入规范化运营。

具体的微店应用包括口袋购物微店、有赞、微盟旺铺、阿里巴巴采源宝等,不同的移动微店有不同的开店资质要求。在微店行业的粗放发展状态下,如何挑选一个存活力强且适合自己的微店平台至关重要。下面简要介绍口袋购物微店及其开店资质。

微店(https://www.weidian.com)是由北京口袋时尚科技有限公司开发,帮助卖家在移动端实现App开店管理的软件。作为口袋旗下的产品,微店目前拥有几千万用户。使用该款软件无门槛,并且不收任何开店费用,无论是对个人还是对中小企业而言,都是不错的选择。

该移动应用App支持一键导入淘宝店铺宝贝。如果卖家已在淘宝平台拥有自己的店铺,就可以轻松将自己的淘宝店搬到微店平台上,实现经营渠道快速拓展。如果需要将已有的淘宝店铺进行加盟店拓展,微店同样可以将淘宝店搬到更多的微店中,卖家只须提供发货服务,其他事情由众多微店进行处理。

2.4 开店流程

2.4.1 平台开店基本流程

网上开店主要采用自建电商网站或者利用第三方电商平台开店的方式。自建电商网站投资大、成本高、周期长、见效慢,所以一般商家都选择在第三方电商平台开店。要在第三方电商平台开设店铺大致需要以下流程:网上开店定位—选择开店平台—店铺注册认证—货品上架—店铺推广—客户服务,如图2-9所示。

图2-9 第三方电商平台开店流程

第一步是网上开店定位。想开一家什么样的店、多大规模的店，经营某类目还是综合性类目，售卖同类产品是高价的还是低价的，等等，都属于店铺定位问题。一般来讲，网上开店的第一步并不在网上，而在自己的脑海里。在这点上，开网店与传统的实体店没有太大的区别，做好充分的市场调研、寻找好的市场切入点、选择有竞争力的货品是成功的基石。

第二步是选择开店平台。需要选择一个提供个人店铺的电商网站，并注册为用户，这一步很重要，大多数网站会要求用真实姓名和身份证等有效证件进行注册。在选择平台网站的时候，流量人气及收费情况等都是很重要的指标。现在很多平台提供免费开店服务，这一点可以为开店者节省不少成本。

第三步是店铺注册认证。申请为卖家大致有三步，即填写个人资料及店铺信息，提交身份证及营业执照照片，提交银行卡信息。要详细填写自己店铺所提供商品的分类，然后需要为自己的店铺起个合适的名字。有的网店显示个人资料，应该如实填写，以增加信任度。

第四步是货品上架。需要把每件商品的名称、产地、所在地、性质、外观、数量、价格、交易方式和交易时限等信息填写在网站上，最好搭配商品的图片。图片需要经过前期的拍摄和后期的优化处理。如需要快递，要写明谁负责支付运费、运费多少。

第五步是店铺推广。为了提升自己店铺的人气，在开店初期，应适当地进行营销推广，但仅限于网络上是不够的，要线上、线下多种渠道一起推广。

第六步是客户服务。买家在决定是否购买时，可能需要很多卖家没有提供的信息，他们随时会在网上提出问题，卖家应及时并耐心地回复买家（留言），注意沟通的技巧，加强售后服务。这是网上开店不可忽视的、非常重要的步骤之一。

2.4.2　淘宝开店流程

淘宝网是在中国乃至亚太地区深受欢迎的网购平台。阿里巴巴发布的截至2023年6月30日的2024财年第一季度财报显示，其第一季度营收为2 341.56亿元，同比增长14%，其中，淘宝、天猫集团营收1 149.53亿元，同比增长12%。淘宝日活跃用户（DAU）同比增长6.5%，连续5个月快速增长。第三方机构Quest Mobile（国内移动互联网大数据公司）报告显示，淘宝6月平均DAU达4.02亿，月活跃用户（MAU）达8.77亿，稳居电商平台第一。作为目前中国最大的电商平台之一，淘宝网绝对是简单快捷而又行之有效的网店平台，它既不需要用户懂得复杂的网站制作技术，又有自身得天独厚的流量优势，是起步卖家开店的首选。在淘宝平台开店的基础操作可分为五个基本步骤，如图2-10所示。

图2-10　淘宝开店流程

1. 注册淘宝账号

在确定销售商品类别及平台之后,在淘宝平台的注册就成为开店的首要任务。用浏览器打开淘宝网首页(https://www.taobao.com),左上角有"免费注册"链接,点击进去之后,出现初始注册页面。具体注册步骤可扫二维码,详见视频"03 淘宝注册"。

03 淘宝注册

至此,淘宝账号虽已注册成功,但卖家信息并不充分,还需要补充完善相关账户信息。账号登录后,点击账号管理,如图 2-11 所示,在此可以完善或修改淘宝会员名、邮箱,绑定手机号,进行身份的实名认证,设置或修改登录密码和密保问题。信息越准确完备,会员的信任级别就越高,安全性也越高,有利于会员申诉找回密码和后续电商的稳步经营。

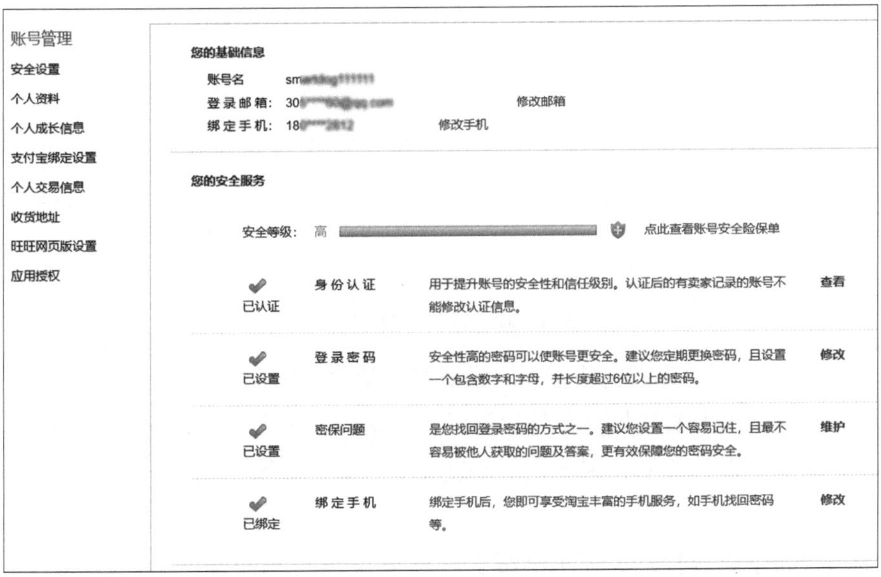

图 2-11 淘宝账号管理

2. 注册并绑定支付宝账号

支付宝是阿里巴巴电商平台的关联公司,能够连接买方和卖方,提供资金转移和购物担保服务。买家先将货款打到支付宝平台,由平台代为保管,待买家收到商品并确认收货后,支付宝平台再将货款转给卖家,如此便完成一笔网络交易。这是支付宝为保障淘宝网交易安全所设立的"第三方担保交易模式",是一种简单、安全、快速、信任度高的在线支付方式。

用户在淘宝网完成淘宝账号注册之后,可直接绑定一个已经存在的支付宝账号。

04 注册并绑定支付宝账号

具体步骤可扫二维码,详见视频"04 注册并绑定支付宝账号"。

3. 支付宝实名认证

支付宝实名认证是针对支付宝用户提供的一项身份识别以及关联银行账户的核实确认服务。对于支付宝实名认证和身份的验证，通常分为以下步骤：

① 用支付宝账户登录支付宝平台，并在"我的支付宝"栏目下点击"账户设置"，可以查看支付宝实名认证情况，如图2-12所示，表明已经实名认证。

图2-12 支付宝账户设置

② 若未认证，可以设置身份信息。设置身份信息如图2-13所示，需要先正确填写并核对身份证件号码及真实姓名，然后设置支付密码，确定无误后提交。确认后的身份和姓名的信息是不能修改的，因此在认证过程中需要认真核实身份证号码和姓名，确保准确无误。

在通过身份信息验证后，要求继续上传身份证件图片，上传证件后不限制收款额度。身份证件图片的上传要求是彩色，支持jpg、jpeg、bmp格式，而且需要身份证的正面及背面来分别完成图片上传。

③ 设置支付方式校验银行卡。为了提供便捷的支付方式和安全的支付环境，支付宝允许用户选择支付方式。支付方式是为购物付款及后期开店资金流转做保证服务的。因此，用户在设置之前，需要考虑好自身长期使用的银行卡并确认网银开通。

图2-13 设置身份信息

在填写银行卡相关信息之后，支付宝会向所填写的手机号码发送一条短信校验，接收并填写校验码完成校验，如图2-14所示。若填写的手机号与办理银行卡时银行预留手机号不一致，信息验证未成功，可以使用打款方式校验，单击"下一步"按钮，系统会根据所填写的银行卡信息进行打款验证。若还有其他银行卡，可以更换银行卡的方式进行校验。

④ 认证成功。银行卡验证成功，表明通过支付宝实名认证，在支付宝账户设置的基本信息里，如果所示真实姓名后面出现"已认证"三个字，至此表明支付宝实名认证完成。

4. 淘宝店铺认证

阿里巴巴在我国境内平台开店分为淘宝开店与天猫开店两大类。其中，淘宝开店又分为个人店铺和企业店铺；天猫开店分为旗舰店、专卖店、专营店，三种类型店铺的含义与前面介绍的京东店铺的基本相同。

图2-14　绑定银行卡手机校验

开店之前，商家必须完成支付宝实名认证环节，然后才可以选择所开店铺的类型，如图2-15所示。

图2-15　淘宝免费开店

当商家完成支付宝实名认证之后即完成前面三步之后，提前准备好个人身份证以及店主刷脸认证，便可进行"淘宝开店认证"的操作。

具体开店认证，可扫二维码，详见视频"05 开店认证"。

05 开店认证

5. 淘宝店铺创建

淘宝上开网店的四个基本条件是"两注册两认证"，依次为淘宝账号注册、支付宝账号注册、支付宝实名认证、淘宝店铺认证。这四步淘宝店铺认证完成后，淘宝开店的全部条件已经具备，可以创建淘宝店铺了。

登录淘宝账号后，点击顶端的"千牛卖家中心"—"开店入驻"，进入用户协议条款页面，阅读协议条款内容并单击"同意"后，一个空的店铺就创建成功了，如图2-16所示。后续工作就是设置店铺基本信息、装修店铺、商品上架、新品破零，逐步实现交易并开始运营。

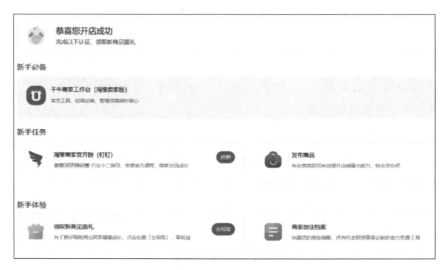

图2-16 开店成功

2.4.3 店铺基本设置

开店成功后，要完成对店铺的整体设置，包括店铺信息、店铺认证、优化建议、店铺工具、缴纳保证金及开通其他消费者保护服务等。登录淘宝账号后，点击顶端"千牛卖家中心"，在左侧导航栏中点击"店铺"—"店铺管理"—"店铺信息"，转到"店铺基本设置"页面，可以进行相应的设置或修改，如图2-17所示。

图2-17 店铺基本设置

1. 店名设置

一个好的店名对店铺的经营、招揽生意、提高名气能起到非常重要的作用。在开店的时候，一般都设置了店名，在此可进行修改，并补充其他信息，点击"店铺信息"右侧的"编辑信息"链接，进入店铺信息的补充修改页面即可，如图2-18所示。

在"店铺名称"对应文本框输入新的店名即可，需要注意的是，店名在淘宝网店里必须唯一，且最多20个汉字，店名在180天内允许修改3次，具体周期时间可在店铺信息页面进行查看，每过180天会刷新更改次数，所以须谨慎修改，稳定之后不建议经常更换。为了保障店铺名及店铺其他信息的规范性，淘宝集市店铺名中不允许出现如"旗舰店""专卖店"或与"旗舰"近似的违规信息，非全球购买手的商家不允许使用"买手""全球购"等违规信息等。淘宝平台会不定期地对店铺名进行排

图2-18 店名店标设置

查，所以店铺名称不能随意修改。该页面还可以看到开设店铺的店铺ID号，但店铺ID是不允许修改的。

填完相应内容，单击"保存"按钮，店名设置成功，但一般会有滞缓期，时长为24小时，注意稍晚点重新刷新查看。

由于店名对招揽生意非常重要，所以网店起名也有一些基本原则：

① 简洁通俗，朗朗上口。名字越简短精炼越容易让人记住。比如"清新茶叶店"，一看店名，就知道该店是专卖茶叶的店铺。

② 别具一格，独具特色。要在众多网店中脱颖而出，店名起着至关重要的作用。一个新颖且凸显店主个性的店名，可以迅速抓住顾客的眼球，让其有进店看看的欲望。

③ 与经营货品相关性高。与经营货品相关联能让顾客对店铺的经营类目一目了然，比如"小小数码在线"，一看就知道是销售数码产品的网店。

④ 隐含店主名字。为了让顾客有亲切感，可以将店主的名字或者昵称隐含在店名中。如果将店名与店主名字、经营货品都联系在一起，更能加深买家的印象。

⑤ 用字吉祥，给人美感。好的店名应有文化底蕴、格调高雅或者有特殊含义，但

是也不能一味追求个性,使用生僻字,不易辨认。特别需要注意的是,名字中绝对不允许出现违法或者侵权等文字。

⑥ 顾名思"货"。店名虽然可以更改,但店名最好是一看就能让人知道店铺是卖什么货品的。

2. 店标设置

店标就是"店铺标识",很多知名企业在进行对外宣传时都会带上自己公司的标识,如麦当劳的标志最早是为了配合餐厅边上的拱形图案,将两个金色的拱形放置在一起,拼成了现在这个家喻户晓的"M"。对麦当劳来说,这个标志不只代表"M",一则它被称为金色拱形,象征着它的价值与经营一座金矿一样;二则拱形标志代表一个个庇护所,人们可以在这个金色拱形下无忧无虑地休息。因此,店标的设置对于一家店铺来说非常重要。当买家看到一个醒目、有个性、运作比较成熟的店标时可能就会联想到这家店铺,从而对店铺产生深刻的印象。但淘宝店铺的店铺标志不是必填项。

淘宝店标的文件格式通常为 GIF 格式、JPG 格式、JPEG 格式、PNG 格式等,文件的大小通常在 3MB 以内,店标的建议尺寸为 120 像素×120 像素,高宽比为 1∶1。

店标设计有如下策略:首先,要明确网店的侧重点、品类及其特点,以及整个店铺的风格和理念;其次,在明确上述定位后,着手进行元素设计,一般基本元素包括中英文店铺名称、符合店铺定位的表现形式(通常为图案符号等)、执行标准(标准色彩、标准字体、标准组合方式)、品牌广告语;最后,对于元素的取舍、字体的选择及色调的搭配全部都要依据网店的定位来确定,组合后店标要醒目,不能过于复杂。

3. 店铺认证

淘宝店铺认证指对淘宝商家的品牌资质、店主身份等店铺特色进行识别与认证,并进行权益发放。目前分为四大类别认证,一个店铺可在"品牌资质""工厂认证""特色身份"和"公益帮扶认证"这四大类别中至多各选择一种身份进行认证,且同一大类中的身份不可同时认证。当认证成为特色店铺,可以点亮专属店铺身份标签,提升店铺核心竞争力,更有机会加入海量淘宝特色市场,为店铺成长助力。

店铺认证分为三步进行,依次是提交材料、材料审核、审核结果。店铺认证是不收费的,一般在资质材料提交后大约 5 个工作日内审核完成。审核通过的身份有效期根据资质材料的有效期不等,最长不超过一年,临近有效期须重新提交审核以延长有效期。

店铺认证的入口在店铺信息页面,在右侧的"店铺认证"栏目中点击"更多"链接即可转到"店铺认证"主页面,如图 2-19 所示。

如果店铺具备某种资质,可选择相应的认证类别进行认证。比如,选择"品牌授权"后,点击"立即认证"链接即可转到"品牌授权"认证页面,如图 2-20 所示,在此完整填写带红色*的信息,上传相应的资质照片,勾选"淘宝特色商家认证协议",确认提交后等待 3~5 天,平台审核通过后店铺就会获得相应的特色店铺认证标签,从而提升店铺核心竞争力。其他类别的认证方式也大同小异,可参考品牌资质认证进行。

图 2-19 淘宝店铺认证

图 2-20 淘宝品牌授权认证

4. 营业时间设置

淘宝店铺一年 365 天是不间断经营的,但如果短期需要休假,可选择节假日打烊,或者季节性打烊,一年共有 3 次机会,每次最长可打烊 30 天。歇业入口在店铺信息页面，在右侧的"店铺工具"栏目中选择"设置营业时间"，点击"去设置"链接即可转到"店铺打烊"主页面，如图2-21所示，点选打烊类型设置好打烊起始日期和打烊结束日期，最后点击"确认"按钮即可完成。

图2-21 打烊设置

5. 店铺域名设置

每一个网站都有自己的域名，淘宝店铺亦是如此。淘宝店铺域名又被称为淘宝的二级域名，一般表现形式为"https：//＊＊＊.taobao.com"，其中的"＊＊＊"可以是卖家自行设置的店铺名字的拼音缩写或简写等。

店铺域名的好处是，当拥有专属于自己店铺的域名后，便可以在互联网中通过域名实现直接跳转，方便用户直达店铺。同时，独特的域名比传统形式的域名更加好记；域名的标志性有利于彰显淘宝上的店铺形象；在进行店铺推广时，由于域名具有店铺个性，有品牌效应，推广效果会更好；除了实现跳转外，浏览器地址栏直接显示二级域名，可加强买家对域名的理解和提升买家对商家的信任。

域名设置的入口在店铺信息页面，在右侧的"店铺工具"栏目中选择"域名设置"，点击"去设置"链接即可转到"域名设置"主页面，如图2-22所示，输入店铺独特的、淘宝网上唯一域名字符，勾选"淘宝网子域名自助注册及使用规则"，最后点击"保存"按钮即可。需要注意的是，淘宝店铺域名最多不能超过32个字符，设置超过4次后将不能修改，以最后一次为准，所以稳定之后不宜反复修改；同时，更改域名之后，原先的域名将不再拥有，店铺中的部分链接要8小时后才能更新。

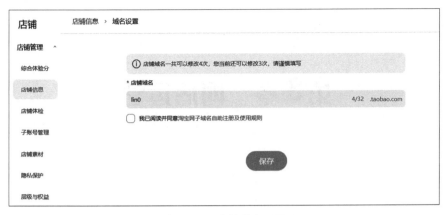

图 2-22 店铺域名设置

店铺域名设置更新之后,便可以通过浏览器地址栏输入域名,一步到位地访问对应域名的淘宝店铺。

本章小结

电商经营首先要合规合法。《电子商务法》有效保障电商交易相关方的各方权益,规范电子商务行为,封堵不法电商经营者的漏洞,促进电子商务持续健康发展。该法规明确了电商经营者身份,明确了电商经营者市场主体的登记义务和依法纳税义务,规定了某些特殊商品或者类目的经营活动必须依法取得行政许可,提出了诸多规范经营要求,引导电商平台经营者、平台内经营者合法守规经营。

网上开店是指店主自己建立网站或通过第三方平台,把商品展示在网络上给顾客看,并在网络上留下联系方式和支付方式,买卖双方线上沟通,买家以电子货币支付的方式与店主进行买卖,商品通过物流快递送达,最后完成交易的整个流程。

网上开店,依据卖家类型不同,需要具备一些基本条件,如经营者年龄、经营资质、硬件条件和资金投入等。不同的电商平台有各自的特点和优势,对开店资质也均有一定的要求,如店主的年龄要求、实名认证要求、经营资质要求、登记亮照要求、特殊类目经营许可要求、保证金要求,甚至注册资金要求、商标授权要求等,而且就发展形式看,网上开店要求会越来越多、越来越严格。

在第三方电商平台开店的基本流程是网上开店定位—选择开店平台—店铺注册认证—货品上架—店铺推广—客户服务。网店开设后,要进行一些基本设置和基础装修,如店名、店标、店铺认证、营业时间、店铺域名、店铺风格、运费模板、发货地址、退货地址等的设置。

第3章 网店运营

网店开设好了,做了基本的网店信息设置和店铺基础装修之后,下一步就是店铺的铺货运营。网店运营及商品的推广成为新型电商人才的必备技能。网店基础运营就是要选好货品、拍摄商品、做好商品文案、上架商品,负责店铺及商品在电商平台上的推广,主要是为店铺带来销量的提高、营收的增长,保持店铺的良性可持续发展,核心目标是提高店铺商品的成交转化率。

3.1 货品选择

货品是网店运营的前提,优质货品和稳定货源是网店成功的先决条件。在电商平台上,并不是所有货品都适合在线销售,爆款也不是任意货品都能造就的。因此,货品的选择对后期网店运营的成效起着十分重要的作用。

3.1.1 选品策略与标准

随着电商应用领域的日益成熟,越来越多的线下零售货品也被拓展到线上销售。目前,网络上服饰、小五金、信息家电、鞋帽箱包、母婴用品、化妆品等类目的货品较为畅销,如何在琳琅满目的货品中选择合适的经营类目是网店运营至关重要的一步。在选择零售货品时,网店需要结合自身实际,以自身优势为出发点,参考所属类目的市场行情和货品特性,依据消费者的需求特征进行挑选。

1. 适合线上零售货品的一般特点

观察互联网上已有货品不难发现,它们或多或少都存在一些共同的特点,如图 3-1 所示,可供卖家在寻找货源时参考。

(1) 体积较小

在线销售的商品依靠第三方物流传递到消费者手中，体积小、重量轻的商品可以为交易节约不少运输成本，特别是价格高的商品，与实体交易相比，物流成本几乎可以忽略不计，这样的商品在线上零售具备先天优势。

(2) 保存容易

无论是物流配送还是快递运输，网店大多采用陆路运输方式。在运输过程中，长时间、长距离的传递，加上中途的多次中转搬运，很容易对商品本身造成损坏，特别是生鲜食品，除了物流成本高，还容易腐烂，因而易保存的货品可为商家节约储存费用，减少因损坏带来的客户投诉。

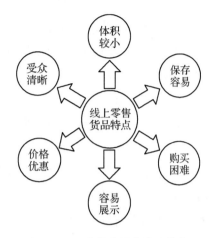

图 3-1 适合线上零售宝贝特点

(3) 购买困难

人们选择在线购物的一大原因是身边实体店铺难以买到这类商品，那么选择经营商品时，可以考虑具备地域特性的产品。这类产品被人们所熟知并且需求量大，但是线下购买渠道较少，比如国外的商品或者阳澄湖大闸蟹、洪湖莲藕等地方特产。

(4) 容易展示

由于在线交易是在虚拟环境中进行的，消费者不能直接看到商品，所以网上零售的商品最好是容易展示的，否则消费者在无法了解商品情况时，是不太愿意购买的。比如，网上售卖的服饰类商品，不仅有全方位的图片集、详细的产品参数，还有模特穿上身之后的立体展示、其他消费者的评论和买家秀，消费者可以从多个角度了解商品的详细状况。

(5) 价格优惠

在大众眼中，网络零售的商品价格要比实体店优惠，因而如果出售常见商品则须考虑优惠问题。为此，很多品牌特意推出电商专售款，避免消费者比价。比如，某热水器厂家在国美、苏宁等线下渠道销售的一款热水器型号为 TB50M1.5，而在线上京东、淘宝等电商平台出售的型号为 CASOMIS，表面上型号不同，实质上热水器的外形、功能没有太大差异。这是为了避免用户线上线下相互比价，减少对原有实体店的冲击，厂家特意生产的差异型号。现在很多顾客喜欢在门店看完实物后再在网上搜索比价，如果网络同款的价格低于门店价格，则线上销售就具备了价格优势。

(6) 受众清晰

挑选产品时不一定要满足全部市场消费者的购物需要，但至少受众要明确，客户画像要清晰，应尽量让某一专有领域或市场中的具有典型消费特征的部分群体接受。

2. 寻找货品的基本策略

选择货品的过程可繁可简，取决于卖家对开店目标的定位。若是兼职型卖家，参考兴趣爱好即可；但若打算长期从事电商事业，作为专业型卖家，则需要掌握一些基本寻货策略。

（1）市场行情分析

线下市场分析基于口口相传的经验或者是不精准的推测，而线上市场行情可以实现全面而精准的分析。比如，淘宝网专门为卖家提供了"生意参谋"电商服务软件，其中的"市场行情"任务可以为卖家提供淘宝网的市场数据。不过该项功能除了需要付费购买以外，还对购买门槛做了一定限制。对于刚刚入驻平台的新手卖家而言，可以联系别的达标店铺帮忙获取数据。

① 锁定市场范围。在选择经营品类时，卖家可先从自身的爱好特长和掌握的优势资源入手，先缩小选择范围，再权衡利弊。如果已经有了实体经营，要善用自身对市场的熟悉度和对优质货源的把握度，扬长避短，使经营活动事半功倍，有利于从激烈的市场竞争中脱颖而出。

② 分析市场潜力。商品的市场发展潜力是另一个需要重点考量的因素。一个市场的消费者购买力代表着该市场的潜力，潜力强弱可通过分析行业情况及发展趋势来判断。趋势上升，证明消费者购买力增长，代表市场具备较大的潜力；反之，则建议重新分析，调整货品，更换市场。

（2）竞争环境分析

选定市场后，要进一步对所在平台的市场情况进行分析。比如，分析市场行情后选定女士打底裤作为货品，并打算在淘宝平台上经营。那么，接下来就需要分析竞争环境的情况，从中找到发展契机。在淘宝平台，消费者选购商品大多通过淘宝搜索引擎对关键词进行检索，随后在平台推荐的列表中选择自己满意的货品。通过这个流程不难看出，影响竞争力的因素有两点：一是用户搜索关键词与商品的匹配程度，二是产品本身。

① 分析关键词。在淘宝进行购物时，有心人会发现搜索不同的关键词，搜索结果呈现的商品也不同，而且关键词还会影响商品展示的数量。这就意味着观察不同关键词下的竞品数量，可以挑选出竞争力小的商品，并设置合适的商品标题。

② 分析产品。消费者通过观察商品样式，选择心仪商品点击进入，进一步查看商品详情。商品样式由商品众多的属性组成。卖家可以利用"生意参谋"等分析软件，分析消费者购买行为中对购买商品属性的偏爱，再去市场中寻找符合这些属性的产品作为销售的商品。

按照上述基本策略寻找货源，可以极大地提高网上开店的成功概率。

3.1.2 进货渠道分析

进货是网店经营中最基本的一项工作,选择正确的进货途径可以节省开店成本,保障货品质量,是卖家经营好店铺的基础。进货渠道分为线下渠道和线上渠道。

1. 线下渠道

主要的线下进货渠道有零售批发市场、产业带、工厂直接采购,通过这些方式寻找货源需要耗费较多精力,但可以直观验证货品是否符合需要,便于把控产品质量,面对面洽谈商品价格。

(1) 大型批发市场

零售批发市场是卖家主要进货途径之一,因其商品种类多、数量足、价格优惠,受到小成本经营者的喜爱。一般来说,城市中都会有规模不同的小商品批发市场,但商品种类及价格参差不齐,甚至有些小规模批发市场的商品价格还高于路边摊位。建议有能力的卖家到当地知名度高的市场采购,如果想见识一下大型的小商品批发零售市场还可以去浙江义乌。义乌是全球最大的小商品集散中心,被联合国、世界银行等国际权威机构确定为世界第一大市场。

正所谓"只有买错的,没有卖错的""买的永远没有卖的精",拿货问价的技巧也有差别,掌握更多的批发技巧能在采购货品时降低进货成本,避免被批发商"套路"。

① 货比三家。第一次去批发市场进货,不要急于购买东西,在店铺中多看、多问、多认识货品,记录感兴趣的店铺,随后以同样的方式去其他店铺考察,弄清每家店铺的位置,弄清采购货品在市场中有多少家在销售,弄清每一家的质量及报价情况,了解批发市场的整体情况,做到心中有数再采购。

② 准备充足。批发商很容易通过"言行"和"行头"判断出买家的资历,如果遇到不良的批发商,可能会在没有旁人的情况下特意加价,参考以下两点能够降低这方面的风险。其一,采购量不大时,手中拿着1~2个黑色大塑料袋,采购量大时,拉上一辆小推车;其二,询价话术使用"这货怎么批""这个批什么价",不要说"多少钱一件""这件怎么卖"等零售的问法。

③ 适量批发。注意把握销售商品的季节特性。采购初期,新手往往不知道采购多少为宜,有的人一旦开始采购就止不住,拿完货回家才发现进货量超出了预计数量,导致本就不充裕的资金被占用。因此,初期采购不要投入太多资金,出发前做好采购预算,控制进货数量。

④ 注意季节。服装并不是应季才开始销售的,一般会提前两到三个月。有经验的批发商在夏季过半时便开始吆喝羽绒服的买卖,只有外行还在那时主销夏季T恤。如果店主不明白这个道理,错误地批发了大量夏季服饰,很有可能造成货品积压。所以一定要看准季节时机,提前谋划,谨慎备货。

(2) 产业带

产业带是相同或相关性质的企业趋于集中发展的地域,汇聚了行业中具有代表性的优秀产业。产业带商家多、竞争激烈,企业为争夺市场也会采取相应措施,比如以降低价格、提高产品质量、提升服务等方式吸引采购方,使得采购者在激烈的市场竞争环境中成为直接受益人。

产业带商品不但是货品采购的源头,而且更早地接触时尚前沿,在备货的时候优先挑选前沿产品,无形中可以增强店铺的竞争力。不同货品的产业带也不同,如挑选羽绒服可以选江苏常熟服装城,挑选箱包可以选择河北白沟,挑选电子产品可以去深圳电子产业带等。

(3) 工厂直接采购

商品从工厂生产出来后可能会经过经销商、分销商、批发商等多个环节,增加运输、质检、人力等多方成本,导致采购价远高于产品成本价格。相比之下,从工厂直接进货可以减少流通环节,采供双方对采购价格容易达成一致。选用工厂直采渠道的前提是需求量比较大,运转资金比较充足。多数厂家一般不与中小采购商打交道,即便同意供货也会抬高起批量或提高采购价格,这点对于网络零售而言是较大的问题。有些卖家一味追求低成本采购,使得大量货品积压,资金周转不开,反而导致了店铺亏损。所以,只有店铺经营到一定规模以后,销量能达到工厂采购量的标准,再去工厂直采,工厂才会欣然接受,而且自身也具备了议价能力,甚至还有可能享受到产品定制服务。

2. 线上渠道

线上进货渠道以1688网站、天猫供销平台等大型交易平台为主。卖家从消费者处获得订单后,不用自行发货,而是将货品、物流信息在线传递给供应商,由供应商直接发货。这种进货模式实现了零售和批发的在线交易,与线下渠道相比,具备无地域限制、节约交通成本、不必挑选物流、不必库存商品等优势。

(1) 1688采购批发平台

淘宝网是阿里巴巴旗下的零售交易平台,1688网站(https://www.1688.com)则是阿里巴巴旗下的采购批发平台。1688网站首页如图3-2所示,它为全球数千万的卖家和供应商提供了便捷安全的在线交易保障,实现了阿里"让天下没有难做的生意"的愿景。相比于线下批发市场,1688网站拥有更加全面的货品类目,为卖家提供更多的货品选择,目前已经覆盖了服饰、箱包、母婴、百货、食品、家居、美妆、电器、化工等众多方面的原厂供应。

在1688网站上寻找货源的方式与在淘宝网购物一样,也是多种多样的,如关键字查询、分类查询等。只要是淘宝会员,就可以登录该网站并进行货品采购。平台中有部分供应商支持一件代发服务,即卖家售出的货品直接由供应商发货,为卖家节省仓储、包装、物流等资产及时间成本,也为兼职开店提供机会。

第 3 章　网店运营

图 3-2　阿里 1688 采购平台

(2) 天猫供销平台

天猫供销平台（http://gongxiao.tmall.com）也被称为淘宝分销平台，是淘宝平台为卖家提供的分销、代销平台，目的在于帮助有货源的供应商招收分销商，让需要货源的卖家找到高质量的货品。天猫供销平台采购货品的前提是必须为淘宝或天猫的店铺卖家，并达到一定代销标准才能申请代销。天猫供销平台首页如图 3-3 所示。

图 3-3　天猫供销平台

介绍如何在天猫供销平台采购货品，可扫二维码，详见视频"06 天猫供销入驻"。

06 天猫供销入驻

51

3.1.3 商品定价策略

1. 组合定价策略

组合定价策略指把店铺里一组相互关联的商品组合起来一起定价，组合中的商品都属于同一个大类别，每一大类别都有许多品类群，比如南北干货就是一个大类别。南北干货可能有香菇、银耳和花椒等几个品类群，可以把这些品类群组合在一起定价。这些品类群商品的成本差异、顾客对这些商品的不同评价以及竞争者的商品价格等一系列因素，决定了这些商品的组合定价。例如天猫某店铺K歌音响系统组合定价如图3-4所示，其包含了音响、屏幕、U盘、话筒等商品的组合。

图3-4 天猫某店铺K歌音响组合定价

组合定价可以细分为以下几个方面。

（1）同种商品组合定价

同种商品的组合，可以以这些不同等级的商品之间的质量、成本差异为依据，以顾客对这些商品不同外观的评价及竞争者的商品价格来决定各个相关商品的价格。同种商品，根据质量和外观上的差别，分成不同的等级，分别定价。这种定价方法一般都是选其中一种商品作为标准品，其他分为低、中、高三档，再分别作价。对于低档商品可以把商品的价格定得逼近商品成本；对于高档商品，可使其价格较大幅度地超过商品成本，但注意一定要和顾客说清楚这些不同级别的商品质量是不同的。比如，蜂蜜专卖店可以把九寨沟无污染正宗野生土蜂蜜、江西特产宜春革命山区纯天然树参蜂蜜、自制花粉蜜组合起来制定价格，打包销售，让顾客消费后能充分体会到不同蜂蜜的差异性，从而对优质蜂蜜的"优质优价"有所认可。

（2）连带商品组合定价

连带商品定价时，卖家要有意识地降低连带商品中买家的购买次数，选择顾客对降价比较敏感的商品进行组合。所以，要对连带商品中消耗较大、需要多次重复购买、顾客对价格提高反应不太敏感的商品采用组合定价策略。

（3）系列商品组合定价

对于既可以单个购买又能配套购买的系列商品，可实行成套购买价格优惠的做法。成套销售可以节省流通费用，而增加优惠又可以扩大销售，这样流通速度和资金周转就会大大加快，有利于提高店铺的经济效益。很多成功卖家都采取这种定价方法。

2．阶段定价策略

阶段性定价就是要根据商品所处市场周期的不同阶段来定价，可以分为以下几种情况。

（1）新上市商品定价

由于商品刚刚投入市场，许多消费者还不熟悉这个商品，因此销量较低，也没有竞争者。为了打开新商品的销路，在定价方面，可以根据不同的情况采用高价定价法、渗透定价法和中间定价法。

对一些市场寿命周期短的商品，一般可以采用高价定价法，比如绿色生态新鲜果蔬、季节性商品等。

对一些有较大潜力的市场、能够从销量中获得利润的商品，可以采用渗透定价法。这种方法是有意把新商品的价格定得较低，必要时甚至可以亏本出售，以多销商品达到渗透市场、迅速扩大市场占有率的目的。

一些经营较稳定的大卖家可以选择中间定价法。这种方法是一种适中的、让买卖双方均感合理的新产品定价方法。该定价法以价格的稳定和预期销售额增长的稳定为目标，力求将价格定在一个适中的水平。由于照顾到了大多数消费者的利益，所以该定价法容易令消费者感到满意。采用中间定价法销售产品，可以在长期稳定的销售量的增长中，获得按平均利润率计算的平均利润，但一般不适合中小卖家。

（2）商品成长期定价

商品进入成长期后，店铺组货能力和销售能力不断增强，表现为销售量迅速增长，利润也随之大大增加。这时候的定价策略应该采用选择合适的竞争优势、能保证店铺实现目标利润或目标回报率的目标定价策略。

（3）商品成熟期定价

商品进入成熟期后，市场需求已经日趋饱和，销售量也达到顶点，并有开始下降的趋势，表现在市场上就是竞争日趋尖锐激烈，仿制品和替代品日益增多，利润达到顶点。在这个阶段，一般采用将商品价格定得低于同类商品的策略，以排斥竞争者，争取市场空间，维持销售额的稳定或进一步增加。

商品成熟期，正确掌握降价的依据和降价幅度是非常重要的。一般应该根据具体情况来慎重考虑。如果商品有明显的特色，有一批忠诚的顾客，就可以维持原价或略降；

如果商品没有什么特色，就要用低价优势保持竞争力。

（4）商品衰退期定价

在商品衰退期，商品的市场需求和销售量开始大幅度下降，市场已出现了新的替代品，利润也日益缩减。这个时期常采用的定价方法有维持定价法和驱逐定价法。

如果卖家希望处于衰退期的商品继续在顾客心中留下好的印象，或是希望能继续获得利润，就要选择维持价格。维持定价策略能否成功，关键要看新的替代品的供给状况。如果替代品供应充足，顾客肯定会转向替代品，这样一定会加速老商品退出市场的速度。

对于一些非必需的奢侈品，它们虽然已经处于衰退期，但其需求弹性大，可以把价格降低到近乎成本的水平，采用驱逐定价法，将其他竞争者驱逐出市场，尽量扩大商品的市场占有率，目的是清仓出货，以保证销量、回收投资。

3．折扣定价策略

网上顾客一般都在各个购物网站查验过同样商品的价格，所以价格是否便宜是影响顾客下单的重要因素。为了定出既有一定利润又有竞争力的价格，很多淘宝卖家普遍选择薄利多销式折扣定价策略。

折扣定价策略又可分为数量折扣定价和心理折扣定价。

（1）数量折扣定价

数量折扣是对购买商品数量达到一定数额的顾客给予折扣，购买的数量越大，折扣也就越大。采用数量折扣定价可以降低商品的单位成本，加速资金周转。数量折扣有累积数量折扣和一次性数量折扣两种形式。累积数量折扣是指当顾客在一定时期内购买的累计总额达到一定数量时，按总量给予一定的折扣，如我们常说的会员价格；一次性折扣是指按一次购买数量的多少而给予的折扣。

（2）心理折扣定价

当某类商品的相关信息不为顾客所了解，商品市场接受程度较低，或者商品库存增加、销路又不太好的时候，采用心理性折扣一般都会收到较好的效果。因为消费者都有喜欢打折价、优惠价和处理价的心理，只要采取降价促销手段，这些商品就有可能在众多的商品中脱颖而出，提高成交的机会。当然，这种心理性折扣必须制定得合理才能达到销售目的。

网店线上销售商品定价的方法很多，不同定价方法寻求的价值点不一样，但网上店铺的商品定价主要遵循以下六条原则：

① 保持定价稳定。商品销售价格首先要保证店家自己的基本利润点，不要轻易降价，也不要定价太高，定好的价格不要轻易去改。

② 定价包含运费。包含运费后的价格应该略低于市面上商品的价格。

③ 稀有商品可高价。线下买不到的稀有商品的价格可以适当定高一些，定低了反而会引起顾客对商品质量的怀疑和担忧。

④ 同种商品分档定价。店内经营的商品可以拉开档次,有高价位的,也有低价位的。有时为了促销需要甚至可以将一两款商品按成本价出售,以吸引眼球,增加人气,争取更多的用户能走进店铺浏览其他商品。

⑤ 经常调研市价。如果不确定某件商品的网上定价情况,可以利用比较购物网站,在上面输入自己经营的商品名称,在查询结果中就可以知道同类商品在网上的报价,然后定出自己的报价。

⑥ 定价透明清楚。定价一定要清楚明白,如定价是不是包含运费,一定要交代清楚,否则可能引起麻烦,影响到自己的声誉。模糊的定价甚至会使有消费意向的客户放弃购买。

3.2 商品发布

3.2.1 商品发布流程

发布商品是经营网店必不可少且十分重要的环节,也是推广商品、确立订单、处理订单及提高客户服务的前提。一般可以在"千牛卖家中心"后台手动发布商品,涉及的操作环节比较多,信息项比较细,需要逐一认真阅读、理解并谨慎填写,任何一个细节的疏忽或操作失误都可能影响店铺的稳定经营及经营业绩。

商品发布流程大体包括三大步骤,如图3-5所示。

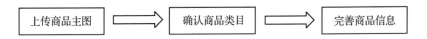

图3-5 商品发布三大步骤

第一步是上传商品主图。首先要按照页面提示上传商品主图,上传的商品图片均有一定的要求,具体要求如表3-1所示。

表3-1 商品图片类型及要求

图片类型	图片要求	备注
主图 ("电脑端宝贝图片")	大小≤3MB	若图片为700像素×700像素或以上,详情页会自动提供放大镜功能;图片一般用JPG格式、PNG格式,也支持上传GIF格式,但发布页、详情页均不支持使用GIF格式
	宽度不能大于5 000像素,长度不能大于5 000像素,展示效果需要自己把控。比如:700像素×700像素可以,750像素×1 000像素也可以	
	建议"正方形"图片(1:1的宽高比)	
	上限5张(部分类目第五张的位置要求白底图)	

续表

图片类型	图片要求	备注
3∶4主图	宽度≥750 像素 高度≥1 000 像素 宽高强制比例 3∶4 上限 5 张	设置 3∶4 主图的前提是需要设置 3∶4 主图视频;设置后宝贝详情页将不显示 1∶1 的主图
白底图 (第五张主图)	38KB＜大小＜300KB 背景为白底(白色) 宽高建议 800 像素×800 像素	部分类目开放上传
长图 (第六张主图)	宽度≥480 像素 宽高强制比例 2∶3 宽高建议 800 像素×1 200 像素	部分类目开放上传;点击上传后提供剪裁工具,不用自己剪裁

不同类型的商品图片适用于不同的场景,必须正确选用图片上传,如图 3-6 所示。

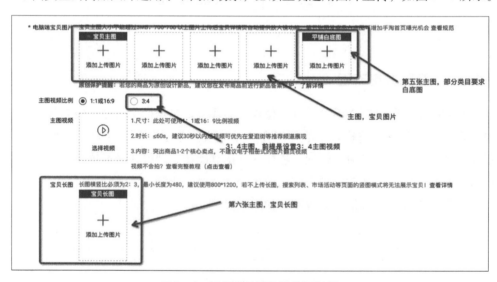

图 3-6 四类商品图片的使用场景

第二步是确认商品类目。进入商品发布页面后,上传商品图片或者商品条形码之后,系统会通过信息识别智能推荐商品类目。但若推荐的类目不准确,卖家也可通过类目搜索、发布历史、手动选择等方式重新调整商品所属类目。

第三步是完善商品信息。完成商品图片上传和类目选择后,点击"确认类目,继续完善",即可进入商品编辑页面,进一步完善商品的各项信息。需要注意的是,页面标红色＊号的信息项均为必填项,不可空着。这一步,依据商品的不同,需要填写的商品信息项很多,需要按照页面要求认真填写商品的基础信息、销售信息、物流信息、支付信息、图文描述、售后服务等多项信息,填写完成后,点击"发布上架"按钮即可。

具体商品发布步骤及示例,可扫二维码,详见视频"07 商品发布"。

07 商品发布

3.2.2 商品标题的优化设计

在商品发布之前,买家首先要拟定好一个合适的商品标题。从电商实践来说,标题就是多个词,代表着多个市场,吸引着多种人群,标志着多个价格区段。这就需要卖家找到合适的关键词,满足关键词背后各类人群的个性需求。关键词的作用是使用户和系统识别商品,并将商品展示出来,每个关键词都是商品获得曝光量的一条渠道。要想获得更多的曝光量,就需要在标题中使用尽量多的、能准确描述商品的、符合用户搜索习惯的关键词,同时要找到少部分描述精准、独特且吸引用户眼球的词语。

商品标题的优化设计一般按关键词的"探寻—筛选—分词—组合—评估"五个步骤进行。

1. 关键词的探寻

在选择商品关键词之前,卖家首先需要确定商品的基础词,即主题词,也就是商品的本质,用商品名称表示。比如,一部手机,如果是苹果品牌的,它的基础词就可以用"iPhone",若是华为品牌的手机,就不宜用"iPhone",因为"iPhone"几乎成了苹果智能手机的翻译词,说出来人人皆知,如图3-7所示。又如,棉服的适用人群有老人、大学生、中学生、小学生、男人、女人等,如果是给女人穿的,那它的基础词就是"棉服女",如果是适合老人穿的,就是"老人棉服",如图3-8所示。

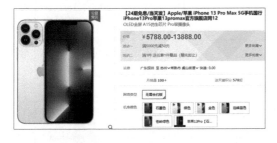

图3-7 包含基础词"iPhone"的苹果手机标题

图3-8 包含基础词"棉服女"的外套标题

确定了基础词之后,接下来要寻找更多的关键词。随着时间的推移及淘宝平台中商品的变化,目前比较有效的寻找关键词的途径主要有两条:一是通过淘宝的搜索下拉框进行查看,二是通过平台中的搜索数据分析寻找合适的关键词。

第一种方法是利用搜索下拉框探寻商品关键词。无论是通过电脑去淘宝网首页搜索框搜索,还是在手机淘宝上搜索,当我们在搜索框内输入任意一个关键词时,都会弹出10个相关的关键词,这些词是近期淘宝平台中相关商品搜索热度比较高的关键词,如图3-9所示。那么,我们就可以从中借鉴,从而找到一些与自身产品相匹配的词语,或者说适合描述自己产品的词语,作为商品关键词的候选词。

图 3-9 搜索框探寻关键词

第二种方法是通过数据分析工具寻找合适的关键词。比如，阿里巴巴重要的分析工具"生意参谋"就是针对阿里系统平台及产品在各项数据方面给出的数据参考，基础版可以免费使用，但大部分功能模块需要专门付费订购。比如，登录"生意参谋"，或者从淘宝进入"千牛卖家中心"—"数据"导航条，点击"市场"—"搜索分析"（事先订购）。如果准备上架的商品是短裤，则可以在"搜索分析"里输入"短裤"，系统就会提供很多相关关键词及其对应的用户搜索与商品数据，如图 3-10 所示，此时，卖家就可以参考选用适合自己产品的关键词作为候选词。

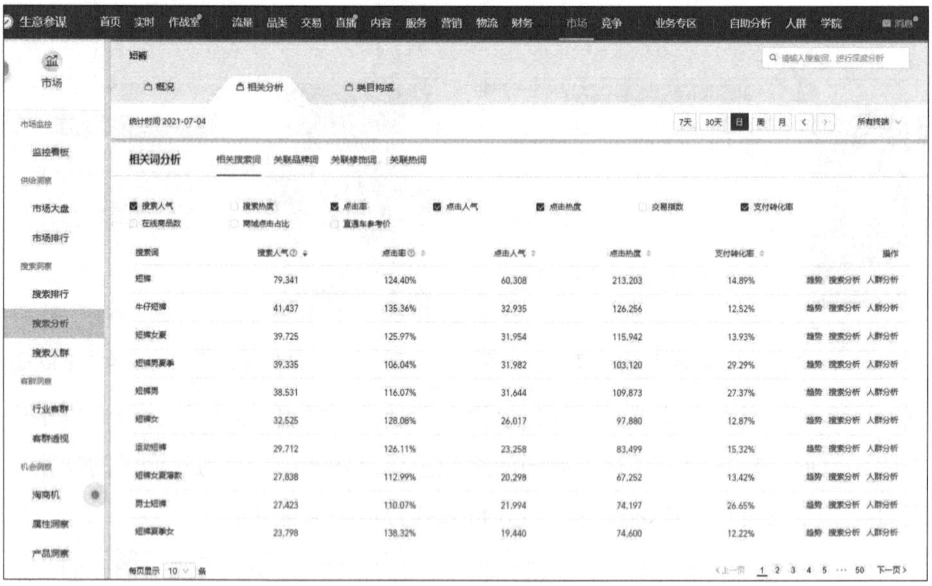

图 3-10 "生意参谋"的"搜索分析"探寻关键词

通过这些数据分析，商家可以初步探寻出适合自己商品描述的关键词。一般选择排名靠前且搜索人气高于 1 000 的关键词作为备选关键词。

2. 关键词的筛选

筛选关键词有三个标准：第一是与商品匹配，第二是类目选择要正确，第三是基于数据进行筛选。

首先，与商品匹配，这相对比较容易。比如，一款长款的裙子，不能在其标题里放入"长裤"或者"短裙"，即便这两个词的搜索人气很高，也不能选用。裤子与裙子的概念及实物是有明显差异的，简单说是两种不同的商品；长与短虽然没有严格的尺寸划分，但也有大众认知的区别，所以不能混淆。这两个选词明显不符合自家商品的描述，故绝对不能选用。

其次，类目选择必须正确。比如，用户搜索"乒乓球"，搜索结果展示出来的商品分属于不同的类目，如图3-11所示，可能包含乒乓球服、乒乓球鞋、乒乓球桌、乒乓球拍、乒乓球胶皮、乒乓球发球机、乒乓球训练球等。卖家要选择搜索人气最高且匹配自己产品的类目，本例中，人气最高且最符合的类目是"运动/瑜伽/健身/球迷用品类目"，而不是"运动服/休闲服类目"，更不符合"运动鞋类目""女装/女士精品类目"，也就是说"乒乓球"这个商品，或者"乒乓球"这个词语，放在"运动/瑜伽/健身/球迷用品类目"里面是最合适的，要与"乒乓球拍""乒乓球套装""乒乓球台""乒乓球服"等商品加以区分。当然，绝大部分名词只会在一个类目里面出现，代表着一种商品。只有少数相关联的词，或者意义比较宽泛的词，或者本义涵盖商品面比较广的词，比如"礼物""服饰""文具"等词语才需要慎重考虑类目匹配。

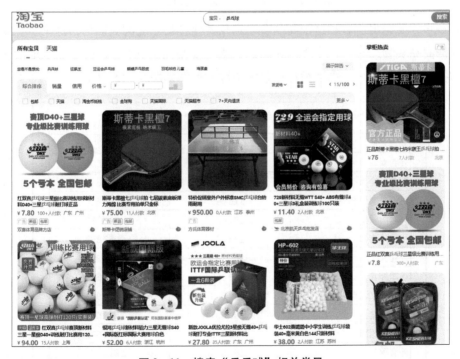

图3-11 搜索"乒乓球"相关类目

最后，通过数据筛选关键词。数据筛选关键词可以分为三个步骤进行。比如，在"生意参谋"的"搜索分析"中以"外套"为例进行相关搜索词的数据分析，如

图 3-12 所示。

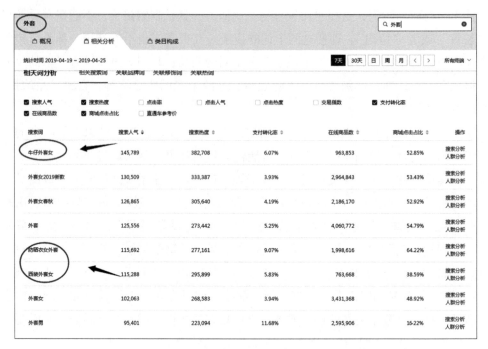

图 3-12 "外套"相关搜索词数据分析

第一步,要选出所有和这个商品有一定相关性且相匹配的关键词,这个步骤是需要卖家依据商品实物,一个一个手动完成的,或者复制到 Excel 中,因为商家最清楚自家商品的特性。假设第一步手动筛选过程中的部分示例如图 3-13 所示。

关键词	搜索人气	在线商品数
外套	125,556	4,060,772
外套女韩版	140,955	1,539,009
西装外套女	115,288	763,668
防晒衣女外套	115,692	1,998,616
外套女秋季	101,649	189,032
牛仔外套女	145,789	963,853
外套女	102,063	3,431,368
秋季外套	128,856	403,558
外套女2022新款	130,509	2,964,843
毛呢外套	80,654	149,076
外套女短款	86,532	227,892
外套秋冬	157,544	1,315,677
外套女春秋	126,865	2,186,170
黑色外套	40,878	126,764

图 3-13 手动选择候选关键词

第二步，把与商品相关的关键词找出来之后，需要计算关键词的商品人气。公式如下：

$$关键词的商品人气 = \frac{搜索人气}{在线商品数} \times 100\%$$

在 Excel 中用公式计算"搜索人气"列与"在线商品数"列之商，很容易得到所有关键词的商品人气数据。

第三步，计算出关键词的商品人气以后，按照关键词的商品人气降序排列，通过关键词的商品人气来筛选排名靠前的关键词，如图 3-14 所示。

关键词	搜索人气	在线商品数	关键词的商品人气
毛呢外套	80654	149076	54.10%
外套女秋季	101649	189032	53.77%
外套女短款	86532	227892	37.97%
黑色外套	40878	126764	32.25%
秋季外套	128856	403558	31.93%
牛仔外套女	145789	963853	15.13%
西装外套女	115288	763668	15.10%
外套秋冬	157544	1315677	11.97%
外套女韩版	140955	1539009	9.16%
外套女春秋	126865	2186170	5.80%
防晒衣女外套	115692	1998616	5.79%
外套女2022新款	130509	2964843	4.40%
外套	125556	4060772	3.09%
外套女	102063	3431368	2.97%

图 3-14 关键词的商品人气降序排列

这里需要注意的是，过长的关键词往往是搜索推荐词，它的关键词商品人气值会比较大，但是卖家一般不会使用它。不同类目的关键词的商品人气的绝对数值差别比较大，须按照关键词的商品人气值从大到小来选用候选关键词。

3．关键词的分词

淘宝关键词分词的含义是淘宝系统将标题里的关键词拆分成单个字或词组。一般具备特定含义的词语和特指词语不能用空格分开，如"茶杯"不能拆分成"茶"和"杯"，拆分后意义表达不准确了，两个词搜索反馈的结果也是不一样的，分别如图 3-15、图 3-16 所示。

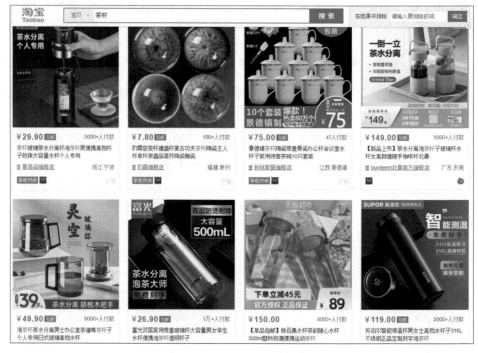

图3-15 "茶杯"搜索结果

图3-16 分词后"茶 杯"搜索结果

但有些关键词是可以拆分的。一般来说,广泛含义的词是可以拆分的。比如,"情侣运动鞋"可以拆分为"情侣"和"运动鞋"。而商品专有词、名称词、属性词、表明特定唯一对象、表示某种具体含义的这类词是不能拆分的。比如,"韩版羽绒服"不能用空格将其拆分成"韩""版""羽绒""服","加拿大鹅"不能用空格拆分为"加拿大""鹅",否则就失去了原有词语的特定本义。

4. 关键词的组合

关键词的组合一般要符合三个原则:第一要符合搜索习惯,第二要符合阅读习惯,第三要包含必要的信息。符合搜索习惯和符合阅读习惯一般情况下是不矛盾的,是一致的。

如何选择符合搜索习惯的关键词?依然可以通过"生意参谋"的"搜索分析"进行选择。比如,在搜索分析中输入关键词"棉服女",可以看到多个相关的关键词及其搜索人气,如果"棉服女"的搜索人气比"女款棉服"的搜索人气高,而二者所表达的含义是一致的,则说明"棉服女"更符合大众寻找棉服时的搜索习惯。因此,可以选择搜索人气较高的关键词"棉服女"作为备选关键词,放弃使用"女款棉服"。

商品标题限制了60个字符,即最多30个汉字,所以标题要惜字如金。组合关键词时,要尽量包含商品人气高的关键词,尽量选用符合大众搜索习惯的关键词,删除重复的词语,最后的商品标题意义明确、没有歧义,符合搜索习惯就可以了。

下面以"羽绒服"为例,介绍关键词形成商品标题的组合过程。假设我们找到了三个备选关键词,分别是"韩版羽绒服""新款羽绒服""韩版羽绒服中长款",为了把这三个关键词组合在一起,可以先把第一个和第二个组合在一起,就是"2024新款韩版羽绒服"。显而易见,这个标题既包含了"韩版羽绒服",也包含了"新款羽绒服"这两个词,还补充了最新的年份"2024",并且去掉了重合的关键词。然后,当前组合词再和第三个备选关键词继续组合,可以是"2024新款韩版羽绒服中长款",那么这个新的组合词语就包含了上面三个备选关键词的含义,言简意赅。以此类推,依据羽绒服商品的实物特征,继续组合其他备选关键词,最后可以拟定的羽绒服的完整标题如图3-17所示。

图3-17 羽绒服商品的参考标题

另外，有些特定的类目在组合关键词时，还需要在商品的标题里包含一些用户特别关心的关键词。如小车使用的"机油"，商品标题里一般会包含关于机油容量、规格型号、品牌、是否合成等用户特别关心的重要的关键词。因为很多买家倾向于购买特定容量、特定品牌、指定规格、一定要求全合成的私家小车用的机油，所以这些信息在标题里明示为好，有利于转化率的提高，如图 3-18 所示。

图 3-18　包含用户特别关心的关键词的机油标题

5. 关键词的评估

拟好商品标题之后，卖家需要学会分析标题所包含关键词的效果，即关键词的效益评估。这主要看两个方面：一是关键词是否能带来流量，二是关键词能否提高转化。这也需要通过"生意参谋"里的"流量纵横"来做数据分析，并将手淘搜索里面 30 天的数据作为对比参考。

卖家主要看商品流量来源里面的访客数量、加购收藏数量、支付买家数量、支付转化率这几个数据，如图 3-19 所示。

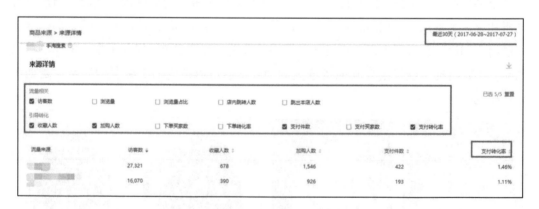

图 3-19　商品标题的关键词效果分析

访客数量反映关键词是否能提高商品曝光量。访客数量多，说明关键词选用得好；反之，访客数量少，说明关键词不符合大众搜索习惯，不能吸引用户眼球完成进一步点击查看，需要继续优化标题。

支付转化率反映了关键词是否精准。转化率高,说明关键词选用精准,用户一点击进来就找到了自己想要的商品,能提高购买支付的概率;反之,若访客数量并不少,而转化率不高,则说明关键词对商品的描述不准确,虽然吸引用户点击商品,且进来查看了商品详情,但最终用户并没有找寻到所需要的商品。因此,在标题优化时,不能一味博眼球,还得符合商品实际情况,能够精准地描述售卖的商品。

3.2.3 物流工具设置

物流是支撑电子商务活动的重要组成部分,日常运营离不开物流服务的应用。物流工具设置在"千牛卖家中心"页面,选择左侧导航栏"交易"—"物流管理"—"物流工具"即进入物流工具主页面,如图3-20所示。在这里,可以设置物流运费模板,建立商家发货退货地址库,查询跟踪订单的物流信息,还可以打印物流标签,通过菜鸟系统发货,设置配送安装费用,设置当地服务商等。下面介绍运费模板设置、商家地址库管理和订单物流信息追踪。

图3-20 物流工具主页面

1. 运费模板设置

运费模板是上传商品时的必选信息,因为店铺运营不同商品的需要,卖家很可能会设置几个甚至几十个不同的运费模板。运费模板需要设置"宝贝地址""发货时间""是否包邮"等信息。

"宝贝地址"是指应用该运费模板的商品发货地址。若经营的商品由第三方代发,应弄清楚对方的发货地址,切勿随意填写。

"发货时间"的范围为4小时内到45天内,设定发货时间不仅可以避免发货咨询和纠纷,还可以促进成交。淘宝平台判断卖家有否发货的依据就是订单中的物流信息是否为揽件状态,多数卖家选择的发货时间为12~24小时,少量卖家选择48小时内。

"是否包邮"分为"自定义运费"和"卖家承担运费",一般卖家对所售商品承担首次发货的运费,而对于偏远地区选择"自定义运费"选项。

具体设置步骤可扫二维码,详见视频"08 运费模板"。

08 运费模板

2. 订单物流信息追踪

当买家询问物流信息时,卖家需要根据订单号查询该笔订单的运输情况。操作如下:进入"千牛卖家中心"页面,选择左侧导航栏的"交易"—"物流管理"—"物流工具",单击"物流工具"模块中的"物流追踪信息",转到物流查询主页面,如图 3-21 所示。继续在"订单编号"文本框中输入要查询的订单号,单击"搜索"按钮即可看到该笔订单的物流流转信息。

图 3-21 物流查询主页面

3. 商家地址库管理

"地址库"能够保存 50 条卖家自己使用的发货、退货地址。卖家须设置、完善相关信息后保存,设置默认发货或者默认退货地址,便可以直接调取使用,为店铺的日常管理和客户维护提供方便,提高商家运营效率。地址库管理操作如下:进入"千牛卖家中心"页面,选择左侧导航栏"交易"—"物流管理"—"物流工具",单击"基础配置"中的"地址库",转到地址库主页面。在此页面,可以通过点击页面顶端的"添加新地址"按钮进而新增一个地址,也可以通过点击对应地址的"删除"按钮来删除不用的地址,还可以通过点击对应地址的"编辑"按钮来修改当前地址,并可以将地址设置为默认发货地址或者默认退货地址。

3.3 视觉营销

3.3.1 视觉营销含义

视觉营销（Visual Merchandising，缩写为 VM 或 VMD），是指在市场销售中管理并展现以商品为主的所有视觉要素的活动，从而达到宣传品牌或表现商品的特性及与其他品牌或商品形成差异化的目的。视觉营销活动的核心是商品计划，而实现视觉营销的过程就是利用色彩、图像、视频、文字、形状等方式充分展现商品或品牌，传达产品的性能与优势，吸引买家的关注，以此增加人们对产品和品牌的认可度，最终实现营销的目的。因此，视觉营销是营销技术的一种，更是一种可视化的视觉体验。

电子商务缺少实物的临场感，为了弥补这种缺失，要更加注重"用户体验"。电子商务与传统商务不同，是典型的"三无"商业：无现场导购、无实体店面、无商品实物。买家无法通过实物性体验去认知产品，也无法获得面对面的沟通解说，卖家靠向买家提供文字、图片、视频等虚拟信息来吸引买家的注意、激发其消费欲望、打消其购物疑虑，并说服买家做出购买决策。从销售的角度来讲，网店视觉营销就是要塑造一个让买家有良好视觉体验的网店。网店视觉营销的理念，就是使买家和卖家在买与卖的交易过程中都感到方便和舒适，通过视觉最大限度地促进产品（或服务）与消费者之间的联系，最终实现产品销售。同时，视觉营销也是利用视觉冲击影响品牌文化的手段之一。

网店进行视觉营销主要是迎合、满足并服务好用户，做好视觉营销具有重要意义。视觉营销可从以下几个方面做出努力。

（1）容易进

容易进是指要容易吸引顾客进入店铺。卖家一般会运用常规的营销及推广手段提高店铺的曝光量并吸引买家进入店铺。比如，优化商品标题以提高自然搜索曝光量；利用好直通车、钻石展位等付费引流；做好全网 SNS（社交化网络服务）和淘宝 SNS 的免费引流等。然而，在这些推广中除了"标题优化"，从某种程度上说各种方法都是"视觉化"的引流方式，好的视觉设计是吸引买家进入店铺的关键要素。

另外，买家进入店铺后，容易进还指在视觉上有引导地让买家跟着卖家精心设计的店铺路径走，让买家容易进入各个分类或各个主推的栏目频道。

（2）容易看

容易看是指便于顾客识别店铺及商品。顾客进入店铺后就要尽可能地将其留住并转化为客户。顾客在浏览时，除了产品本身有吸引力，店铺的设计带给买家的视觉呈现也很重要,无论是产品、广告、活动还是文字描述,一定要让买家可以轻松方便地识别,从而达到有效传达的目的。

(3) 容易懂

容易懂主要是让顾客易于读懂。要让买家了解商品,也就是相关视觉图片要让买家看得懂,文案要让买家读得懂。买家在背景、年龄大小、人生经历等多方面存在不同,要想让多数买家读懂,卖家就要把商品的参数、特点、品牌等通过图、文、视频的方式简洁明了地呈现给顾客。

(4) 容易选

容易选主要涉及商品导航、分类设置、商品推荐等。网店商品分类与超市中的区域划分和商品陈列类似,如果商品随意摆放,一定不利于买家的选购。因此,卖家在规划店铺视觉时,要做好导航区域规划及商品分类规划,方便买家查找和购买商品。

(5) 容易买

容易买是指要有便于买家下单的商品链接或渠道。针对用户体验方面的"容易买"涉及多方面,具体要注意以下几点:店铺中的广告是否都已链接到相应的商品页;具体的商品页是否帮买家考虑到了搭配套餐的选择;商品页的关联是否有必要;尽量去除冗余的非关联广告;商品页中的图片尺寸和大小是否已经优化;是否利于买家快速打开页面并阅读。

(6) 容易回

容易回是指要便于买家下次进店复购。容易回主要涉及两个方面:一是从情感上,要让买家对店铺、品牌、商品留下深刻的印象;二是从应用来看,可以让"店铺收藏"尽量明显或是和别家的不一样,体现鲜明特色,吸引买家收藏店铺。另外,卖家还可以设置关注礼、收藏礼等,吸引买家收藏店铺。

网店视觉营销的直接目的是商品营销,最终目的是促成交易,提高转化率,提高销售额。好的视觉营销是提高网店销售额的关键要素之一。商品虽然是成交的核心,商品也应该是任何购买行为的基础,但有的时候商品可能并不是买家特别需要的,而在卖家进行了有效的视觉营销后,让人产生了购买商品的欲望,最终实施购买行为,同时还可能向亲友推荐该商品。这些当然是所有卖家想要达到的效果,所以一定要重视视觉营销。

从某种意义上说,在网上"出售商品就是卖图片"。再好的商品或服务,在网络零售中,如果没有用良好的视觉效果表达出来,也将无人问津;而普通的商品(商品质量一定要没有问题)通过有效的视觉表达,也能吸引买家,甚至成为爆款商品。

具体来说,做好网店视觉营销主要有以下作用:

① 提高流量。好的视觉广告图能吸引买家的眼球。这点从直通车、钻石展位及站内外推广的点击率等方面就能体现出来,只有好的广告图,才能吸引顾客进行下一步的点击。

② 提高转化率。好的商品详情页要能让买家认真阅读,按照买家心理流程呈现买家关心的信息,直至买家做出购买决策。这点也是毋庸置疑的。

③ 提高客单价。好的视觉营销店铺路径,适当的店内广告位及商品详情页中必要的关联营销等,都将有助于提高客单价。

④ 提高复购率。好的视觉效果也会使买家对店铺留下更深刻的印象,产生更多的信任感,提高买家的复购率,并为店铺的品牌提升奠定基础。

3.3.2 商品价值挖掘

视觉营销是商家自己主动做的,一般是站在卖家角度,很容易忽略买家关心的问题,容易陷入"王婆卖瓜自卖自夸"的模式。科学地进行商品价值的挖掘,做好卖点提炼,是做好商品视觉营销的关键所在。一般可以利用下面两种方法来挖掘商品价值。

1. FABE 法则

FABE 法则是一种非常具体、有效、操作性强的利益推销方法,通过四个关键环节满足买家的诉求,极为巧妙地处理好买家关心的问题,顺利实现商品的销售目标。

F(Feature)是指商品的特质、特性等最基本的功能属性,以及如何运用商品的特质、特性等来满足客户需要。卖家可以从产品名称、产地、材料、制作工艺、性能指标、配置参数等方面挖掘商品的内在属性,找到竞争对手忽略的或者没有想到的商品特性,也就是商品的卖点。如对智能手机荣耀

图 3-22 荣耀智能手机特性卖点提炼

X40GT 竞速版的特性卖点提炼,就包括 144Hz 高刷新率、骁龙 888 旗舰机芯片、66W 超级快充等,而且将卖点呈现在显著位置(图 3-22)。

A(Advantages)代表商品由某一特征所具备的优势,是指证明商品的某一特征带来的"购买理由"。比如,通过与同类商品相比较,列出比较优势,如高性价比、高配置、特殊的营养价值等。在介绍商品的特色和优点时,首先要了解买家的需求,考虑买家关心的是什么,买家对商品存在哪些疑问,然后通过阐述商品的特色和优点给买家留下深刻的印象。一般来说,商品的特色和优点不超过三个,太多的优点反而不能给买家留下深刻的印象。如将华为手表 Watch

图 3-23 华为手表优势卖点提炼

GT2 Pro 的特色优势提炼成三点：一是"蓝宝石玻璃"表面材质，可能别家手表不具备；二是"两周续航"，相比别家手表续航持久，优势明显；三是"专业运动"，表明了非普通手表和使用场景（图 3-23）。

B（Benefits）代表商品的某一优点能带给买家的利益，是指商品的优势带给买家的好处。利益推销已成为推销的主流理念，利益推销是指一切以买家的利益为中心，通过强调买家得到的利益、好处，如自豪感、自尊感等，来激发其购买欲望。

E（Evidence）是指佐证、证明。通过现场演示、相关证明文件、品牌效应来印证刚才的系列介绍，如新闻报道、客户评价、品牌故事、企业资质、认证证书等，用于证明的"证据"须具有足够的客观性、权威性和可靠性。

下面以"阳澄湖大闸蟹"为例，通过 FABE 法则来挖掘商品的卖点，如表 3-2 所示。

表 3-2　阳澄湖大闸蟹 FABE 法则价值挖掘

类别	含义	挖掘的内容
F	商品属性特点	苏州阳澄湖产地优势，知名度高，商品卖点从产地延伸
A	商品的优势、作用	个头饱满，诱人蟹黄，浓郁蟹膏，专业养殖，方法先进
B	给消费者带来的好处	肉质鲜嫩，口感香糯，品牌高端，送人有面子
E	佐证、证明	现场养殖图，称重图，养殖饲料，品牌标志，权威认证，买家好评

从案例中可以发现，F 与 A 之间，A 与 B 之间都有承上启下的作用，都是因为什么所以才有什么，最后用 E 来证明 F、A、B 是完全可以相信的。所以，FABE 法则是一套连贯的商品卖点挖掘公式。经过卖点提炼，制作出的阳澄湖大闸蟹的主图如图 3-24 所示，突出了苏州阳澄湖产地优势、突出了个头大蟹黄满、突出了品牌防伪认证，精准提炼，恰到好处。

图 3-24　阳澄湖大闸蟹价值挖掘

2. 买家需求的挖掘

仅仅从商家立场和商品本身出发陈述商品的卖点是不够的，还要继续挖掘买家需求，将买卖双方供需匹配好，才能更好地促进购买行为的产生。具体的买家需求挖掘方法有如下两种。

（1）利用马斯洛需求层次理论分析买家需求

马斯洛认为，人的需求可以分为五种，从最低层次的生理需求、安全需求到中层次的归属需求、尊重需求再到最高层次的自我实现的需求，处在不同需求层次的买家对商品的需求点是不一样的。

比如，不同的人对酒的不同需求。

生理需求：人劳累了、沉闷了、困乏了，可能要饮酒，如果买家仅仅只是想解乏解困，可能几块钱一斤的散装酒或者勾兑酒就能满足其需求。

安全需求：人为了解乏而饮酒，但是如果买家充分考虑酒的安全性，认识到勾兑酒的危害，就不会饮用廉价的勾兑酒，而是去购买酒作坊自制的大壶纯粮酒，这样至少在安全上有所保障。

归属需求：有朋自远方来，喝杯酒是在所难免的，但如果喝散装酒或大壶粮食酒可能显得自己不够热情。为了款待好朋友，可能会购买上百元一瓶的瓶装酒给朋友喝，以表示对朋友的欢迎和热情。

尊重需求：有贵客远道而来，要获得他们的尊重，在饭桌上可能要喝点上档次的名酒，这时可能要买上千元一瓶的知名好酒来招待贵客。

自我实现的需求：有些人喜欢自己珍藏些名酒，甚至可能会买几千上万元一瓶的多年陈酿的稀有老酒珍藏在家里。

（2）利用网络挖掘买家需求

利用网络挖掘买家需求的渠道很多，包括商品评价、问大家、商品论坛、粉丝群聊、客服聊天记录等都是卖家获取买家需求的重要渠道。这些渠道往往会反馈买家关心且在目前详情页得不到的信息，需要卖家进行补充说明或补充完善，定期整理商品评价及问题，进行关键词分类，分析大部分买家真正关心的问题，也就是客户真正的需求。

3.3.3 主图策划

在综合电商平台上，买家点击进入商品详情页后，一般先看到的是商品的主图，然后是商品的价格、销量、评价和详情。主图的作用非常重要，卖家应该在不违背平台有关商品主图规则的前提下，尽量精细化地设计五张商品的主图。淘宝或者天猫平台上的商品主图，在能充分展示商品前提下，要合乎规范。

一般来说，前四张主图的尺寸最小要 700 像素×700 像素，建议用 800 像素×800 像素，且主图长和宽的比例是 1∶1，因为淘宝或天猫为 700 像素×700 像素以上的图片提供放大镜功能。商品主图的功能是吸引买家的眼球，为了优化买家的购物体验，主图最好要提供放大镜功能，这样能让买家将商品的细节看得更加清楚。如果长和宽的比为 3∶4，主图宽度要≥750 像素，高度要≥1 000 像素。主图支持 JPG 格式或者 PNG 格式的，图片最好≤3MB。第五张白底主图是白色背景的平铺图，白底图的尺寸必须是 800 像素×800 像素，大小在 38～300KB。各类商品照片图的详细要求可参考表 3-1 所示。

1. 主图的作用

在卖家发布商品的后台，商品主图一共要放置五张，其中，第一张图片是要在用户搜索结果页中展现的，也就是说，主图的位置和展现特点是决定商品能不能吸引买家进一步点击进店的重要因素之一，所以说主图非常重要。

主图的作用是吸引买家进店，提高点击率。以淘宝为例，当买家打开淘宝的时候，有成千上万个商品可供选择，其中还有大量的同质化商品，只有卖家的商品主图有足够的吸引力，才能刺激买家点击图片进入商品详情页。

2. 商品主图的类型

商品主图的类型分为纯色底图、场景图、细节图和合成图。

（1）纯色底图

纯色底图一般展现在天猫搜索页面及手淘的一些内容渠道。纯色底图可以设计、添加内容的空间不大，但是一般会放置品牌 Logo，增强品牌视觉的统一性和规范性，如图 3-25 所示。另外，纯色底图对商品的干扰较小，更能突出商品的特性，其要求卖家在商品拍摄及精修方面多下功夫。

图 3-25　纯色底图

（2）场景图

场景图的作用是让买家浏览时更有代入感。场景图既要注重场景氛围营造，又要注意突出商品，如图 3-26 所示。场景图除能衬托商品外，背景要尽量简单，太过杂乱的背景会影响商品的质感。场景图大部分都是实拍，环境会对商品产生很大的影响，所以后期对图片明暗、色彩及饱和度的调整尤为重要。

（3）细节图

买家在网购时无法直接接触商品实物，无法对商品有一个具体的概念，为了弥补这一缺陷，就要用好细节图。细节图能够更直观地展现商品的细节，让用户对细节看得更加清晰，如图 3-27 所示。一个好的细节图能够提升商品的档次，促使买家做出购买决策。

图 3-26　场景图

（4）合成图

合成图多用于化妆品和数码类等商品。化妆品和数码商品为了显示高档性，在外包装上一般会选用高反光材质，拍摄时容易受背景色影响，从而影响商品质感的呈现，所以卖家会把商品从照片中抠出来，给它加一个合适的背景或者元素，这样的合成背景既能减少干扰，又能衬托商品，如图 3-28 所示。合成背景要尽量选取与产品本身颜色相近或者风格相符的颜色，尽量选用同色系进行搭配，避免画面杂乱。合成元素要与商品的风格、档次一致,才能够衬托商品。

图 3-27 袖口设计细节图

图 3-28 口红合成图

3. 主图文案

主图文案有提示商品卖点的作用。一要注意的是文案部分空间占比不能超过 30%,二要注意文案排版的美观性。是否加文字也因商品而异,用图片展示不出来的功能属性可以用简洁的文案进行说明,比如电子产品的功能,如图 3-29 所示;但服装类商品主要看的是款式,如果图片可以直观地展示出来,则不需要在图片上加文案,或不宜加过多文字,如图 3-30 所示。

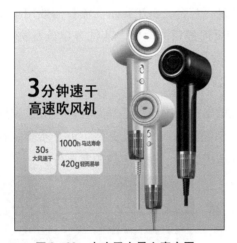

图 3-29 电吹风少量文案主图

图 3-30 羽绒服无文案主图

4. 主图常见问题

(1) 主图千篇一律

买家总是对能使他眼前一亮的图片更感兴趣,同质化的主图很难吸引买家,从而很难达到营销的目的。所以主图不能千篇一律,特别是一定要和竞品的主图有所区别。

（2）产生不良印象

如果买家把过多的文字信息堆积在一起，卖点又没有提炼清楚，图案绚丽多彩，让人眼花缭乱，就会给买家留下不良印象。

（3）文案字号太小

如果文案的字号太小，容易导致两种结果：一是买家可能看不清楚；二是买家直接省略，根本不看。

（4）卖点堆积过多

有的卖家总想给买家展示更多的商品卖点，让买家相信买到即赚到。可是，卖点展示过多，会使买家忽略卖家最想突出的与众不同的商品卖点。

不佳的主图设计主要问题是文案篇幅过大，字号过小，没有体现商品图片，重点不够突出，无法吸引用户眼球，给人一种杂乱堆砌的感觉，让人不愿多停留，更不愿细看其中的每一点信息。

3.3.4 详情页策划

详情页一般是由主图、创意海报、产品功能、产品外观、产品细节、使用方法、参数信息、同类产品对比及产品认证、企业资质、种养场景、物流、售后等其他相关信息构成的。在商品详情页里，卖家靠提供文字、图片、视频等虚拟信息来吸引买家的注意，激发其消费欲望，打消其购物疑虑并做出购买决策。因此，详情页是决定流量转化率的关键，其所传递的信息与买家的购物心理是否契合，将决定进店流量的效用。详情页除了影响店铺的转化率，还影响买家在店铺页面停留的时间、店铺客单价及跳失率。所以，商品详情页的策划非常重要。

1. 详情页的布局

详情页的布局需要考虑买家的购物习惯及做出购买决策的心理路径。一般按顺序可分为"引起注意""提升兴趣""建立信任""消除疑虑""促成交易"五个步骤。在详情页的最后也可以加入关联营销来提升流量的运用效率，提高店铺的客单价。

（1）引起注意

引起买家注意的方式很多，如热点事件、新品上市、名人效应、巨量折扣等。在日常运营中，卖家用得最多且比较有效的方式是营销利益点。比如，满减、满赠、优惠券、限时优惠、限量优惠、多件多折等全店营销活动都能有效地吸引买家的注意力。在详情页开始处通常会有满减优惠活动来激发用户兴趣，刺激用户多买多优惠等，如图3-31所示。

图3-31　详情页满减活动引起用户注意

(2) 提升兴趣

提升买家的兴趣要从买家关心的商品的核心卖点入手。把商品的差异化优势及买家愿意为它买单的卖点以视觉化形式呈现给买家，使用这样的呈现方式，将会更加直观、更有说服力。如图3-32所示的电动剃头刀，"强劲8刀头，剃光头剃胡须"，其核心卖点简洁明了，图文一起大大提升了用户的兴趣。

(3) 建立信任

买家会更加信任有实力的企业，因此卖家要通过详情页充分展示自身企业及商品的实力，促使买家做出购买决策。企业实力一般体现在产品专利、奖项、权威机构检测认证等方面。在商品详情页中展示企业实力的照片有助于提升流量转化率，对于高单价的商品来说效果尤为显著。如图3-33所示为扫地机器人的权威机构认可证书，有了它的保驾护航，买家对商品的认可度大大提升。

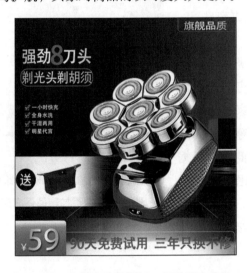
图3-32　能剃光头的剃须刀提升用户兴趣

图3-33　权威机构认证证书提升用户信任度

(4) 消除疑虑

优质的售后服务保障、严格的送货包装及物流服务等都能消除买家的购物疑虑，所以非常有必要在详情页里给买家做出这些售后承诺。常见的承诺包括7天无理由退换货、24小时发货、假一赔三、正品保障等。如图3-34所示为某品牌灯具在详情页末端明示的六大保障服务，以消除用户购买后的疑虑，增加用户保障。卖家也可以根据店铺的实际运营情况向买家做出承诺，在做出承诺时，如果有前提条件的一定要和买家事先说明清楚，避免售后纠纷。

(5) 促成交易

使用场景图可以增加用户的代入感，大大激发买家的购物欲望。如图3-35所示为使用电动剃头刀进行剃光头场景，增强了光头用户的代入感，迅速激发了光头用户的购买欲望，立即促成购买决策。

图3-34 某品牌灯具的售后保障消除用户疑虑

图3-35 剃光头场景激发光头用户购买欲望

另外，在详情页内加入赠品等利益点，也是促成交易的有效方法，如图3-35所示，买羽绒服，送鹅毛被，给买家的感觉就是物超所值，会快速促成交易。

（6）关联销售

可以进行关联销售的商品通常有四大类。第一类是活动商品，以活动引导买家点击关联销售的商品链接。第二类是互相搭配和辅助类商品，买家容易对其产生潜在需求并购买该商品。第三类是同等价位的不同款式的相似商品。第四类是店铺主推的商品，根据运营的需要让主推商品有更高的曝光度。如图3-37所示是某品牌灯具详情页末端的"本店推荐"，里面的商品就是卖家的主推商品，能够激发买家继续购买，达到关联销售的目的，从而提高客单价。

图3-36 详情页加赠品促成交易

图3-37 某品牌灯具的主推商品关联销售

2. 详情页促销

（1）突出活动力度

详情页要通过展现促销活动的优惠力度来吸引买家关注商品，逐渐对商品产生兴趣。如促销活动图用前后价格的折线对比说明了当天限时限量优惠的力度，给买家造成"机不可失，时不再来"的抢购紧迫感，这种活动效果非常好。

(2) 制造活动的紧迫感

限时限量、活动前后价格对比等都是有效增加活动紧迫感的方法。如"错过后悔一年"给买家造成强烈的紧迫感，从而激发买家尽早下单。

(3) 突出活动热卖氛围

利用买家的从众心理突出商品的热销状态，暗示该商品被大众所广泛认同，降低买家购买顾虑。如某扫地机器人已"累计售卖 500 000 余台"，说明市场占有率高，市场份额大，能被大众所接受，促使正在浏览的买家产生心理暗示——"我应该也能接受"，从而促成下单。

3. 详情页数据分析与优化

商品详情页里的重要影响指标有：页面跳失率、页面停留时长、转化率。卖家可以通过"生意参谋"里的"宝贝分析"来查看相关数据。

当页面跳失率高、流量转化率低时，说明流量不精准，相关人员需要对推广引流环节进行分析，如引流的关键词设置是否合理或者钻石展位的选择是否科学，对引流进入的用户群进行分析和判断，可以通过调整引流推广图来解决跳失率高的问题。

当页面跳失率低、流量转化率低时，说明商品的卖点没有吸引力、促成交易和建立信任的内容过少、引流不精准。卖家此时需要从流量环节进行分析，引流进店的访客具备怎样的特征，重新提炼针对访客特征的商品核心卖点及服务要求，增强访客对于商品页面的兴趣及购物信任程度，从而提高流量转化率。

当页面跳失率、转化率、页面停留时长三项数据都不好的时候，往往是文案内容、框架逻辑及视觉体验都出现了问题，此时，卖家需要重新梳理商品卖点、框架逻辑、促销活动，并同步修改文案内容。

3.4 日常运营

3.4.1 网店商品管理

在商品的日常管理中，除了要操作商品的上传和编辑外，还可以对商品进行一系列日常维护。淘宝平台为卖家提供商品"删除""上架""下架""橱窗推荐""设置淘宝VIP""设置评论有礼""创建微海报"等常用功能用于商品管理。卖家选中商品后单击所需功能的按钮即可。

打开后台"千牛卖家中心",选择左侧导航栏"商品"—"商品管理"—"我的宝贝",就可以看到与商品管理相关的内容,常用的功能如下。

1. 商品删除

某款商品不再进行售卖时,为了减少店铺商品总数,可以进行"删除"操作。点击"出售中的宝贝"后,可以看到的商品就是正在出售中的商品,在左侧勾选需要删除的商品,再点击"批量删除"按钮即可。

2. 商品上架

待商品需要出售时,可以在"仓库中的宝贝"页面对其进行"上架"操作。点击"仓库中的宝贝",这里看到的商品并非出售中的商品,而是已编辑好商品信息、准备上架的商品,买家还无法在前台看到这些,只有卖家在后台看得到。卖家可以继续对这些商品进行编辑,可以删除还未上架的商品,也可以勾选想要上架的商品,点击商品右侧的"立即上架"或"定时上架",这些商品即刻或按预定时间便展现在前台,就可以线上交易了。

3. 商品下架

商品存货不足或由于其他原因暂停出售时,可通过"下架"功能暂时先将其放入仓库中。点击"出售中的宝贝",将会看到已经上架正在出售的产品列表。商家可以对这些产品进行删除、下架、编辑等各种操作。点击"编辑商品"可以直接编辑商品的所有信息,含商品的基础信息、销售信息、物流信息、支付信息、图文描述等,在原有的商品信息基础上进行增补修改;点击"立即下架"即可让商品回到仓库中而不在前台展示;也可以同时勾选多个商品后,点击"批量下架"按钮,实现多个商品同时下架回到仓库中。

4. 成交加速

成交加速是一款值得体验使用的确定性流量推广工具。推荐能够给消费者带来更好的购物体验,越来越被消费者喜欢,同时也成了商家必争之地。

成交加速能帮助卖家使商品快速曝光在消费者面前,验证商品竞争力。商品点击量越高,说明消费者喜爱度越高,反之则说明消费者对商品不感兴趣,所以要快速地从店铺里筛选出消费者青睐的商品。同时,成交加速的数据会累计到商品本身,数据的累计也会提升商品在其他渠道的销售效果。

成交加速包括如下适用场景。

(1)新品的成交加速

新品刚上架,还没有销量,需要快速获取消费者数据,此时,成交加速可以在更短的时间内为卖家快速地累计数据。此外,数据虽然累计在这件商品上,但也能提高在其他地方的投放效率。比如,超级推荐冷启动可能要三天时间,但成交加速完全节省了超级推荐冷启动的时间,可以说是立即启动。

(2) 爆品的成交加速

针对爆品,由于其已经是店铺的热卖商品了,那么就更要快速地获取流量,此时用成交加速能帮卖家快速地拓展新客。同件商品连续投放五次以上效果会更好。

(3) 超推前的成交加速

成交加速的数据将会累计到商品本身,数据的累计也会提升在其他渠道的推广效果。所以在开直通车或钻石展位超级推荐前,使用成交加速进行预热,可以缩减商品的冷启动时间。

(4) 活动商品的成交加速

活动商品最好都提前使用成交加速累计数据,目的是测试商品的竞争力,剔除没有竞争力的商品。选用竞争力强的商品作为活动商品,可以让商家在活动期间获取流量的能力更强。

(5) 全店商品的成交加速

成交加速的费用比直通车、超级推荐便宜,所以全店商品若使用成交加速,等于花较少的钱天天上淘宝首页,从站内引流上来说是物美价廉。

(6) 直播前的成交加速

卖家能够通过成交加速积累的流量快速地增加观看直播的用户数量,使直播奠定一定的人气基础。

成交加速入口在"千牛卖家中心"导航栏"商品"—"商品管理"—"我的宝贝",点击所选商品右侧的"成交加速"即可。

使用成交加速后,系统会根据卖家设置的推广订单条件,将所要推广商品投放到更多高价值、活跃的消费者人群链路上,如图 3-38 所示;同时,也会在全链路的推荐流量(首页、猜你喜欢、订单页面等)和搜索流量(直通车广告标志)中都有所渗透,持续为卖家商品引入更多优质曝光量。

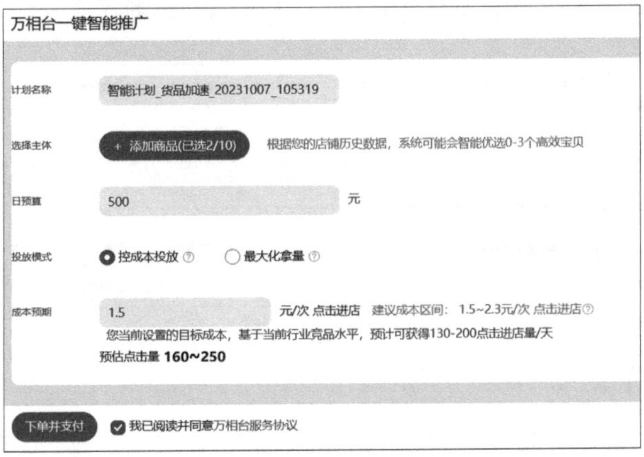

图 3-38 成交加速推广订单

3.4.2 网店交易管理

网店交易管理主要涉及订单管理。订单管理功能主要包括两个方面：一是可以根据商品名称、商品ID、订单编号、物流单号、买家昵称、订单状态、成交起始时间、终止时间等搜索交易订单；二是可以查看订单的状态和订单的详细信息，如近三个月的订单、等待买家付款的订单、等待发货的订单、已发货的订单、退款中的订单、需要买家进行评价的订单、成功交易的订单、关闭的订单等信息。

在"千牛卖家中心"找到"交易"—"订单管理"—"已卖出的宝贝"，就可以对订单进行查阅和修订，如图3-39所示。

图3-39　订单管理

卖家可以修改订单商品价格和邮费。在订单状态为"等待买家付款"时，可以登录到"千牛卖家中心"—"交易"—"订单管理"—"已卖出的宝贝"—"等待买家付款"，找到对应的订单，点击"修改价格"，如图3-40所示。

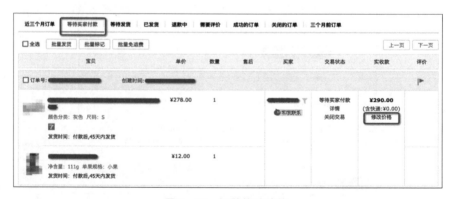

图3-40　订单修改价格

在一个订单有多个商品的情况下，勾选需要修改金额的商品，在"涨价或折扣"栏填写折扣或具体金额，在"邮费（元）"栏填写需修改的邮费金额，填写完成后点击"确定"即可。如果卖家包邮，也可以直接点击"免运费"，即邮费金额为 0 元，如图 3-41 所示。

图 3-41　多商品订单修改价格

3.4.3　商品信息优化

商品信息优化是淘宝官方免费为商家进行在售商品信息问题诊断和优化意见指导的工具，能够智能高效地提升商品信息质量。优化后的商品能被更多消费者看见，能吸引更多消费者点击和下单。

1. 商品信息诊断维度

目前，商品信息优化主要从标题、属性、视频、主图、详情、SKU（最小存货单位）等六个方面进行商品信息的自动诊断，并给出优化意见。诊断内容的维度如图 3-42 所示。

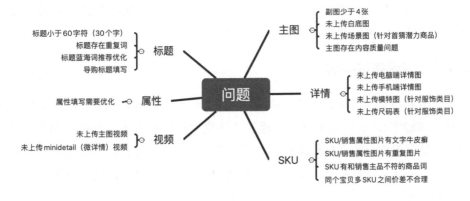

图 3-42　商品优化诊断维度

2. 商品信息问题的影响结果

在售商品的信息不符合一些特定要求，商品信息达不到网络销售的标准，会导致流量获取受限、成交转化受限、无法报名参加活动等经营成效问题，最终导致商品转化率低。可能影响结果如图3-43所示。

图3-43 商品信息优化不够的后果

3. 商品信息的优化步骤

第一步，点击"千牛卖家中心"—"商品"—"商品管理"—"我的宝贝"，进入全店商品的主页面。

第二步，点击位于中间位置的"优化商品"按钮，进入在售商品的诊断页面。页面展示了各个商品的信息质量得分、有待优化的问题项个数及部分问题，可以帮助卖家更好理解问题项的具体影响面和优化方向。

第三步，基于具体的诊断信息选择想要优化的商品，点击"立即优化"按钮即进入商品编辑页，在优化提示下可进行商品信息优化。在商品编辑页参考左侧的"待整改""待优化"的建议可以有针对性地去编辑完善信息。点击左下侧"质量分教学视频"链接，可以查看相关教学短视频，学习更多商品信息优化知识；点击"全店诊断报告"链接可以查看店铺所有商品完整的信息质量问题及优化意见，通过批量优化即可整体提升店铺信息质量，从而获取更多流量。

第四步，确认优化完成，点击"提交宝贝信息"按钮，完成信息更新及发布，并跳转到编辑成功页，可以继续优化更多其他商品。

3.4.4 店铺体检中心

为了让卖家切实、准确地知晓店铺的经营行为是否有违规，淘宝后台免费提供店铺诊断工具"体检中心"。卖家不仅可以通过"体检中心"查看因违规被下架商品的具体违规原因，还可对在售商品进行诊断，得到违规提醒或者优化建议，这是卖家日常运营的必看内容。从淘宝网首页右上角导航栏选项"千牛卖家中心"，鼠标放置在"千牛卖家中心"模块不用点击，选择下拉选项"体检中心"即能进入"店铺体检"中心页面，如图3-44所示。

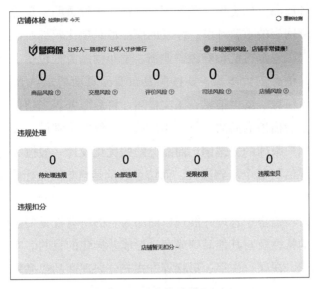

图 3-44　店铺体检中心

店铺体检中心记录了"违规处理"情况和"违规扣分"情况，作为卖家可以查看违规情况，并对违规做出处理。查看因违规而被下架的商品及具体违规原因，有利于后续经营的更正。

店铺体检随时可以进行重测，能够自动检测店铺的五大风险。"商品风险"是对店铺商品违规等风险整改、优惠设置错误的预警；"交易风险"是对店铺疑似遭到攻击订单的预警；"评价风险"是对店铺疑似遭到攻击评价的预警；"司法风险"是对店铺涉及法务诉讼、行政诉讼案件的及时通知；"店铺风险"是店铺疑似账号被盗、信息泄漏、子账号信息不完善、账号密码需要更新的预警。

本章小结

选择经营货品时，网店要充分做好市场行情分析和竞争环境分析，结合自身实际，以自身优势为出发点，参考所属类目的市场行情和商品特性，依据消费者的需求特征进行货品的挑选。适合线上零售的商品特点一般有体积较小、保存容易、购买困难、容易展示、价格优惠、受众清晰等。

进货是网店经营中最基本的一项工作。进货的线下渠道包括大型批发市场、产业带、工厂直接采购；进货的线上渠道包括1688采购批发平台、天猫供销平台等。网店零售商品的定价非常重要，定价的方法也很多，主要的定价策略有组合定价策略、阶段定价策略、折扣定价策略等，虽然不同定价方法寻求的价值点不一样，但也要遵循如稀有商品可高价、同种商品分档定价、经常调研市价、定价透明清楚等定价基本原则。

发布商品是经营网店的重要环节，涉及的商品信息项比较细，需要认真阅读理解并谨慎填写，任何一个疏忽都可能影响经营业绩。发布商品流程包括上传商品主图、选择商品类目、完善商品信息三大步骤，要按照发布商品页面要求认真填写商品的基础信息、销售信息、物流信息、支付信息、图文描述、售后服务等多项信息。商品标题既要使用尽量多的、能准确描述商品的、符合用户搜索习惯的关键词，又要找到少部分描述精准、独特且吸引用户眼球的关键词。商品标题的优化设计一般按关键词的"探寻—筛选—分词—组合—评估"五个步骤进行，而访客数量是检验商品标题关键词能否提高商品曝光量的唯一指标。

视觉营销是在市场销售中管理并展现以商品为主的所有视觉要素的活动，以达到宣传品牌或表现商品的特性及与其他品牌或商品形成差异化的目的。实现视觉营销的过程就是利用色彩、图像、视频、文字、形状等方式充分展现商品或品牌，传达产品的性能与优势，吸引买家的关注，增加人们对产品和品牌的认可度。

视觉营销首先要提炼商品价值，可运用FABE法则、马斯洛需求层次理论及网络挖掘方法来深度挖掘用户的真正需求。视觉营销要做好主图策划、详情页策划，同时利用简洁的文案配合提示商品卖点，吸引买家进店，提高点击率和转化率。

网店的常规运营要做好商品管理，包括商品的删除、上架、下架、加速成交等；要做好交易管理，包括搜索交易订单、查看订单详细信息、查询订单当前状态、修改订单价格和邮费；要做好商品信息的诊断和优化；要利用"体检中心"做好网店的定期体检，自动检测店铺的五大风险，保持网店商品的健康度，避免违规被下架商品或遭受处罚。

第4章 数据运营

数据运营是一种以数据为驱动的运营模式,通过收集、分析和利用大量数据来指导业务决策和优化运营。电商企业应该重视电商数据运营工作,加强数据开发、数据分析、数据处理、数据利用能力建设,实现数据驱动的精细化管理和可持续发展。电商运营中的数据运营分为三个层级,宏观上进行行业级数据分析,中观上进行店铺级数据分析,微观上进行商品级数据分析。

4.1 数据运营概述

4.1.1 数据运营的含义及其意义

在当下的网上店铺运营中,流量红利渐失且主要集中于少数大平台;竞争日益激烈,在数百家电商网站的竞争中,仅有淘宝、京东等少量的电商平台生存下来;在数千家团购网站的"千团大战"中,也仅有美团这样的团购平台一家独大;在移动互联网百万App(Application简称,应用软件,通常指手机应用软件)之间的竞争中,超级App矩阵正逐渐形成,中小App在夹缝中生存。在各种激烈的竞争环境下,数据最能说明问题。数据充斥于企业运营的各个环节,成功的运营一定是基于数据的。当养成以数据为导向的运营习惯之后,就不再是凭经验盲目运作,而是有的放矢。因此,数据运营对企业的生存有着极其重大的影响,甚至决定了企业的生存状况。

数据运营是指数据的所有者通过对数据的分析挖掘,把隐藏在海量数据中的信息以合规合法化的形式加以开发利用,为企业经营战略提供辅助决策的过程。有了足够多的数据,就可以不再依赖主观判断,而让数据成为企业的"裁判"。理想情况下,如果能够追踪到一切数据,那么所有的决策就可以理所当然地基于数据做出。在企业经营中,从整体战略到目标设定,再到驱动商务运营的方法,都应采用一定的数据来衡量运营的效果。

电商数据运营对于电商企业的经营和发展具有重要意义。

(1) 了解用户需求

电商数据运营可以帮助电商企业更好地了解用户需求。通过数据分析,企业可以了解到用户的购买行为、偏好和需求,从而有针对性地推出满足用户需求的产品和服务。同时,数据运营还可以帮助企业更好地理解市场趋势和竞争环境,为企业提供更准确的市场定位。

(2) 优化运营策略

电商数据运营可以帮助电商企业优化运营策略。通过对历史数据的分析,企业可以了解到产品在不同时间段、不同地区的销售情况,从而制定更加合理的销售策略和库存管理策略。同时,数据运营还可以帮助企业识别出营销投入的重点和难点,为企业提供更加精准的营销策略。

(3) 增加企业收入

电商数据运营可以帮助电商企业增加收入。通过对用户行为和市场趋势的分析,企业可以制定更加精准的营销策略和销售策略,提高销售收入和市场份额。同时,数据运营还可以帮助企业识别出潜在客户和优质客户,为企业提供更加个性化的服务和产品,增加收入来源。

(4) 增强决策能力

电商数据运营可以帮助电商企业增强决策能力。通过对数据的分析和挖掘,企业可以获得更加全面准确的信息,为决策提供更加可靠的依据。同时,数据运营还可以帮助企业预测未来的市场趋势和业务风险,为企业提供更加前瞻性的决策支持。

(5) 优化广告投放

电商数据运营可以帮助电商企业优化广告投放。通过对广告投放效果的数据分析和挖掘,企业可以了解到哪些广告渠道和内容对用户更加有效,从而有针对性地优化广告投放策略和内容设计。同时,数据运营还可以帮助企业实现广告投放的自动化和智能化管理,提高广告投放效率。

数据运营离不开数据分析,在电商运营实践中,电商数据运营的核心是电商数据分析。电商数据分析是指运用数据统计分析、大数据分析的方法收集关于电商市场、产品、评价、推广、流量、订单、客户等各方面的数据并加以研究、可视化、概括和利用的过程。在电商实战中,电商数据分析能够指导经营者做出正确的运营判断和方向决策,进而实现电商销售额的增长和利润的最大化。相比于传统的非数据化营销的方法,数据化营销往往有更高的成功概率和更高的投入产出比。

电商运营的全过程都离不开电商数据分析。在电商运营开始前,商家需要结合市场数据与自身能力制订运营计划;在电商运营过程中,商家需要将运营计划拆解执行;在电商运营结束后,商家需要对运营数据进行总结复盘,方便下一次运营的优化和调整。

要到一个实体市场中开店,经营者首先要考察这里的人流情况、人群构成、潜在客户、商品种类、竞争对手的数量及其实力。而虚拟的电商平台是一个比实体市场更开放的网络空间,电商经营者开店前就要关注市场数据,用市场数据分析市场行情及市场空间,为开店决策提供支撑。同时,当店铺设立并经营起来之后,就要持续关注店铺经营的各项数据了,比如销售量、销售额、客单价、流量、好评、转化率、上新率、客服等。另外,为了打造爆款,或者为了评价某个商品的经营成效,还要从微观上分析对应商品的经营数据。

4.1.2 数据运营分析方法

常用的数据运营分析方法及其适用性与优势如表4-1所示。

表4-1 数据运营分析方法

分析类别	主要分析方法	优势及适应性
简单的数据分析	集中趋势分析:众数、中位数、平均数 离散趋势分析:极差、方差、标准差 交叉表 剖面指数 数据加权	简单分析变量间关系 相对应用较广,较容易掌握和使用 对数据和使用者的要求较低
多元统计分析	相关分析 回归分析 对应分析 因子分析 主成分分析 聚类分析 联合分析	分析变量间的因果关系、相似度等 多用于预测、用户细分等场景 对数据的要求:数据量要足够、数据周期要足够长 对使用者的要求:需要掌握基本的统计学知识和统计分析工具软件
数据挖掘分析	智能算法 神经网络 决策树 关联规则 其他	定制算法满足个性化需求 具备自适应和自学习性 对数据的要求:对数据量和数据精确性要求很高 对使用者的要求:对算法、业务的理解度较高

数据运营分析方法对应的一般统计学方法如下。

简单的数据分析方法对应描述统计学。描述统计将收集到的原始数据资料直接通过统计图、统计表等形式进行概括或者描述(如交叉表),是对数据进行定量分析的不可或缺的基础。

多元统计分析方法对应多元统计学。多元统计关注的是两个或两个以上变量之间的相互关系(相关系数、协方差、距离等),并基于相互关系进行各种分析,如因子分析、主成分分析、聚类分析等。

数据挖掘分析方法对应推断统计学。推断统计通过来自总体的有限多个样本获得的带有不确定性的信息，推测整个总体的特征，如参数估计（少用）、假设检验（常用）、关联关系。而数据挖掘是指从大量的数据中通过计算机算法自动搜索隐藏于大数据中的信息的过程。

4.1.3 数据分析的基础工具

选好数据分析工具能够让数据分析工作效率更高，分析的效果更好。由于数据处理本身具有复杂性，所以在选择数据分析工具时，要考虑多方面的因素，包括分类、聚类、关联常规算法是否可以实现，数据存取能力及与其他产品的接口等。

基础的数据分析工具有很多种，如 Excel（电子表格），是普遍适用的，简单易上手；SPSS（统计产品与服务解决方案），在统计学分析运算、数据挖掘、预测分析和决策支持任务等方面有着很大的优势；BDP（商业数据平台）个人版，在可视化图表分析、对非结构化大数据做结构化处理等方面有着优势；MATLAB（商业数学软件），应用于算法开发、数据可视化、数据分析及数值计算等领域。

1. Excel

Excel 最重要的功能就是用户能快速、方便地将工作表中的数据生成柱状、折线、饼状和环形等分析图，而且其最大的优势就是普通的非技术人员也能操作。当数据规模不大的时候，可以利用数据透视表把数据分成多个维度进行统计，将其制作成报表或其他 Excel 图表。Excel 可进行可视化的图表类型及数据分析功能如图 4-1、图 4-2 所示。

图 4-1　Excel 的数据可视化功能

第 4 章　数据运营

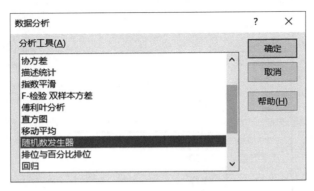

图 4-2　Excel 的数据分析功能

2. SPSS

SPSS 是 SPSS 公司为 IBM（国际商业机器公司）推出的一系列用于统计学分析、运算、数据挖掘、预测分析和决策支持任务的软件产品及相关服务的总称，是世界上最早采用图形菜单驱动界面的统计软件，有 Windows 和 Mac OS 等版本，具有强大的数据统计分析功能。Windows 版本下 SPSS 界面数据分析结果如图 4-3 所示。

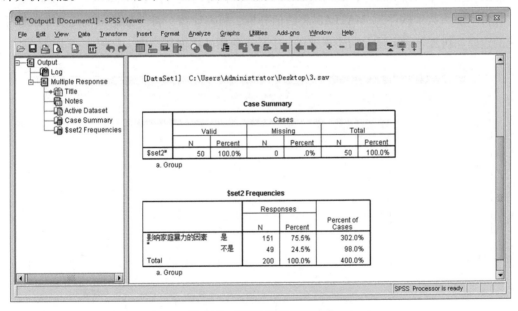

图 4-3　SPSS 频数分析结果

3. BDP

BDP 个人版有数据对接功能，可以快速导入数据表，也可多表关联，对可视化图表进行分析，如根据经纬度地图可做气泡图、轨迹图、热力图、地形图等分析，还可以一键式分享、对非结构化大数据做结构化处理等。BDP 操作界面如图 4-4 所示。

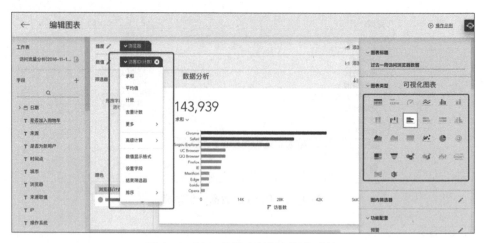

图 4-4　BDP 数据分析及可视化功能

4．MATLAB

MATLAB 是 MathWorks 公司为工程师和科学家提供数学计算而推出的产品，是一个高性能的数据计算和分析软件，其与 Mathematica（科学计算软件）、Maple（一软数学软件）并称为"三大数学软件"。MATLAB 将数值分析、矩阵计算、科学数据可视化及非线性系统的建模和仿真等诸多强大功能集成在一个易于使用的视窗环境中，如图 4-5 所示。

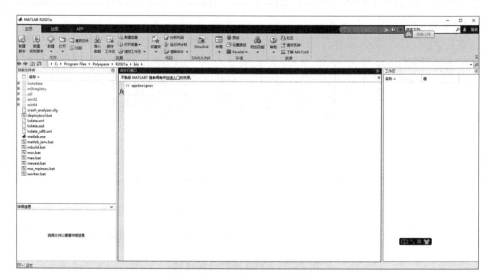

图 4-5　MATLAB 视窗界面

4.1.4　数据分析的平台工具

1．生意参谋

生意参谋是阿里巴巴集团首个统一的商业数据平台。生意参谋新版本除了原有的功能，还增加了个性化首页、多店融合、服务分析、物流分析、财务分析和内容分析等功能，还把阿里巴巴早期开发的数据服务产品数据魔方等功能都囊括进来了。生意参谋主界面如图4-6所示。

图4-6　生意参谋主界面

生意参谋的功能很全面，其特点可概括为以下四点。

（1）支持多岗多面及多店融合

生意参谋新版本首页的数据卡片将开放定制，商家可根据不同需求选择首页出现哪些数据内容。同时，针对拥有多家店铺的品牌商，生意参谋推出了多店功能，商家只要在平台上绑定分店，就能实时监控多个店铺的经营情况。对于不同分店的数据，还可以按品牌、类目、商品、售后等维度进行汇总分析。

（2）新增服务分析和物流分析

除门户方面有多处升级外，生意参谋新版本还推出服务分析、物流分析等全新功能。其中，服务分析包含维权概况、维权分析、评价概况、评价分析、单品服务分析五个模块；物流分析则支持商家随时查看自己店铺的物流概况、物流分布，同时支持物流监控。对于揽收异常的包裹，物流分析还支持一键单击旺旺"联系卖家"，商家可以更高效地和客户沟通物流事宜，从而减少纠纷。

（3）支持财务分析

生意参谋财务分析立足于阿里巴巴大数据，联结了支付宝、网商银行、阿里妈妈、淘系后台四个端口的财务数据。淘宝商家日常登录生意参谋查看数据时，也能轻松汇总、分析自家店铺的财务数据了。此外，它还支持随时查看昨日利润数据，每日都能给店主、运营总监提供昨日财报。

（4）集成数据学堂

数据学堂是生意参谋团队致力培养商家数据运营能力的学习互动平台，也是生意参谋重点打造的全新板块。随着生意参谋新版本的推出，原本只是在线下运营的数据学院正式上线。随着生意参谋平台功能的不断丰富，数据学院将在其中扮演"教学相长"的角色，帮助更多商家快速了解商品的功能，理解数据的意义，从而提升数据运营能力。

2. 阿里指数

阿里指数是阿里巴巴在原"1688市场"的阿里指数、淘宝指数的基础上推出的。这是基于大数据研究的社会化数据展示平台，商家、媒体、市场研究员及其他想了解阿里巴巴大数据的人，均可以通过该平台获取相关分析报告和市场信息。

阿里指数是淘宝平台的行业价格、供应、采购趋势分析的工具，是定位于"观察市场"的数据分析平台，旨在为中小企业用户、业界媒体、市场研究人员服务，用来了解市场行情、查看热门行业、分析用户群体、研究产业基地等。阿里指数是用来分析电子商务市场动向的数据分析平台，其界面如图4–7所示。

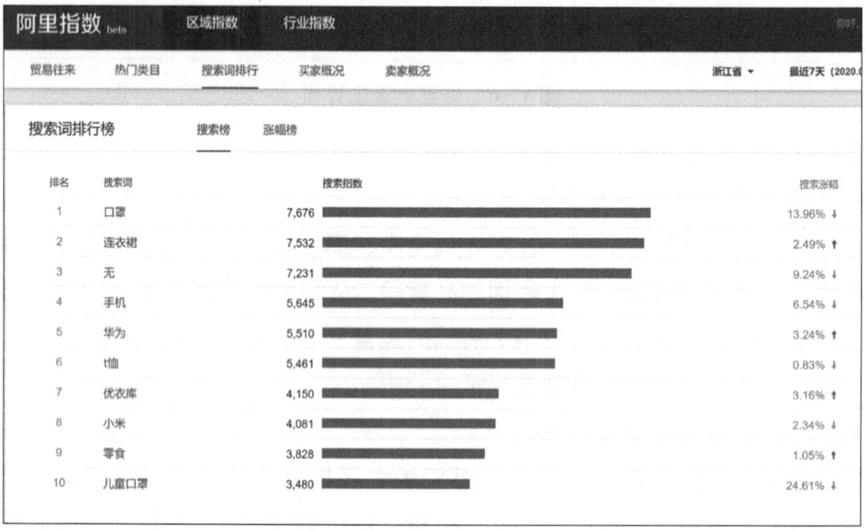

图4–7　阿里指数操作界面

目前，阿里指数中的区域指数与行业指数两大模块也已上线，后期还将陆续推出数字新闻和专题观察等模块。

区域指数主要涵盖部分省份买家和卖家两个维度的交易数据、类目数据、搜索词数据、人群数据。通过该指数，用户可以了解某地区的交易概况，知晓该地区与其他地区贸易往来的热度及热门的交易类目，找到当地人关注的商品类目或关键词，探索该地区参与交易的人群特征。

行业指数则主要涵盖交易数据、搜索词数据、人群数据。通过该指数，用户可了解某行业的现状，获悉它在特定地区的发展态势，发现热门商品，知晓行业内买家的群体概况。

3. 魔镜

魔镜是一款电商数据运营必备的软件工具，涵盖淘宝、天猫和京东三大网购平台，可以帮助用户快速比价、查看历史价格、自动领取优惠券等，是专注于竞争对手分析的数据分析平台，其操作界面如图4-8所示。

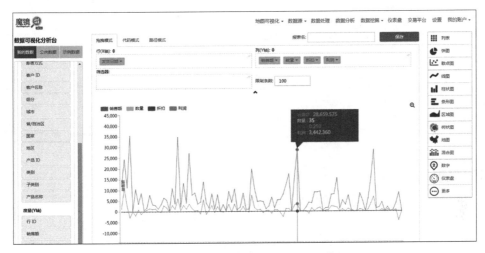

图4-8 魔镜的数据分析可视化功能

魔镜的使用方法：首先，通过"行业数据"和"销售数据"锁定同行的爆款单品，将其作为研究对象；其次，通过"销售数据"确认同行爆款单品预热、启动、增长、稳定的各个阶段；再次，通过"推广数据"研究同行爆款单品的推广策略、引流关键词、钻石展位、聚划算等投放情况；最后，通过"运营数据"研究定价策略和标题调整策略。魔镜可以帮助卖家将学习到的方法和策略运用到自己店铺的爆款打造中，从而达到事半功倍的效果。

魔镜的功能包括淘宝直通车监测、自然搜索监测、手机搜索监测、天猫搜索监测、钻石展位监测、聚划算监测、店铺运营检测；提供各个类目及子类目下的热销店铺排行榜和店铺销售动态，品牌热销排行，商品热销排行，同行店铺/商品每天的销售量、销售额、成交笔数和客单价；跟踪竞品的价格变化趋势；提供精品周内销售分布情况，以及同行店铺"价格—销量"分布情况；提供京东电商情报，帮助京东网店卖家科学打造爆款，监测范围涵盖京东快车、自然搜索、无线端，内容包括销售、评价等，涵盖范围广，功能强大。

4. 赤兔名品

赤兔名品是一款客服绩效管理工具，有助于运营人员全面掌握客服绩效，其监测内容包括销售额、转化率、客单价、响应速度、工作量和接待压力等客服绩效数据，可以设计客服薪资方案及计算客服工资，可以指导客服排班，更可以通过客服接待明细分析买家流失原因，进而提升店铺业绩。目前赤兔分为淘宝天猫版、1688版和苏宁版。赤兔名品的界面如图4-9所示。

图4-9 赤兔名品的客服绩效分析

4.2 市场数据分析

针对行业数据，本节主要从市场行情中的市场容量及生命周期、市场集中度、消费者特征三个维度进行分析。

4.2.1 市场容量及生命周期

1. 市场容量及生命周期分析的意义

在开店初期做经营决策时，卖家首先要明确经营品类的方向，选择切入哪些细分市场，以确保所选行业的市场容量能够接纳卖家的商品，控制竞争风险。在运营过程中，商家要通过市场容量的变化确定商品销售的策略，考虑好何时上架商品，何时加大推广投入，何时清空库存、退出市场，等等。

2. 市场分析的方法

（1）生意参谋看大盘

如为了查看玩具类目下儿童乐器子类目的市场容量，可以打开"生意参谋—市场—市场大盘"主页面，选择好类目和统计周期。输入具体的年月和商品类型，就可以看到搜索人气、访客数、收藏人数、加购人数、交易指数等行业指数，还能看到交易指数的变化曲线。

（2）交易指数换成交易额

生意参谋在市场排行、市场大盘、竞店情报、竞品情报等高访问板块里的交易额、支付人数、转化率、收藏人数、加购人数等指标全都采用指数方式，不是实际的数据指标，导致卖家在进行一些人为操作时，没法很好地判断自己店铺或商品与竞争对手间或者行业间到底存在多大的差距，该采取什么样的策略才能达到和竞争对手同样的效果。所以，卖家要将生意参谋的指数还原或转换为真实数值，以便更好更直观地参考。比如，在生意参谋中，具体的交易额通过特定的公式被转换为交易指数。我们可以从搜索引擎中找到生意参谋指数转换工具，比如挖指数（图4-10），便可将相应指数转换为真实指标数据。如图4-11所示，便是将交易指数1 495 830转换为实际交易额为51 870 103.3元。

图4-10　挖指数转换工具

图4-11　交易指数转换成交易额

（3）行业长期的生命周期

在分析了市场容量以后，调整生意参谋中的统计时间可查看行业近两年的交易指数。通过同比分析，可以分析行业长时间以来所处的发展阶段。

在任何品类市场中，我们可以根据行业的发展阶段，将其分为导入期、成长期、成熟期、衰退期。如果行业处于导入期和成长期，则此时市场中的竞争者较少，行业增速快，我们可视其为蓝海市场，可以选择快速进入市场，以更快地占领较大市场份额。反之，红海市场则并不适合小卖家进入。

（4）行业短期的生命周期

行业短期的生命周期是指通过一年内生意参谋的行业交易指数或阿里指数的淘宝采购指数分析行业短期的销售趋势，以便于制订店铺的运营计划。影响行业短期生命周期的因素主要有三种：一是季节变化，如羽绒服、泳衣等，受到季节影响非常明显；二是传统节日，如月饼、粽子、巧克力礼盒等，在对应节日前销量明显，节日之后则锐减；三是平台活动，如"双 11""双 12""618 年中大促""99 大促""年货节"等，此类促销活动前后一般都会有明显的销量激增。

4.2.2 市场集中度

1. 市场集中度分析的意义

市场集中度是指在特定市场中销售额排名靠前的几家企业所占的销售份额。一般来讲，一个市场的市场集中度越高，说明大企业的市场支配能力越强，相应地，小企业的市场支配能力越弱，说明市场比较饱和，小企业切入空间受限，进入难度很大。

2. 市场集中度形态

根据行业头部品牌占有率的绝对份额，市场可以分为散点式市场、块状同质化市场、团状异质化市场三种类型，如表 4-2 所示，商家可以针对不同的市场形态判断来做出应对策略。

表 4-2 三种市场集中度类型

市场形态	集中度水平	解释意义	应对策略
散点式市场	较低的市场集中度	地方品牌林立，缺乏行业领导品牌	渠道扩张，区域市场扩张
块状同质化市场	少量头部品牌的市场占有率很高，腰部及以下品牌被严重挤压	少数有进取心的企业迅速扩张，挤占了众多地方品牌市场，逐渐呈现寡头垄断结构	较强的市场投入，迅速的销售扩张
团状异质化市场	头部品牌市场占有率不高，增长不明显；腰部品牌市场占有率较大，增长迅速	部分行业黑马以特色产品、独特卖点及市场细分蚕食市场，消减了领先企业份额	市场细分化，特色经营，基于差别化消费的卖点需求

散点式市场，指头部品牌的市场占有率不高，增长相对缓慢的市场，此类型市场还缺乏强有力的优势品牌，竞争格局尚未定型，该形态市场中有较多的市场机会。

块状同质化市场，指少量头部品牌在整个市场中具有很高占有率的市场。此类型市场腰部及以下品牌被严重挤压，市场竞争格局基本已定，呈寡头垄断结构，新卖家很难立足。

团状异质化市场，指头部品牌的市场占有率不高且增长不明显的市场。此类型市场腰部品牌的市场占有率较大且增长迅速。腰部品牌通过差异化，取得了良好的发展。该形态市场有较多的市场机会。

4.2.3　消费者特征

1. 搜索行为特征

买家在购买商品前，基本上会有两种行为：一种是浏览淘宝及天猫平台上包括活动及广告在内的各种页面；另一种是大部分买家的惯性行为，就是通过搜索下拉框寻找自己需要的商品。分析买家的搜索行为有利于商家了解买家的购物需求。

通过生意参谋中的搜索词排行，商家可以分析最近一段时间某类目搜索的排行榜。如图 4－12 所示是童装类目下婴儿用品的搜索词排行榜，可以发现在类目搜索词中排在前面的是“儿童袜子”“儿童袜子秋冬季纯棉”“婴儿袜子”“袜子儿童”“婴儿袜子秋冬纯棉”。这反映了买家在选购袜子这个商品时，第一需求是要明确穿戴者，即到底是儿童还是婴儿穿的；第二需求是明确穿戴的季节，即是春夏款还是秋冬款；第三需求是明确材质，即要求是纯棉的或者其他的。该类目对袜子的品牌要求不明显，搜索流量都流向了拥有“儿童”“秋冬”“纯棉”等对商品描述准确的店铺，所以卖家如果经营的是自主品牌，想走品牌路线，想要通过品牌获取搜索流量就会变得非常困难。毕竟袜子商品属于极其小件商品，广大消费者对袜子品牌的重视度远远不及像电视、冰箱、空调这样的大件商品。

搜索词	热搜排名	搜索人气	点击人气	点击率	支付转化率	操作
儿童袜子	1	12,183	9,595	105.92%	25.05%	搜索分析 人群分析
儿童袜子秋冬季 纯棉	2	10,503	8,699	93.99%	32.33%	搜索分析 人群分析
婴儿袜子	3	9,969	8,284	117.70%	19.76%	搜索分析 人群分析
袜子儿童	4	8,271	6,590	97.78%	29.92%	搜索分析 人群分析
婴儿袜子秋冬纯棉	5	7,870	6,585	107.00%	24.66%	搜索分析 人群分析
宝宝袜子	6	7,511	6,094	114.13%	21.76%	搜索分析 人群分析
圣诞袜子儿童	7	7,111	5,810	93.19%	15.68%	搜索分析 人群分析
女童袜子	8	6,455	5,280	97.47%	27.65%	搜索分析 人群分析
宝宝袜子冬加厚	9	6,359	5,230	103.54%	24.36%	搜索分析 人群分析
女童袜子秋冬纯棉	10	5,935	4,947	95.17%	31.41%	搜索分析 人群分析

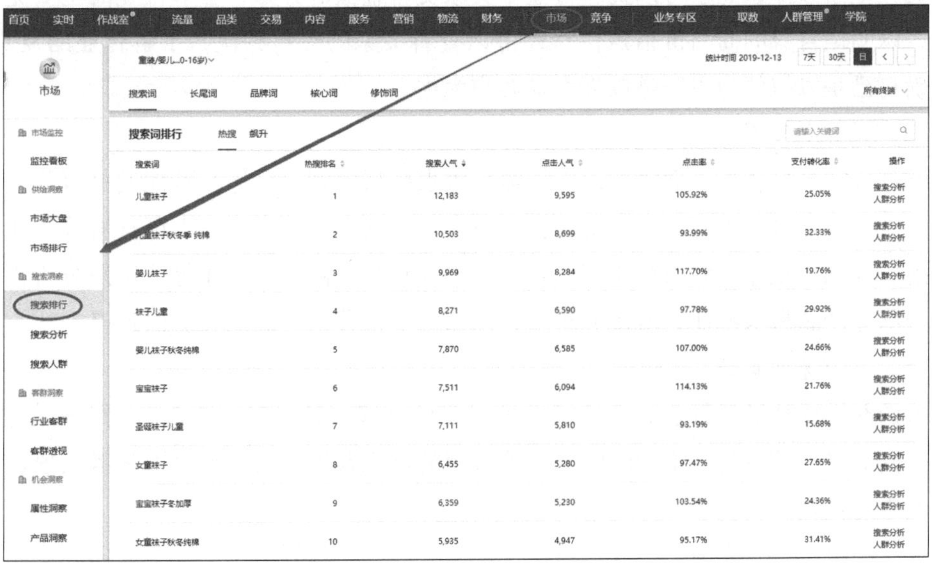

图 4－12　儿童袜子的搜索行为

2. 搜索属性特征

通过买家的搜索行为，商家还可以分析出买家对一些商品在功能、特征、属性上的基本需求。如图4-13所示是彩妆类目下睫毛增长液的热搜修饰词，可以发现这些词语都代表着一定的买家需求，如列表中的防水、纤长、晕染、持久等，这些都可以为商家在采购商品、拟定商品标题、作商品描述及说明时提供参考帮助。

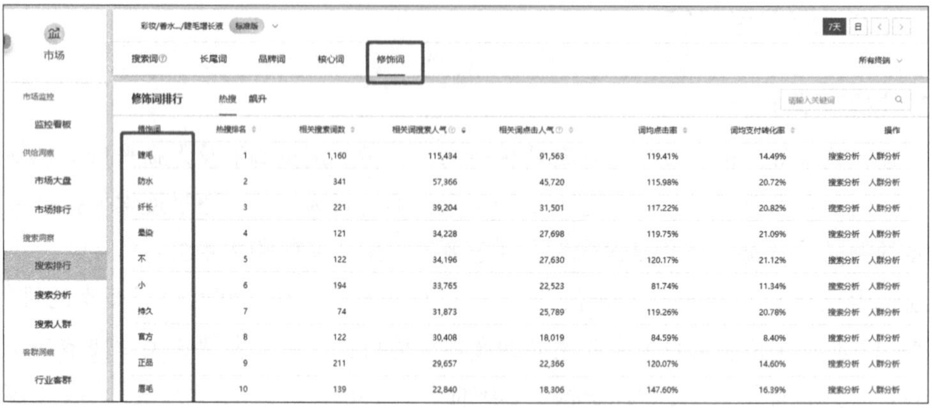

图4-13　热搜功能修饰词参考

3. 用户人群画像

商家在经营网店的时候，需要了解顾客。以往在了解线下消费者的时候，商家会通过问卷调查、访谈等方式，整个流程较为复杂。现在转到线上，商家就可以全样本进行统计。在电商平台中，行业的用户人群画像主要由以下三个方面组成。

（1）买家支付偏好

通过生意参谋，商家可以查看行业中买家支付金额的分布，了解行业的主要竞争价格带，以明确自身的商品价格定位；还可以查看买家的支付频次，了解行业的复购率，以明确自己是以拉新为主还是以吸引老客户为主。

（2）买家特征属性

通过分析买家属性，商家可以选择需要重点分析的客户群体，看他们具有什么样的特征，这些特征可以为商家的日常营销提供一定的帮助。生意参谋中可查看该行业买家的年龄、性别、职业、城市分布等信息。其中，年龄、性别、职业等可用来分析该行业买家的部分产品需求特征，城市分布则为商家划定付费推广的区域提供建议。

（3）买家来访时段

来访时段反映了该行业买家浏览商品时段的规律，这是商家投放分时广告的依据，店铺中商品的上架时间、下架时间、接待客服的排班及换班安排也可以参考买家访问高峰时段进行优化。

4.3 店铺数据分析

店铺数据分析多从网店运营过程及最终的成效上进行,重点分析表示运营结果的销售额、销售量、流量来源、转化率、客单价、复购率,以及运营过程中相关服务的及时率、有效率和不同类型客户对服务需求的差异化表现。店铺数据分析通常采用常规的数据分析方法,即通过同环比及帕累托最优来呈现简单的变动规律及主要的客户类型,也可以通过统计学分析方法看看具有哪些特征的客户对哪些商品和服务是有突出需求的,还可以通过回归分析方法来判断各项绩效指标中哪些指标对客户的购买行为及满意度是有直接影响的。通过基本的店铺数据分析和深入挖掘,运营人员可以更好地完成任务,能够对店铺的运营效果进行评估和优化调整。

4.3.1 店铺成交额基本公式

通过市场数据分析,网店经营的货品、网店运营的目标和网店的执行方案可以有理有据地确定下来,开店之后,网店就可以正式运营了。在店铺运营的过程中,商家需要通过店铺数据的分析来对运营效果进行评估、诊断和调整。

商家最终目的是赚取利润,而利润的基础是成交额。因此,在电商网店经营中,有一个著名的成交额公式:

$$店铺成交额 = 访客数量 \times 转化率 \times 客单价$$

商家一般从访客数量、转化率、客单价三个指标来评估运营效果,从复购率、动态评分两个指标来诊断一个店铺的健康度。下面依次介绍这五个重点指标的含义、公式及对商家的意义。

1. 访客数量

访客数量(Unique Visitor,UV),即全店各页面的访问人数。一个用户在一天内多次访问同一个店铺只属于一个访客,访客数量和流量的概念相当。要提高店铺的访客数,很重要的一点就是吸引更多的新用户,不管是投放直通车广告,还是做钻石展位推广,目的都是吸引更多的新客户及回头客,提高购买成交人数。图4-14所示的是生意参谋中某店铺某日各时段的流量变化情况即来访到店顾客数量。

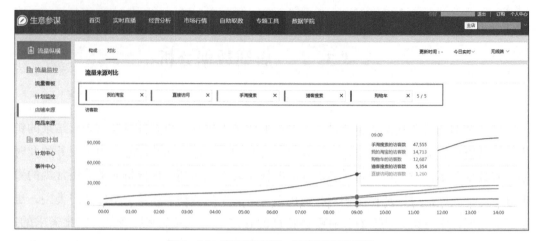

图 4-14　淘宝某店铺一日流量变化趋势

根据店铺的流量来源不同，一般可将店铺流量分为站内流量和站外流量。

(1) 站内流量

① 站内免费流量是指通过电商平台自然获取的流量。图 4-15 所示的是淘宝某店铺移动端免费流量的当日累计部分数据，可以看出，手淘搜索占了接近 8 成流量，是站内免费流量的主要来源。另外，手淘首页、手淘其他店铺、手淘问大家等带来的流量也非常可观，并且增长非常迅速。类似于手淘首页的免费流量入口还有很多，如产品推荐、手淘天猫电器城、猫客搜索、手淘旺信、手淘我的评价、必买清单、每日好店、猜你喜欢等，这些入口都是免费流量可以挖掘的地方。

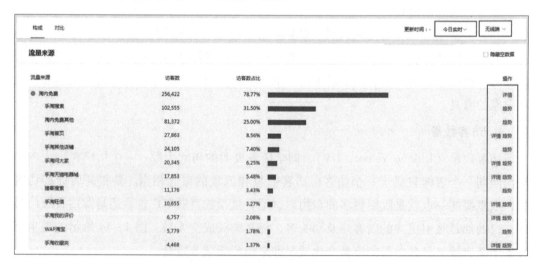

图 4-15　淘宝某店铺某日站内免费流量分布

② 站内付费流量一般是指通过一些推广渠道吸引来的用户，这些用户是通过社交媒体或一些其他的推广渠道看到产品而产生关注的客户。付费流量对于商家而言是需要投入成本的，推广就需要花钱，所以当产品进行推广实现流量转化引来的访客就被称为

付费流量。简而言之，免费流量就是自然流量，是不需要投入成本的，依靠的是对产品有需求的用户关注度，而付费流量就是商家通过成本的投入转化成关注点击量的。

淘宝站内付费流量包括直通车、淘宝客、钻石展位、聚划算、麻吉宝等，常见的付费流量入口如图4-16所示。付费流量在店铺流量中占比越大就意味着卖家获取流量的成本越高。因此在使用这些付费流量前，卖家一定要明确引入流量的目的，是为了测图测款、为产品打标签，还是为了维持产品的高权重、高销量。卖家明确引入流量的目的有助于制定相应的推广策略，提升付费推广的效果，降低获客成本。

③ 自主访问流量包括我的淘宝、购物车、店铺域名直接访问、商品链接访问。这部分流量主要由已加购物车、收藏客户及老客户贡献，也属于免费流量范畴。

（2）站外流量

站外流量主要包含卖家在电商平台站外，如百度等搜索引擎，今日头条、新浪等资讯媒体，

图4-16 站内付费流量

微信朋友圈、Facebook（脸书，一款社交工具）等社交媒体，抖音、小红书等短视频媒体做的广告投放。比如，当用户浏览网易首页、新浪首页、微博主页时，都可能出现其最近浏览过的品牌商品广告。这就是淘宝基于"千人千面"，为卖家提供的一些站外精准推广策略和手段。

目前，很多卖家通过抖音、快手、小红书、微信群、微信朋友圈、微博等站外社交媒体进行宣传，这样可以吸引并沉淀很多站外流量，也是流量运营未来发展的一个趋势。

淘宝店铺大部分的流量源于以上渠道，商家可以根据这些入口和数据再结合自己店铺的成长指数来引入流量。一般而言，在店铺的初级阶段，做好自然搜索流量，即写好商品的标题是基础工作。直通车这一精准推广工具也要利用好，可以利用其进行定向推广、测词、测图、测款，明确店铺和产品标签。卖家在淘宝平台中可以通过付费流量，适时提高店铺成交量。

有些商家将付费流量控制在50%以下，这样规划流量是否合理还要看店铺的级别。如果是新开的店铺，那么付费流量可以控制在50%以下，在这个范围内，也要逐渐稳妥地增加付费流量。根据类目和店铺所处的阶段来看，店铺的流量各占多少属于合理并没有一定的实践标准。如果店铺已经到了金冠级别，或者说运营团队已经非常成熟，那

么店铺的免费流量、付费流量、老客户流量和站外流量的比值维持在3∶3∶3∶1是比较健康合理的。店铺流量的配比并没有绝对的标准，但付费流量的比例一定要控制好，否则会拉高获客成本。

2. 转化率

转化率作为电商运营中的一个指标，也是卖家极为关注的。下面将结合成交转化漏斗模型来解释一般电商平台中成交转化的流程。

（1）成交转化漏斗模型

成交转化漏斗模型，如图4-17所示。模型显示，店铺的访客数量经过漏斗的过滤，最后只有少部分访客转变为成交人数。

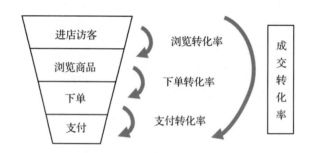

图4-17 成交转化漏斗模型

转化率是网店运营的一个重要指标，关系到店铺的成交人数。我们可以将本节公式1进一步做如下拆解：

$$成交人数 = 访客数量 \times 转化率$$

① 浏览转化率。衡量访客是否流失的重要指标是访客跳失人数，访客跳失人数指访问店铺中的一个页面就离开的访客数量。与跳失人数相对应的是浏览商品人数，浏览商品人数指至少访问了店铺一个商品详情页面才离开的访客数量，一般至少要访问两个页面。访客数量 = 浏览商品人数 + 跳失人数。因此，成交转化漏斗模型第一层就是浏览转化率，浏览转化率 = 浏览商品人数/访客数量。对于一个店铺来说，要尽可能地降低全店的访客跳失率，增加全店的浏览商品人数。

② 下单转化率。下单转化包括询单转化和静默转化两种，一般下单转化人数 = 询单转化人数 + 静默转化人数。询单转化率 = 询单转化人数/询单人数。但店铺会有部分买家（特别是回购的买家）对店铺非常认可，或者以前购买过商品现在不咨询客服就直接下单进行二次购买，所以静默转化率 = 静默成交人数/静默访客数量。一般而言，询单转化率会高于静默转化率。

③ 支付转化率。订单支付率 = 成交人数/订单人数。在电商平台中，有一定比例的买家在拍下商品形成订单后并没有付款，没有成为最终的成交人数，这相当于在成交模型最后一个环节流失掉的客户。一般来说，这个流失比例很低，所以支付转化率一般都

很高。

④ 成交转化率。成交转化率（简称为转化率）是指在某个特定时间段内，将访客或潜在顾客转化为实际成交人数的比例，它表示在店铺或网站上访问的用户有多少人最终完成了购买行为。进店访客经过浏览商品、确定订单、支付金额的漏斗过滤逐层转化后，最后才实现成交。因此，总的成交转化率是由上面三个转化作为支撑的，商家要设法提高中间各个层级的转化率，最后才能转变为成交人数的增加。所以最终成交转化率公式为：

$$成交转化率 = \frac{成交人数}{访客数量} \times 100\%$$

较高的成交转化率通常意味着店铺或网站能够有效吸引顾客，并成功地将他们转化为实际的购买者。该指标可评估和比较不同的市场推广策略、页面设计、用户体验等对销售效果的影响。通过监测和优化成交转化率，商家可以找到提高销售和盈利能力的方法，优化营销策略和商品展示方式，提升用户购买意愿和满意度。同时，要注意的是，成交转化率的理想值会随行业、产品和市场竞争情况而有所不同。因此，商家需要根据实际情况和行业标准来评估和提高自己的成交转化率。

（2）查看转化率指标

进入生意参谋首页的运营视窗，就可以查看店铺运营的转化率指标。如图4-18所示为某店铺所有商品一周的转化情况，包含支付金额、访客数、支付转化率、客单价等数量指标，直接表明了该店铺的整体转化效果，也可以看到当日实时的转化情况。

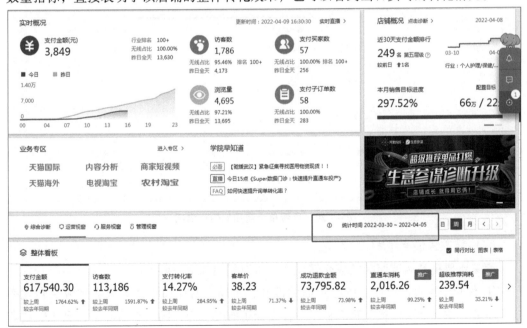

图4-18 生意参谋查看店铺转化率

在生意参谋首页下拉，找到转化看板，如图4-19所示，商家在这里可以进一步看到店铺的收藏人数、访客-收藏转化率、加购人数、访客-加购转化率、支付买家数、访客-支付转化率等转化细节指标数据，能从不同角度对转化做多维度分析。

图4-19　转化看板多维度获知转化情况

商家还可以从生意参谋点击顶部的"品类"数据，监控单个商品的转化情况。如图4-20所示，监控指标包括商品动销支付金额、商品收藏人数、商品加购人数、商品访客数、访问收藏转化率、访问加购转化率等，运营人员可以对单个商品的具体数据展开分析。

图4-20　查看单个商品的转化情况

（3）提高转化率方法

商家想要提高店铺商品的成交转化率，可以采用如下一些方法：

① 优化商品页面设计。商品页面的设计、布局、图片和描述等都会对成交转化率产生重要影响。商家可优化页面显示，让页面更有吸引力，同时简洁明了，易于购买者理解。

② 改进商品呈现方式。商品有多种呈现方式,例如文字、图片、视频、介绍等,商家可以尝试多种方式展示商品,包括商品图片的多角度展示、视频介绍、买家秀等,这可以提高购买者对商品的信心。

③ 提高物流速度和服务质量。好的物流服务和售后服务是成交转化率的重要保证。商家可以优化物流服务、售后服务等环节,提高客户满意度。

④ 优化精准营销的策略。商家可以通过多样的营销方式,如大促、优惠、折扣、邮件、短信、红包等吸引力高且费用较低的营销模式来吸引用户。同时,商家要根据不同的用户属性和偏好来制订营销策略。

⑤ 定期优化商品价格。对于一些较低频的大额商品,商家可以定期如节假日等开展价格优惠活动。

⑥ 加强搜索引擎优化(SEO)。搜索引擎优化可以让店铺商品在搜索引擎中排名更靠前,可能会带来更多的流量和更高的成交转化率。

总的来说,提高成交转化率需要不断优化细节和调研前期工作,商家要在商品页面设计、改进商品呈现方式、提高服务质量、定期优化商品价格、多样化的营销等方面不断努力,最终目的是增加销售和提高客户满意度。

3. 客单价

客单价是单个买家一段时间内在店铺里购买的商品总额的均值。客单价的公式为:

$$客单价 = \frac{计算周期内支付金额}{支付买家数量}$$

单个买家的客单价等于日均客单价乘以购买频次。客单价实际上由两个因素决定。第一个因素是买家每次的购买金额,通常商家会把同一个买家一天之内在同一个店铺内的购买金额按日合并,算作一次消费,这就是日均客单价;第二个因素就是购买频次,即买家在这段时间内购买了几次。

从买家行为的角度来说,一个买家每次购买多少金额的商品,和他下一次什么时候回购是两件事情。前者主要取决于卖家在每次购物时的引导、推荐,包括关联销售和商品定价等因素,后者主要取决于店铺运营者的回头客营销策略。

影响客单价主要有三个因素,分别是商品定价、关联销售、商品复购率。

商品定价直接影响客单价。并不是说商品定价越高越好,商品定价不能盲目和随意,而是在做好竞品分析和客户需求调研的基础上,综合店铺定位、品牌定位、产品线定位、活动促销等各个方面因素才能确定商品的合理价格区间。

关联营销是通过某种形式的暗示和推荐,让买家对多个商品产生兴趣,并最终实施购买的行为。关联营销主要有两种比较常见的形式:一种是关联营销的商品之间有一定直接关系,如功能、风格等属性是互补的(如茶具和茶叶,奶粉和奶瓶);还有一种是将功能相近的商品放在一起,让买家清晰地了解多个相似商品之间的区别从而做出购买决定,降低买家在当前商品页面的跳失率,并可能引导买家同时购买多个商品。

4. 复购率

中国电子商务中心提供的公开数据表明,卖家获得新买家的成本是维护老客户的5~10倍,一个对商品或服务满意的买家会带来8笔潜在的生意,一个对商品或服务不满意的买家可能会影响25个人的购买意愿。以上数据表明,店铺要维持业绩的增长,要开发新客户,同时更要关注老客户的维护和复购。

复购率指消费者对某品牌产品或者服务的重复购买次数占比,重复购买次数越多,则消费者对该品牌或商品的忠诚度越高,反之则忠诚度越低。因此,可确定如下的复购率公式:

$$复购率 = \frac{购买次数大于1次的人数}{所有购买过的人数} \times 100\%$$

比如,100个人中有30个人的购买次数大于1,那么复购率就是30%。在生意参谋中并没有直接展示商品复购率的地方,因为计算复购率的时候要加入时间维度,如月复购率,即在上一个月购买的人群中,下个月依然购买商品的人数所占的百分比,还有季度复购率、年复购率,具体以哪种复购率作为参考,需要根据商品特性加以判断。比如,快消品可能要看月度复购率,眼镜店可能要考虑年复购率。

在生意参谋的整体看板中,将支付老买家数量与支付买家总数量相除即可获得某个时间段内的复购率,同时可以勾选同行对比,将自家店铺的复购率与行业平均复购率及行业优秀店铺的复购率相比较。

商家经营网店也要设法提高用户的复购率,主要有两个方向可以努力:

① 通过品类维度的完善提高复购率。运营人员可根据商品特性考量复购的周期,做好统计分析。比如,食品中的酒类商品的购买周期确定为周比较合适,因为酒是快消品,而服装可以考虑季复购。在提高复购率的手段中,提升品类丰富度是一种很好的手段。卖家还可以通过扩充品类提升满足买家需求的能力,从而提高单个商品的复购率及价值。

② 在不同运营阶段做合适的取舍。在拉新阶段,最重要的是快速取得新会员,此时复购率必然是比较低的;在买家留存阶段,重要的是新老会员的转化,复购率会有所增长;在活跃和转化阶段,重要的是会员向忠实会员的转化,此时复购率必然会提高。所以商家是否该重点考量复购率,也和商品的运营阶段、企业的资源、团队在运营方面的取舍等相关。

5. 动态评分

复购率和商品本身、店铺营销、品牌建设等多方面因素都相关,但其中很重要的一环是服务质量。淘宝对服务满意度的表现为动态评分(DSR)。DSR是系统每天根据最近180天所有买家给出的评分的平均数,从商品、售前咨询、售后服务、物流、纠纷处理五个维度对店铺进行评价。运营人员可以在生意参谋的"服务洞察"中对店铺的服务体验、评价分析、接待能力、接待效率等进行诊断,如图4-21所示。

图4-21 服务分析诊断动态评分

① 第一个维度是商品与描述的相符情况。商品的质量一定要过关,卖家在发货前要做好质检,不要出现残次品或者存在瑕疵;同时卖家对商品的款式、尺寸、颜色、功能等的描述要准确,不能随意夸张。

② 第二个维度是售前服务和售中服务的态度。客服人员在回答买家的售前咨询时,不要复制粘贴固定句式,不能让买家觉得是在和一个机器人聊天,而是要用心地介绍商品的尺寸、功能,认真、详细、客观地答复买家的每一个疑问。客服在售中也要做好订单进度跟踪,并让买家做好收货准备。

③ 第三个维度是售后问题。遇到售后问题,客服要主动承担责任,当买家提出商品存在质量瑕疵、商品破损等问题时,客服首先要核实真伪,并及时用退换货、补偿等方式化解争议,让用户满意。

④ 第四个维度是物流服务。卖家要争取做到货源稳定、及时发货、包装到位,并在包装的细节方面取胜,赢取物流服务分。

⑤ 第五个维度是订单纠纷处理。对于店铺中的正常纠纷要积极跟进并尽早处理,针对恶意纠纷则要保存证据,做好应对。

商家也可以通过平台的聊天记录及买家的评价来推测买家不满意的地方,从而有针对性地加以改进。生意参谋中提供了全店各方面评价内容的分析,卖家也可以进入单品分析,查看单个商品详细的评价及纠纷情况。

4.3.2 网店数据其他指标

1. 跳失率

跳失率(Bounce Rate,BR)指在一天内的访客数量中,只浏览一个商品或一个店铺页面的访客数量的占比。因此可确定如下跳失率公式：

$$跳失率 = \frac{商品或页面浏览量为1的访客数量}{店铺总访客数量} \times 100\%$$

跳失率越低表示流量的质量越好，能留在店里的顾客就越多。多天的跳失率为各天跳失率的均值。比如，某访客首次进入店铺，浏览了一个商品就离开了，算一个跳失客户，如果继续浏览了其他商品甚至购买了商品，则相当于挽回了一个客户。

2. 人均浏览量

人均浏览量就是访问深度，它表明了顾客进店后获取多少个商品信息，可确定如下公式：

$$人均浏览量 = \frac{统计时间内的浏览量}{访客数量}$$

人均浏览量越大，表明顾客停留在店里浏览商品信息的时间越长，说明顾客在详细了解商品信息，为成交转化奠定基础。

3. 平均停留时长

平均停留时长是指访客浏览某一商品页面时所花费的平均时长，可确定如下公式：

$$平均停留时长 = \frac{所有访客在该商品详情页面上停留的总时长}{所有访客访问商品详情页面的次数}$$

人均浏览量越大，平均停留时长越长，表明用户对网店中的商品越感兴趣。

4. 网店获客成本

网店获客成本是指网店在开发某项产品或服务时，为了把产品或服务推广给潜在客户而需要付出的费用成本。它也可以被称为拉新成本，指网店获取新客户所产生的费用，可确定如下公式：

$$网店获客成本 = \frac{营销总费用 + 销售总费用}{获取新客户的数量}$$

5. 利润

网店运营过程中，利润计算公式如下：

$$利润 = 访客数 \times 转化率 \times 客单价 \times 购买频率 \times 毛利率 - 成本$$

对网店运营人员来说，网店利润的增加不仅需要增加访客数，提高转化率、客单价，还需要提高顾客购买频率、商品毛利润率，以及降低成本。

6. 投资回报率

投资回报率（Return on Investment，ROI）是指投资后所得的利润与投资总额的百分比，计算公式如下：

$$投资回报率 = \frac{利润}{投资总额} \times 100\%$$

网店运营人员需要时刻关注每一元钱的广告费用可以产生多少利润,即投入产出比。通过 ROI 数值,运营人员能够直接地判断营销活动是否盈利,如果 ROI 为 100%,那么可以判断本次营销活动的收益和花费是持平的。

7. 购买频率

购买频率(Frequeney of Purchase)是指消费者在一定时期内购买某种或某类商品的次数。一般来说,消费者的购买行为在一定的时限内是有规律可循的。购买频率是衡量消费者购买行为的一项指标,一般取决于消费者使用某种或某类商品频率的高低。购买频率是企业选择目标市场、确定经营方式、制定营销策略的重要依据。

8. 毛利润率

毛利润率是毛利润占销售收入的百分比,其中毛利润是销售收入与销售成本的差额。网店毛利润率的计算公式如下:

$$毛利润率 = \frac{销售收入 - 销售成本}{销售收入} \times 100\%$$

假如某网店商品销售额为 150 万元,已销商品的进价为 100 万元,则毛利润为 50 万元,而毛利润率为 33.3%。

9. 成本

成本是商品经济的价值范畴,是商品价值的组成部分,也称费用。在进行网店运营过程中,需要耗费一定的人力、物力和财力资源,这种资源消耗的货币表现形式及其对象化均称为成本。

4.4 商品数据分析

4.4.1 上架前商品数据分析

1. 商品定价分析

商品的定价在电商运营中有着十分重要的意义。过高的商品定价会降低买家的购买欲望,过低的商品定价则降低了自身的利润率,不利于店铺的持续发展。

(1)商品定价的意义

合理的商品定价具有以下意义:

① 可以增加企业收益。商品定价是为了使企业收益最大化,这是企业制定商品定价方案的首要目标。

② 可以满足市场需求。商品定价要基于市场需求，满足消费者的需求和预期，才能提高销售量。

③ 可以提升竞争力。在定价时，需要考虑与同行业的竞争者比较，制定不同价格的产品，增加自己的竞争力。

④ 可以明确产品客群。定价意味着选定客户群体，不同的定价决定了产品的客群以及目标用户市场的大小。

⑤ 可以体现产品价值。定价高低意味着价值的大小，用户在支付费用的时候，往往希望能够获得同等价值的回报，这个价值可以是产品层面的，也可以是精神层面的。

(2) 商品定价的影响因素

商品定价是商品营销策略的重要组成部分，它直接影响到商品的销售和企业的收益。商品定价一般要考虑以下几个方面的因素：

① 商品成本。成本是商品定价的基础之一。在制定商品价格时，企业需要考虑商品的生产成本、运输成本、营销成本、人工成本等。这些成本的总和构成了商品的总成本。企业需要在总成本的基础上，考虑商品的定位、市场需求和竞争环境等因素，以制定合理的价格。

② 市场需求。市场需求是商品定价的重要因素之一。如果商品符合消费者的需求，并且具有竞争优势，那么商品的价格可以定得高些。如果商品不符合消费者的需求或者竞争激烈，那么商品的价格需要低些才能吸引消费者。因此，企业需要对市场需求进行深入的研究，以制定符合市场需求的定价策略。

③ 竞争环境。竞争环境是商品定价的另一个重要因素。如果市场上存在类似的竞争产品，那么企业需要考虑竞争对手的价格，以制定自己的产品价格。如果竞争对手的价格较低，那么企业需要进一步降低价格以吸引消费者。如果竞争对手的价格较高，那么企业可以通过提高产品质量、提供更好的服务等方式来提高产品的竞争力。

④ 品牌形象。如果企业的品牌形象良好，消费者对商品的信任度和认可度较高，那么商品的价格可以定得高些。如果企业的品牌形象较差，消费者对商品的信任度和认可度较低，那么商品的价格需要低些才能吸引消费者。因此，企业需要注重品牌形象的塑造和维护，以提高商品的价值和竞争力。

⑤ 目标利润。目标利润是产品定价的关键因素。企业需要在考虑成本、市场需求、竞争环境和品牌形象等因素的基础上，制定合理的目标利润。目标利润的制定需要考虑企业的长期发展和市场环境的变化等因素。如果目标利润过高，那么可能会导致消费者对商品的价格敏感度增加，从而影响产品的销售和企业的收益。如果目标利润过低，那么可能会导致企业的收益不足，从而影响企业的发展和生存。因此，企业需要制定合理的目标利润，以实现企业的长期发展和收益的最大化。

综上所述，商品定价的构成包括商品成本、市场需求、竞争环境、品牌形象和目标利润等方面。在制定商品价格时，企业需要考虑这些因素并根据实际情况进行调整和优化。同时，企业还需要不断关注市场变化和消费者需求的变化，以制定更加合理和有效的商品定价策略。

（3）标准化产品和非标准化产品的定价策略

合理的商品定价是在充分考虑上述因素的基础上，由经营者决定的。由于标品和非标品在定价上有较大差异，所以下面将从标准化商品和非标准化商品两个方面来阐述产品如何定价。

① 标准化产品定价。一般采用标准化生产线生产的工业品都属于标准化产品，如智能手机、家电、家居用品、文具等生活中绝大多数产品都是标准化产品。这类产品的定价通常采用以下步骤：

确定产品成本。计算生产或提供标准化产品所需的全部成本，包括原材料成本、生产成本、运营成本、研发成本、销售成本等。

考虑竞品价格。研究竞争对手的定价策略，了解他们的价格水平和价格设定方式。这有助于确定一个合理的价格范围，避免过高或过低定价。

设定目标利润。根据企业的盈利目标，确定标准化产品的售价应达到的目标利润水平。这有助于确保企业在销售标准化产品时能够实现预期的利润。

考虑市场需求。分析市场对标准化产品的需求，了解消费者对产品价格的敏感程度。这有助于确定一个既能满足消费者需求又能实现企业利润的价格。

采用成本导向定价法。以成本为基础，加上预期的利润，设定一个合适的价格。这种方法适用于市场竞争激烈、产品差异化程度较低的情况。

采用市场导向定价法。根据竞争对手的价格水平和市场对产品的需求来设定价格。这种方法适用于市场竞争激烈、产品差异化程度较高的情况。

采用顾客导向定价法。根据消费者对产品价值的认知和愿意支付的价格来设定价格。这种方法适用于市场存在明显的消费者群体，且产品具有较高的差异化程度。

总之，标准化产品的定价需要综合考虑成本、竞争、市场需求等因素，采用合适的定价方法，以实现企业的赢利目标。

② 非标准化产品定价。类似于手工艺品、农产品、生鲜类产品、预制菜品，如字画、大米、青鱼、苹果、番茄、酸菜鱼等是比较典型的非标准化产品。这类产品的质量、产地、包装、单件分量、口味、服务等影响价格的因素存在较大的差异，产品定价相应地也存在较大的浮动空间，甚至差别很大。

一般非标准化产品定价也需要考虑多个因素，包括产品成本、市场需求、竞争情况、产品特点等。以下是一些常见的非标准化产品定价方法：

成本加成法。根据产品的生产成本和合理的利润率来制定价格，这种方法适用于生产成本相对固定的产品。

市场导向法。根据市场需求和竞争对手的价格来制定价格，这种方法适用于市场竞争激烈的产品。

价值定价法。根据产品的价值和质量来制定价格，这种方法适用于具有独特价值和品质的产品。

撇脂定价法。在产品上市初期，将价格定得较高，以获得较高的利润和收入，随着市场竞争的加剧，再逐步降低价格。这种方法适用于具有独特特点和优势，可以吸引高端消费者的产品。

比如，女性消费者对于包的需求可以简单分为两类，最基础的需求是装东西，而高层次需求则是将其当作配饰并体现身份。只用来装东西的包价格较低，当把包的定位提升到体现身份时，包的价格就会高很多，这类商品定价就属于价值定价法。在电商运营中就需要网店在商品视觉、客户服务、物流等方面与产品价格定位相匹配。

总之，非标准化产品的定价需要更加灵活和多样化，因为同种类产品在不同属性上千差万别，产品的成本、市场需求、竞争情况、价值等都有所不同。同时，定价也需要考虑产品的定位、目标客户、销售渠道等因素，以制定出更加合理的价格策略。

2. 用户搜索商品习惯分析

用户搜索商品习惯是指用户在互联网电商平台上搜索想要的商品信息时所表现出的行为和偏好。随着移动互联网的发展，用户搜索习惯也在逐渐发生变化，现在新的搜索方式包括语音搜索、图片搜索、视频搜索等，但最基础的还是商品关键词搜索。商品关键词搜索指用户在搜索商品时倾向于使用简洁、明确的关键词，以便快速找到所需商品的信息。因此，在商品标题优化和商品详情页内容创作中要注意使用简洁、明确的关键词，以提高搜索结果的准确性和相关性。比如，消费者通常会使用明确的关键词来搜索商品，如"跑步鞋""笔记本电脑"等，这种常规搜索习惯有利于快速找到所需的商品。了解用户的商品搜索习惯有助于商家优化搜索策略、提高用户体验和促进交易量增长。同时，电商平台也需要根据用户的搜索习惯和需求，提供更加个性化和多样化的搜索结果和服务。要让上架的商品能被买家搜索到，这就要求商家分析买家的搜索习惯，调整商品的关键词、买家人群设定，以此增加产品的曝光量。

（1）商品关键词的选择

新上架的商品要有足够的曝光量才能获取流量，产品获得曝光量的第一要素就是商品标题。生意参谋提供了完整的关键词数据分析，如图4-22所示，流量分析中的选词助手提供了现有店铺商品的引流搜索关键词、竞店搜索关键词、行业相关搜索词。一个店铺中的商品定位是相似的，进店买家的需求也是相似的，故可以参考店铺其他商品的引流搜索词。对于新开设的、尚没有发布商品的店铺，生意参谋同样提供了行业相关搜索词，商家也可以结合自身产品的特点和定位制定商品标题关键词策略。

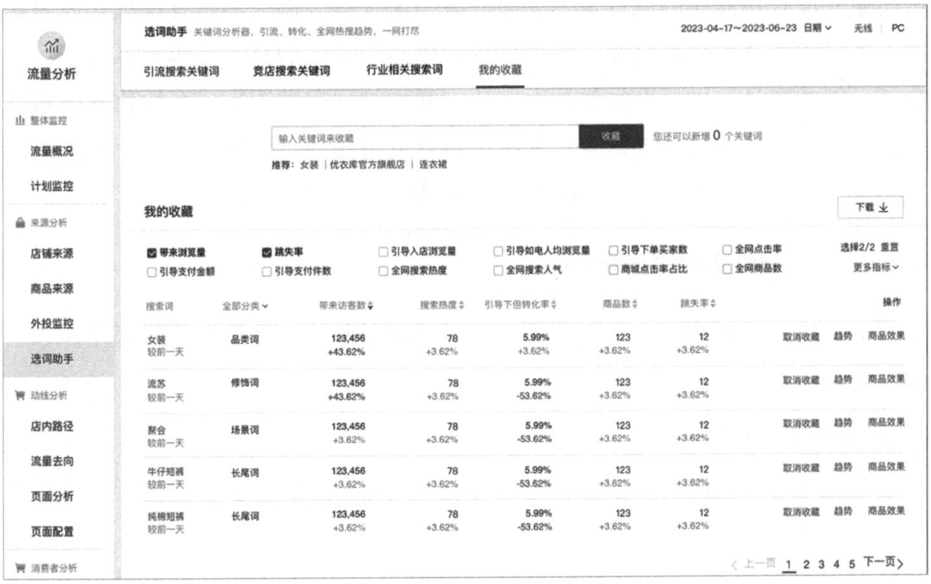

第4章 数据运营

图4-22 生意参谋的选词助手分析关键词

（2）用户人群标签的设定

现在智能手机基本普及，用户更多地用手淘搜索商品，搜索的结果，尤其是非标准化产品的搜索结果，除了受搜索关键词影响，还与基于"千人千面"的商品标签相关。"千人千面"是一种个性化推荐技术，它根据用户的购物历史、浏览记录、搜索历史等行为，为每个用户定制不同的购物页面，推荐不同的商品和店铺。这种技术旨在提高用户体验和转化率，让每个用户都能在平台上找到自己需要的商品和店铺。

在用户搜索结果页面、推荐页面和活动页面中，一般都会应用"千人千面"技术。在搜索结果页面中，最近浏览过、收藏过、加购过的商品会优先展示；在推荐页面中，会根据用户的标签和历史行为推荐相应的商品和店铺；在活动页面中，也会根据用户的购物历史和行为推荐相应的优惠和活动。

"千人千面"技术的使用，使得相同时间、相同的搜索关键词，不同的用户账号搜索结果会有不同，这是因为不同的人群标签会有不同标签的商品与之匹配，搜索结果中也会出现与关键词不完全相同的、个性化的搜索结果。

另外，客户关系和商品标签是"千人千面"基本逻辑原理的两个重要因素。客户关系是指只要用户在平台上浏览过、收藏过、购买过的商品或店铺，就建立起客户关系。商品标签则是指产品的类目和属性，如品牌、材质、尺码等。一般电商平台会根据用户的基本身份信息、购物历史和行为，为每个用户打上不同的标签，并根据标签推荐相应的商品和店铺。据此，商家在上架新商品时要尽量填写完整商品属性，如消费者群体、风格、年龄段、版型、适用场景、工艺、材质、面料等。平台搜索引擎就是利用这些属性词、商品价格、图文描述等与不同标签人群的搜索习惯进行匹配。反之，若商家发布新商品时没有将商品的属性填写完整或者错填资料，那么消费者在选择风格或者年龄段时，系统就不会展现该商品，或者展现的商品与自己的真实需求不匹配。因此，对于一个新上架的商品，做好商品属性、定价、视觉策划有助于形成个性化的搜索人群标签。商品属性资料的填写需要结合商品本身特点及行业的热门属性数据，不可误填或不填，这对基于"千人千面"技术的搜索结果有着至关重要的影响。

4.4.2 上架后商品数据分析

商品上架后的数据分析，主要涉及店铺经营数据监控、竞争对手数据监控和店铺问题商品的处理。

1. 店铺经营数据监控

对于单品而言，在商品上架后，可以对店铺及商品运营的多个关键指标进行监控和诊断。

（1）访问量监控

访问量监控是商品流量监控的基础，通过统计店铺或商品页面的访问量，可以了解用户对商品的关注程度和需求情况。通过对访问量的趋势分析和对比分析，可以判断出哪些商品更受欢迎，哪些时间段是用户访问的高峰期，从而为商品营销和运营提供数据支持。

（2）转化率监控

转化率是指用户从访问商品页面到最终购买商品的比例。转化率监控是了解用户购买意向和判断商品营销效果的重要指标。通过对转化率的分析，可以发现哪些商品更具有市场潜力，哪些营销手段更具有效果，哪些页面或环节需要优化，以提高用户的购买转化率。

转化率由静默转化率、询单转化率构成。转化率与流量的精准度（关键词点击率、ROI）和店铺的客户信服力（DSR 评分、评价）等多个方面息息相关，对此，均要形成日常监控。同时，随着商品运营阶段的变化，数据监控重点也会从早期的流量转化数据变为客户的复购转化情况。

（3）停留时间监控

停留时间是指用户在访问商品页面时花费的时间。停留时间监控可以反映用户对商品的关注程度和兴趣程度。通过对停留时间的分析，可以发现哪些商品更具有吸引力，哪些页面或环节需要优化，以提高用户的浏览体验。

（4）跳出率监控

跳出率是指用户在进入商品页面后立即跳出的比例。跳出率监控可以反映商品的吸引力和用户体验的优劣。通过对跳出率的分析，可以发现哪些商品或页面需要优化，以提高用户的留存率。

(5) 关键词监控

关键词是指用户在搜索时使用的词。关键词监控可以反映用户的需求和搜索习惯，同时也可以帮助商家了解哪些关键词更具有流量潜力。通过对关键词的分析，可以发现哪些关键词更符合用户的需求，哪些商品更具有市场潜力，从而为商品的优化和营销提供数据支持。

(6) 流量来源监控

流量来源是指用户访问商品页面的来源。流量来源监控可以帮助商家了解用户的来源渠道和分布情况，从而为营销策略的制定提供数据支持。通过对流量来源的分析，可以发现哪些渠道更具有流量潜力，哪些渠道的用户质量更高，从而为商家的营销策略提供数据支持。

流量来源分为站内免费流量、站内付费流量、自主访问流量及站外流量等四种。这些不同的流量来源在一个店铺中应该有合理的配比。关注各个流量渠道的数据表现进行优化推广，是流量运营的关键。对于付费流量，商家则更要关注投入产出比。比如直通车流量，其出价主要有关键词和人群两个维度。商家可以记录直通车不同关键词在不同时间段内的流量、转化率数据，从而有的放矢，降低低流量时间段的折扣，提高投入产出比。

(7) 地域流量监控

地域流量监控可以帮助商家了解不同地区用户的访问情况和分布情况。通过对地域流量的分析，可以发现哪些地区更具有市场潜力，哪些地区的用户质量更高，从而为商家的营销策略提供数据支持。同时，商家还可以根据不同地区的用户需求和习惯，制定不同的营销策略和产品方案。

(8) 用户行为监控

用户行为是指用户在访问商品页面时的操作和表现。用户行为监控可以帮助商家了解用户的购买意向和购买习惯。通过对用户行为的分析，可以发现哪些用户更具有购买意向，哪些页面的操作更流畅、更便捷，从而为商家的产品优化和营销策略提供数据支持。同时，商家还可以根据不同用户的购买习惯和需求，制定不同的产品方案和营销策略，提高用户的购买转化率和满意度。

2. 竞争对手数据监控

在电商平台上对竞争店铺或竞品的日成交笔数、动态评分变化、流量来源、转化率等指标的分析，特别是对流量结构的分析，能清晰地判断竞争对手的运营手法与节奏。生意参谋为商家提供了完整的竞争情报分析方案。

竞争对手分析首先是竞店识别。生意参谋给出了多种维度来选择竞争店铺的方式，在该页下拉点击流失竞店列表旁的趋势分析，可以将相应的店铺添加为自己的监控对象。然后在竞店分析中，商家可以与其对比交易指数、流量指数、搜索人气、加购人气等重要指标如图 4-23 所示。

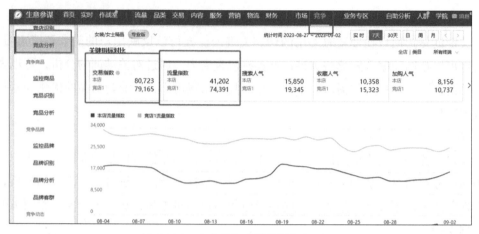

图 4-23　竞店分析中的关键指标对比

同样，在完成竞店分析后，可使用生意参谋中的"竞品识别"和"竞品分析"，添加监控竞品，进一步监控竞品的流量指数、交易指数、搜索人气、收藏人气、加购人气等指标数据及数据的变化趋势对比，如图 4-24 所示。

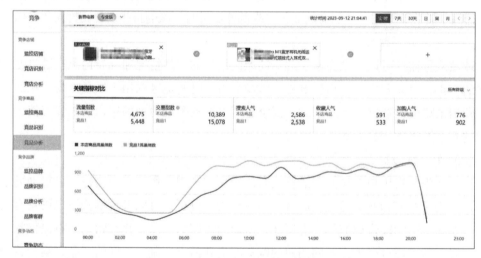

图 4-24　竞品分析中的关键指标对比

3. 店铺问题商品的处理

（1）线上商品的分类

按照商品在线上实际曝光情况和销售情况，可以将网店商品分为四类，如图 4-25 所示。

① Ⅰ类商品。Ⅰ类商品是高流量低转化商品，是指商品在电商平台上展示的流量较高但转化率较低的商品。如果是主动的Ⅰ类商品，一般是商家用来在店内引流的，俗称"钩子款"，在此类商品的

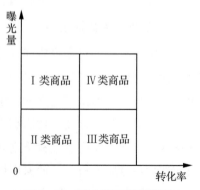

图 4-25　线上商品转化类型

上面放其他关联商品,为 UV(独立访客量)价值高的商品引流;如果是被动的Ⅰ类商品,可能是多种因素导致的转化率较低,例如商品详情页质量不高、商品品质与描述不符、价格过高或过低等。对于这种情形,商家要重点关注,先看商品的供应链有没有问题,如果没有问题,就要优化商品详情页的设计和内容,提高商品品质和价格合理性,以及加强客户服务和售后支持等来提高转化率。

② Ⅱ类商品。Ⅱ类商品是低流量低转化商品,是指商品在电商平台上展示的流量较少并且转化率较低的商品。这类商品可能存在多方面的问题,如商品标题、描述不够吸引人,或者商品焦点图片、价格等因素导致吸引力不足,目标客户对商品的信任度较低,商品详情页质量不高等,导致转化率较低。对于这类商品,商家需要更加深入地分析原因,并采取有效的措施来提高商品的流量和转化率。

③ Ⅲ类商品。Ⅲ类商品是低流量高转化商品,是指商品在电商平台上展示的流量较少但转化率较高的商品。这类商品可能是多种原因导致的流量较低,如商品标题、描述不够吸引人,或者商品图片、价格等因素导致吸引力不足。然而,这类商品却能够吸引到一部分目标客户,且对商品的信任度较高,所以转化率较高。因此,对于一些商家来说,优化这类商品的销售策略、提高商品的曝光量是提高销售业绩的重要方向。同时,这类商品具有爆款潜力,商家要想办法从站内、站外充分为它引流,进一步提高销售业绩。

④ Ⅳ类商品。Ⅳ类商品是高流量高转化商品,是指商品在电商平台上展示的流量较高并且转化率也较高的商品。这类商品通常具有较高的吸引力和竞争力,能够吸引大量的目标客户,并且转化率也相对较高。对于这类商品,商家需要继续保持其流量和转化率的优势,并且通过加强营销推广和客户服务等方面来进一步提高销售业绩,是商家最期望达到的营销效果。

(2) 问题商品的探寻

① 人工整理分析。商家可以借助生意参谋将店铺商品一定周期的经营数据导出,主要是对应商品的货号、访客数、支付买家数和支付转化率,整理形成数据文件,如表4-3 所示。

表4-3 店铺商品的经营数据

商品编号	访客数	支付买家数	支付转化率/%
STY0131	35 061	396	0.84
STY0132	36 922	103	0.28
STY0133	48 927	6	0.01
STY0134	11 763	10	0.09
STY0135	783	4	0.51
STY0136	40 574	161	0.40
STY0137	12 701	43	0.34

续表

商品编号	访客数	支付买家数	支付转化率/%
STY0138	6 443	124	1.92
STY0139	37 808	138	0.37
STY0140	16 876	44	0.26
STY0141	13 531	171	1.26
STY0142	7 273	132	1.81
STY0143	33 299	67	0.20
STY0144	42 402	76	0.18
STY0145	12 835	58	0.45
STY0146	12 489	158	1.27
STY0147	42 601	1 629	3.82
STY0148	46 212	297	0.64
STY0149	27 823	35	0.13
STY0150	11 775	113	0.96
STY0151	29 556	260	0.88
STY0152	22 189	289	1.30
STY0153	6 413	66	1.03
STY0154	8 424	48	0.57
STY0155	9 361	169	1.81
STY0156	17 662	290	1.64
STY0157	11 064	80	0.72
STY0158	12 191	9	0.07
STY0159	44 523	123	0.28
STY0160	39 349	72	0.18

经营数据整理出来后，再借助软件工具，如 Excel、Tableau、Power BI 等将店铺所有商品按照访客数和转化率制作成散点图，并添加二者的平均线，这样就可以把店铺所有货品分成四个区域，每一区域分别对应四类商品，如图 4-25 所示。针对各类商品，特别是前面Ⅰ、Ⅱ、Ⅲ类商品，因为它们没有达到最佳的营销效果，属于问题商品，是具备营销优化空间的商品，商家应该分类施策、对症下药，从多方面进行不同程度的优化，对不同类别的商品采用不同办法处理。

同时，由图 4-15 可见，货品 STY0133 极有可能是商家引流的"钩子款"商品；而 STY0147 是最畅销、转化率最高且曝光量也相当大的商品，极有可能是商家专门打造的爆款商品；另外，Ⅲ类商品里的 STY0155、STY0142、STY0138 都是转化率靠前但曝光量不够的商品，若商家给予足够重视，进一步分析这三款商品的流量来源和流量的主要时间段，适度进行付费推广，充分用好直通车和钻石展位，并优化好商品标题和焦点图片，增强商品标题和图片的吸引力，则具备爆款潜力。

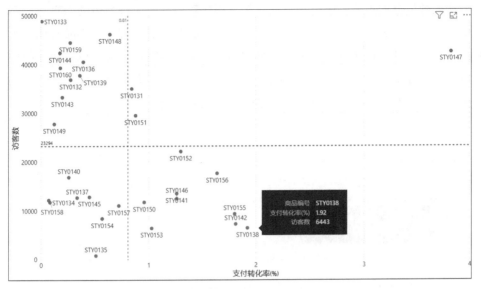

图4-25 四类商品散点图

下面以一电商平台上的商品来对比说明问题商品。假如用户在淘宝平台上搜索"篮球鞋"这一能描述商品本质的最简洁的核心词,也是搜索篮球鞋流量最大的关键词,如图4-26所示。搜索结果表明,排在第1页第1排的第2个、第4个位置和排在第2排的第1个、第4个位置的商品,由于是在首页,并且是前2排,位置都非常好,曝光量自然不会低,但与第1排第1个位置、第2排第2个位置的同款商品相比,付款人数少了很多,说明是问题商品,存在优化空间。

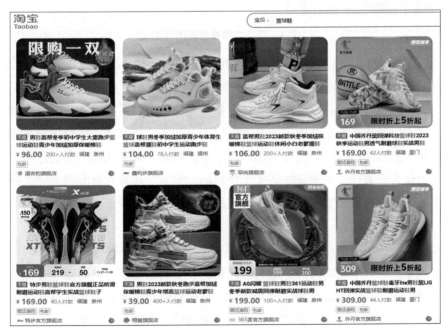

图4-26 淘宝平台上对比后的问题商品

成交人数偏低的主要原因包括：商品焦点图比较杂乱，无法突出商品重点，图片不够吸引人，可能造成点击率不高；在价格上也存在显著差别，对于标准品来说，价格因素直接影响商品的支付转化率，价格明显偏高也不能吸引客户点击下单；商品的评价内容也有区别，如图4-27所示，某旗舰店的篮球鞋评价，基本都是正面的、积极的，商品评价的配图都有较好的代入感，很容易刺激买家跟风购买。

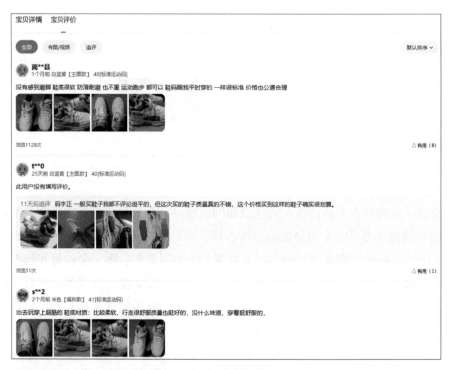

图4-27 大销量商品的评论

② 异常商品分析。生意参谋提供了"商品分析"功能。经营商家打开生意参谋中的"商品分析"，选择"异常商品"分析，系统提供异常商品列表。异常商品共分为流量下跌、支付转化率低、高跳出率、支付下跌、零支付、低库存等六大异常类型，商家应着重关注支付转化率低、高跳出率及零支付商品列表。商家需要借助生意参谋继续分析各个商品买家流失的原因，比如买家停留了多长时间，买家从哪个渠道进来、又去向哪里了、为什么会离开，买家最终买了哪些商品，等等。从异常商品列表中，商家可以看到每个商品的访客数和支付金额，一般问题多半是买的人少、买家流失严重、商品转化率低、生意未开张等。

商家可以进一步点击对应问题商品的"商品温度计"，查看该商品存在问题的简单诊断。可观察过去一个周期的浏览量和访问量，了解商品描述页的高度、总图片数量及大小、页面打开时长等商品页面信息及建议，分析右侧展示的对应商品移动端的诊断信息，思考并尝试判断直接削弱买家下单欲望，影响用户购物体验的原因。

本章小结

数据运营是数据的所有者通过对数据进行分析挖掘，把隐藏在海量数据中的信息以合规合法化的形式加以开发利用，为企业经营战略提供辅助决策的过程。电商数据运营对于电商企业的发展具有重要意义。电商数据运营的核心是电商数据分析。电商数据分析是指运用数据统计分析、大数据分析的方法收集关于电商市场、产品、评价、推广、流量、订单、客户等各方面的数据并加以研究、可视化、概括和利用的过程。

数据运营分析方法包括简单的数据分析、多元统计分析和数据挖掘分析。数据分析的工具有 Excel、Power BI、SPSS、生意参谋、阿里指数、魔镜等，商家可以充分借助这些工具开展数据分析工作。

宏观市场级数据分析主要从市场容量及生命周期、市场集中度、消费者特征三个维度进行行业数据分析；中观店铺级数据分析主要从网店运营过程及最终的成效上进行分析，重点分析运营结果的销售额、销售量、访客量、获客成本、流量来源、转化率、客单价、复购率、ROI、利润率等指标，以及运营过程中相关服务的及时率、有效率和不同类型客户对服务需求的差异化表现，通过分析能评估店铺的运营成效，并适时做出优化调整；微观商品级数据分析包括上架前要做好定价分析和用户搜索商品习惯分析，上架后要监控店铺商品经营数据、竞争对手经营数据，还要通过人工整理方式和生意参谋提供的"异常商品"分析功能及早发现问题商品，并分类施策、对症下药，从多方面进行商品信息优化。

第5章 流量运营

流量是指在一定时间内打开网站地址的人气访问量。任何线上企业之间的竞争,实际上都是流量之争。任何企业争夺流量的本质,其实就是争夺用户,争夺用户的注意力。为了在争夺流量的这场战争中获得一席之地,各大商家的创新举措和商业模式得到了一轮又一轮的刷新。

5.1 流量运营概述

5.1.1 流量运营困境

获取流量对于一个企业至关重要,首先来看一下获取一个客户所需要的成本。

实体零售时代,经营店铺需要负责租赁门面、雇用店员、推广商品和店铺,以及店铺运营的其他各种成本。由此带来的业务支出主要包括店铺租金、人工成本、广告费用,以及其他运营相关开支。

在互联网时代,获得一个客户需要通过各种网络渠道获取更多的店铺流量。在电商平台发展的早期,平台上的商家引流费用极其低廉。之后,随着越来越多电商消费者和商家进入平台,各个商家都开始大量投入来抢夺用户,这导致淘宝、天猫等平台的流量费用也水涨船高。作为平台上的商家,如果在其他商家都在引流的情况下自己不进行引流,客户就无法关注到自己的产品和店铺,销售就难以保证。

因此,很多电子商务商家通过各种途径获取流量,主要是从电子商务网站内部和外部获取流量。

第一种途径是从电子商务网站内部获取流量。例如淘宝网的前三页基本可以拦截90%的流量,普通消费者很少能够浏览到十页以后,而且后面的转化率也很低。假设电商企业不做任何推广,消费者就很难浏览到店铺,很难促成交易。除非消费者有足够的耐心翻到后面的几十页，很明显这类消费者少之又少。淘宝商家一般通过直通车或者钻石展位来获取流量。直通车是淘宝卖家常用的购买流量方式，它按消费者的点击进行付费，实现产品的精准推广。钻石展位则多被品牌旗舰店所喜爱，这些商家有更高的推广需求，同时也有更高的预算，可以得到淘宝最优质的展示位置，通过竞价排序，按照展现计费。

所以，从电子商务网站内部获取流量，一般有两种选择：一是不做任何形式的引流，等着做完"朋友圈"的生意后自行倒闭；二是通过引流进入前三页，获得消费者的浏览，进而通过转化策划提高店铺的存活率。对于后者而言，一个残酷的事实就是，想进入前几页的电商太多，竞价就会把流量费用越抬越高，直到电商无钱可赚。

第二种途径是从电子商务网站外部获取流量。2012年左右，网上的流量成本不到一元钱。当时的百度推广是各企业抢夺的市场，是获取流量的强有力武器。但是到了2014年5月，百度推广需要有一张VIP通行证才可以。随着时间的推移，其他的网站也开始垄断PC端的流量，当时的少数巨头，如新闻类网站——新浪网，电子商务类网站——淘宝网，几乎垄断了PC端80%的流量。流量的转化成本不断提升，有的行业高达几千元甚至上万元。几乎所有行业都在为流量问题困扰，据不完全统计，汽车、旅游、教育、餐饮、婚嫁、房地产等16个领域的上千家互联网企业在2017年宣布倒闭。

互联网快速发展并且成熟以后，中国移动互联网用户的增长量在逐渐减少，而且目前大部分的流量基本被发展成熟的互联网企业所吸引。然而，目前互联网行业又有众多商家，企业之间的竞争越来越激烈，线上获客成本越来越高，大多数企业面临着流量少、流量贵的困境。当整个消费者市场从增量时代进入目前的存量时代，各个商家都面临着"拉新慢、留存低、流量贵、成交难"的难题。

5.1.2 流量运营的基本概念

在介绍流量运营具体内容之前，先对其中的几个基本概念进行分析。

1. 流量

流量即市场。20世纪90年代以前，流量就是线下门店，位置好，人流量才大，商家的竞争就在于占领商圈、旺铺和好地段。

互联网出现以后，尤其是电商出现后，线上的流量开始冲击传统线下零售。互联网流量一般用PV（页面浏览量）和UV（独立访客量）来界定。与线下的人流不同，线上流量来源大致有三种：企业自有流量［官网、App、微信、客户关系管理（CRM）］、媒体内容流量（媒体、自媒体）和广告采购流量（各种类型的广告，如搜索竞价、信息流、视频贴片等）。

因此，互联网时代的流量可以理解为一定时间内网站的用户访问量。

2. 公域流量

公域流量是出自主动或被动参与到开放平台的内容曝光中的流量，比如以搜索流量为代表的百度、搜狗，我们去搜索某个关键词时，显示在我们面前的是围绕这个关键词的自然排名展示和竞价排名展示。公域流量的获取渠道包括电商平台、社交平台等。总而言之，公域流量就是企业的外部流量，是需要付费采购的，不属于企业自身。

每一个流量都是一个用户，他们沉淀在微信公众号、某个微信群、微信小程序、微博、小红书、头条和抖音等各类社交娱乐平台中。公域流量的获取相对简单，就是从具有公域流量的平台，如百度、淘宝和京东这些大的流量平台通过付费进行购买，但是公域流量的费用越来越高，而且公域流量的重复利用率较低。

3. 私域流量

对于私域流量的定义，学者们有不同的观点。简单来说，私域流量就是企业通过任意渠道引流到自己圈子里的流量。这种流量可以在任何时间且不用付费就能反复触达顾客。在初次产生关系的基础上，私域流量是相对封闭的信任流量，是在独立自主的空间内（线上或线下），完成基于用户信任的价值交换的流量方式。它建立在人与人之间的情感连接的基础上，通过完成粉丝流量转化来实现"信任变现"。因此，企业自主拥有的不用付费，可以任意时间、任意频次直接触达用户的流量被称为"私域流量"。

私域流量有以下特点：

① 企业自有或可控。
② 可免费或用超低的流量成本触达。
③ 长期有效。
④ 能反复利用。

4. 私域流量池

私域流量池就是企业流量的蓄积容器，主要是为了防止有效流量流走而设置的数据库。私域流量池的流量即企业通过网络渠道和营销手段获取的用户，企业希望用户进行反复购买，而不是只购买一次。用户进入流量池之后，企业对用户做精细化运营，通过裂变，让用户不仅仅是消费者，更是企业产品的推广者。

5.1.3 流量运营过程

对于企业的流量运营，有的专家提出了流量思维的概念。流量思维指获取流量之后，直接将流量进行变现。但是流量变现后容易流失。还有学者提出了私域流量池的思维这一概念，指的是获取流量后通过存储、运营和发掘等阶段，再获取更多的流量。本章主要采用私域流量池思维进行阐述。

流量池思维下流量运营的整个过程就是通过引入新的用户，扩大企业的私域流量池，进一步将用户留存，累积企业私域流量池，将新用户转化为忠诚消费者的过程。因此，流量运营的过程主要包括流量获取、流量留存、流量裂变和流量变现。

1. 流量获取

对于企业来说，首要任务就是吸引消费者注意，获取流量。企业可以通过付费接触到公域流量，也可以通过营销、活动或内容本身来吸引用户关注，这个过程的核心就是"拉新"——让流量不断进入企业的私域流量池内。例如，自媒体文章标新立异的标题就是内容引流最好的引子，一个极大的流量入口，能够吸引用户眼球并让用户点击进入。

在流量获取阶段，企业可以采用短视频引流、直播引流、文案引流、数字广告引流、活动引流、微信公众号引流、微信小程序引流等方法引入新用户，获取用户关注。

对于实体店铺来说，实体店铺本身就会吸引用户，而很多实体店铺通过各种激励手段将用户吸引到线上。对实体店铺来说，常见的引流手段有店铺优惠券、专享折扣价、会员积分、赠品等。例如，很多实体店铺采取收银人员引流的方法，在用户在消费之后，收银人员引导用户扫描微信社群的二维码进群，用户可以享受消费总额打折或者获赠优惠券等。

2. 流量留存

很多用户第一次购买产品之后，很可能因对该企业不满意而从流量池中退出，或者成为僵尸粉，忽略企业的信息。2015 年，百度发布了搜索推广作弊市场调研的报告。报告指出，百度推广每天检测并过滤千万量级无效点击，其中 5% 为人工作弊，49%～65% 为机器作弊。而在微信公众号运营过程中，5 万多字的一篇稿件，可能只有 300 多人真实阅读。

因此，在获取流量以后，企业需要将已经获取的流量，即流量池中的用户转化为活跃用户。在流量获取完成后，流量进入商家店铺。如用户关注了微信小程序、微信公众号，关注了某个店铺、某个抖音账号等，在这个阶段，商家的目标是让用户停留的时间更长一点。然而，对于消费者来说，进入流量池之后，消费者思考关注的是该平台提供的内容或者产品是否有价值，然后会做出留存的判断。此时，企业要根据已有用户信息和数据，分析用户需求，给他们提供不同的产品和服务，对用户进行精细化运营。此外，应时刻关注当下热点话题，通过热点事件进行社会化营销。具体做法将在后面的章节中进一步阐述。

3. 流量裂变

当企业获取了一定的流量以后，由于现有的流量是有限的，企业通过引导，利用沉淀在企业流量池中的用户进行传播以达到再次拉新的目的，也就是常说的老用户带动新用户，使得企业的流量池不断扩大，即流量裂变。

企业需要激励用户分享、传播产品，在此过程中，企业需要考虑的是如何设置合理的利益点，使得用户愿意分享和传播产品。

流量裂变具有以下特点：

① 成本低。流量裂变主要是种子用户根据分享裂变出其他用户。只要设计好裂变的活动流程，流量就会源源不断，广告成本几乎为零。

② 时间持久。裂变营销刚开始的时候，效果是不明显的。随着用户的不断裂变，效果持续性会越来越久。

③ 传播范围广，影响力大。比如说用户有100个好友，将裂变活动的海报或是小程序链接分享给他们，他们又分享给他们的100个好友。这样一传十，十传百，无限裂变下去，影响力会很大。

④ 销售转化率高。裂变采用的是熟人效应推广。熟人带货，质量与价格都比较合适，用户下单购买就更容易。

4．流量变现

线上企业尝试搭建企业流量池之后，最终是要解决变现问题，所以在搭建流量池之前就要对流量变现进行规划。当流量池中的用户积累到一定的数量时，企业需要进行变现。另外，用户变现不是孤立分割的，需要与其他环节进行充分的配合。而用户产生购买行为之后，流量运营还需要有效地促成复购，最终促使消费者成为企业的忠诚客户。

目前，很多内容创作者在自媒体平台可以通过打赏、植入位置广告和电商等方式进行变现，在短视频平台上可以通过植入品牌广告、直播带货等方式进行有效的变现，在电商平台上也可以通过直播带货等方式进行变现。

用户做出消费决策，往往是非理性的。为了促成更多的消费行为，可以采用以下方式：

① 在保证用户体验的基础上，尽量缩短用户的交易路径，使得流程轻量化，降低交易门槛。

② 对商品SKU进行扁平化管理，尽量缩短用户的选择路径，可以将产品的颜色、尺寸、材质和版本扁平化展示。

③ 尽量选择低价格产品或者快消品。

④ 持续强化刺激，营造奖励氛围。

⑤ 对异常情况进行及时提醒，如提醒特价活动还有一个小时结束，如商品库存紧张等。

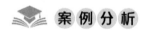

西贝莜面村的流量运营之路

截至2020年7月16日，西贝莜面村（后简称"西贝"）在全国58个城市共有379

家门店。员工超过2万人，年度销售额甚至达到50多亿元。西贝实现从线下门店到线上销售快速增长的秘诀，除经典营销、中央厨房的设立、经典菜以外，最重要的就是它通过线上线下，建立起了自己的流量池。

1. 流量获取

西贝对到店顾客和外卖客户都考虑了客户流量的获取。

（1）到店顾客

对于要到店用餐的顾客，用户未到店即可先关注公众号排队，现场等位时可以选择预点餐，免去过多的等位时间；而在进店点餐环节中，在座位上张贴二维码，提醒扫描关注公众号点餐；用餐完毕后，引导关注公众号，留下餐品反馈。结账时服务员提醒顾客扫描餐桌二维码，有储值卡优惠及会员优惠，顾客有足够时间、空间查看会员权益和优惠力度，而且"即买即用，优惠即享"，大大提升了会员注册的成功率。在服务用户的整个过程中，公众号引导大大提升了用户体验。

（2）外卖客户

如果顾客不到店堂食，通过小程序进行门店自取或者外卖配送到家，也可以进行点餐，享受会员优惠，有效延展了门店的服务半径，并完成会员转化。

西贝在2018年底正式推出了线上会员，完整分析来源渠道，根据用户需求对用户进行画像，将他们进行群体分类，以社群的方式进行精细运营维护，将有价值的信息传达给顾客，并及时整理分析收到的顾客反馈。一套完整的会员沉淀链路下，西贝三年会员总数突破2 000万人，其中更有一大批的家庭粉丝。

2. 流量留存、裂变和变现

西贝通过线上和线下的各种营销活动进行流量的留存和裂变。

（1）线下营销活动

西贝通过组织亲子体验营活动，让父母带着孩子一起参加"搓莜面""表演节目""吃莜面"等活动，度过欢快的时光，这种体验是传统餐馆做不到的。孩子长大后可能还记得自己的这些欢快时光，很大程度上就会是西贝的忠实粉丝。

西贝还组织亲子私房菜活动，周末父母可以带着孩子找店里的大厨学做一道菜。大厨精心设计制作工艺，让每一个参与者不仅学到精湛的厨艺，更能收获一整堂课的快乐。

在生日当天，顾客会得到一张50元的优惠券，这张券当月有效。用生日优惠券消费会获赠一碗长寿面，消费完还有抽奖的机会。

（2）线上营销活动

线下每年消费达到一定额度的会员可以享受西贝"食材商城"的优惠折扣。"食材商城"都是比较经典的商品，价格也十分有吸引力。这样就实现了线下用户的导流，等于多了一条销售渠道。

西贝还会组织喜悦读书会，比如请知名媒体人王芳给孩子定制唐诗启蒙课。该课程花费了三年时间精心打磨，让孩子在快乐的氛围中爱上唐诗，爱上学习。这个课程对外是299元，会员专属只需89元。

西贝还利用企业微信营销。西贝的每位店长都有自己的个人账号及微信社群，而这些店长的微信号是有专门的运营团队负责的。他们通过技术工具，规模化地运营几百个店长账号，实行统一的内容输出，提高运营效率。

除了不断升级服务和策划活动来留存外，不断开发新品也是西贝留存客户的一个关键因素。西贝会根据不同时节、不同人群和当下热门食品，不断开发新菜单，比如国庆期间的儿童餐，进入暖冬后的羊肉汤……且这些上新消息都是通过公众号推文、社群图文消息等方式第一时间通知客户。

5.1.4 流量运营渠道

按照商业渠道的发展，流量运营渠道可分为传统和现代两种，即线下渠道和线上渠道。

1. 线下渠道

对于线下企业来说，流量运营往往是一个组合问题，不同的企业在选择用户沉淀工具时会有所不同。

（1）小微企业

线下的小微企业数量众多，主要集中在餐饮、零售等行业。这类企业缺乏线上营销的人才和资金，需要门槛较低的用户沉淀方式，个人微信号和社群能解决绝大多数的问题，获取流量的入口主要是个人微信号，流量裂变也在个人微信号和社群中进行。

（2）中型企业

这类企业具备一定的营销人才和预算，在此基础上，可以选择个人微信号、社群营销和微信公众号结合的方式进行流量运营，也可以加上企业微信的方式进行流量运营。

（3）大型企业

这类企业一般都在流量运营方面做出过尝试，企业微信的各项功能越来越完善，微信小程序也成为日常使用的主要渠道之一。还有很多大型企业采用官网App的形式进行流量运营。

2. 线上渠道

线上企业一般都会在抖音、快手、小红书、微信公众号等平台开设自己的账号，通过短视频、直播、文案、社群营销等进行流量运营。各企业还在淘宝、天猫和京东等平台开设品牌官方旗舰店，用于品牌宣传、活动营销等，用品牌声量积累自己的用户，再进行投放引流，以及将平台流量或其他品牌的流量引入自己的账号。而流量裂变通常通过赠送奖品等活动头,引发更多用户关注和参与转发。

下面将结合线下、线上企业采用的流量运营渠道,对当下较为流行的主要流量运营方式,分别是短视频流量运营、直播流量运营、社群流量运营和微信公众号流量运营展开分析。

5.2 短视频流量运营

当下是运用互联网进行内容营销的时代,短视频已经成为内容推广的主流方式。微博、秒拍、快手、今日头条纷纷加入短视频行业,募集了一批优秀的内容制作团队,创作了一系列优秀的短视频产品,为短视频营销奠定了良好的基础。

与纯文字相比,人脑在处理可视化内容方面具有更高的效率,而短视频是可视化内容的典型代表,是人脑热衷于接受的语言形态。短视频集声音、动作、表情等元素于一身,可以快速吸引用户关注,是一种具有极强表达力的内容业态。当下,人们的生活节奏加快,碎片化时间较多。在碎片化场景中,短视频内容尤其适用于刺激人们的消费,对品牌传播推广具有重要价值。短视频流量运营也可以从流量的获取、留存、裂变和变现几个方面进行。

5.2.1 短视频流量获取

为了获取更多流量,在短视频创作阶段就要注意短视频的引流作用。

1. 短视频新颖选题引流

在 UGC(用户生产内容)和 PGC(专业生产内容)共同作用下,短视频内容竞争激烈。因此,短视频制作者必须发散思维,选择一个既符合用户需求又新颖有趣的选题。为此,短视频创作者要结合自身经历,融入一定的创意,与同类视频区分开,提高短视频的播放量。

2. 短视频借助热点引流

蹭热点是帮助短视频上热门的一个有效办法。热点自带流量,可以在无形中吸引大量关注。如果短视频可以和热点相结合,发布之后就能获得平台更多的推荐。抖音平台有一个话题榜,如果短视频能进入这个榜单,就能获得平台的流量倾斜。

短视频蹭热点引流要注意以下几点。

(1)热点要与自身账号定位符合

无论是蹭什么热点,一定要匹配核心热点,寻找最符合账号定位的热点。比如说这段时间有关选秀节目的热点很多,如果是娱乐账号,那么这些热点就可以蹭;但如果是科普账号,就需要考虑能不能蹭这些热点。如果热点蹭得不好,很容易导致账号权重降低。

(2) 要抓住热点的关键词

一般来说,某个热点出现时,会伴随着相关的热点事件。热点信息可以是一句话,要善于从整句话中提取与热点相关的关键词。关键词是非常重要的,因为搜索引擎、平台收录的时候就是按照关键词收录,用户也是按照关键词搜索,所以在进行热点创作时,要带关键词。

(3) 利用热点并进行创新

一个热点事件出现时,首先要仔细思考如何正确利用热点话题,发挥其最大价值并加以创新。在制作内容时结合自身特色,做出个性鲜明的独特创意热门视频,而不是盲目跟风,人云亦云,做简单的复制粘贴。要在原有的视频基础上,加上自己的创意,展现出自己的特点。

(4) 要时刻关注热点动向

可以利用一些专业的热点工具,如即时热榜。这样的网站有海量热点素材,并且即时更新,以热搜榜单的形式陈列,可以让我们时刻追踪到热点动态。

3. 短视频共创引流

与网红、明星合作,共同创作短视频,互相利用对粉丝的强大影响力,为账号带来大量用户。在找这些合作者的时候,要注意与自己账号的定位类似,并且发布符合粉丝需求的短视频。

5.2.2 短视频流量留存

创作的短视频获取了一定的流量之后,要进一步深耕后续短视频的创作,并对已经获取的流量进行精细化运营。

1. 保证内容的专业度

在创作视频时,短视频经营者会选择某一个垂直领域,在后续的短视频制作过程中,持续保持短视频的专业度。保证发布的视频在内容上属于同一个方向,一方面可以创作具有吸引力的内容,另一方面可以提高账号权重,维持粉丝黏性。

2. 保证内容质量和更新频率

在短视频制作中,要注意提高画质,保证内容的正确性,注意字幕、背景音乐等内容的和谐。也就是说,在短视频制作过程中要注意细节,保证内容质量,提高内容的竞争力。除此之外,还要保证短视频的更新频率,切忌出现断更、停更等情况,这样会导致粉丝流失。

3. 精细化运营

获取一部分粉丝后,要利用平台与第三方提供的数据工具对用户进行分析,从而得到用户的精准画像,然后根据用户画像对内容进行改进调整,满足用户对短视频内容的需求。在短视频内容中,添加更多让用户参与的话题,增强内容的互动性,这样有助于让用户获得参与感,使用户对短视频内容留下深刻印象。

同时还要调研其他同类型视频,分析自身竞争优势,与其他账号保持差异化,给用户留下深刻印象,将用户转化为忠诚粉丝。

4. 社群营销

对于一些忠诚度高的粉丝,短视频运营者还可以建立粉丝群,通过平台自带粉丝群,如抖音、小红书的粉丝群,在与用户的日常沟通中建立信任关系。同时,在社群运营过程中,还能与用户进行深入了解,获取用户建议,提高短视频运营水平。

5.2.3 短视频流量裂变

短视频的账号积累了一定规模的粉丝后,需要及时做好进一步的粉丝运营,从而实现短视频流量的裂变。相比其他平台,短视频平台交互简单、沉浸度高,拥有强大的社会化裂变式传播力。优惠、打折等营销活动可以让顾客及顾客的好友参与推广,从而形成矩阵式裂变推广模式。一些同城类的短视频裂变,用户发布视频时,会自带商家地址,系统就会把内容推送到以这个位置为中心的周边,同城的用户都可以看到,这样必然会大大提高客流的精准度。做好短视频流量裂变,须注意以下几点。

1. 利用多个平台

可以将短视频发布到不同的社交媒体平台来实现流量的裂变。比如,在快手上发布一些带货类的短视频,或者在小红书上发布一些美妆类的短视频,通过这些内容再结合自己的产品,让粉丝主动关注。在各平台运营好用户关系的同时,要进一步稳定高质量地制作短视频,进一步将新用户转化为忠诚粉丝,使得粉丝规模不断壮大。

2. 增强互动

通过一些互动功能来吸引用户主动关注自己、加入自己。在互动功能中,用户可以与博主聊天、点赞、评论、留言等,然后根据互动情况决定是否加入。

3. 组织活动

短视频运营者可以开展各种营销活动,如在节假日策划有趣好玩的活动,通过抽奖、赠送小礼品等方式提高用户参与的积极性。精心设计的活动,还能激发用户的传播热情,为账号带来大量的新用户。

5.2.4　短视频流量变现

短视频发展到比较成熟的阶段，有了粉丝量的积累后，便可以开始盈利变现，主要有广告变现、知识付费、电商模式和直播带货等。

1. 广告变现

在短视频的变现方式中，广告模式是最简单、最直接的，如短视频开头和结尾的贴片广告，隐藏在视频中间的软广告等。

（1）冠名广告

冠名广告是在短视频的片头或片尾说明本条视频由某品牌冠名或赞助，以加深受众对品牌的印象，主要是为了宣传冠名的品牌，提升品牌的影响力。一般情况下，冠名广告的费用比较高，对短视频运营者的要求也比较高。

（2）贴片广告

贴片广告是为品牌专门制作的一种广告。广告一般放在短视频的片头或片尾，广告到达率比较高，收费比较低。但是很多时候，广告内容与短视频的内容关联性不强，用户体验感差，反而会造成粉丝的流失。

（3）植入广告

植入广告相对来说不那么生硬，用户接受度较高。植入广告会将品牌信息与短视频内容融合在一起，让受众在观看短视频的过程中不知不觉地接受品牌信息，对品牌形成较为深入的记忆。

在植入广告时，有的短视频制作者会在前半部分阐述主题内容，后半部分巧妙转换，将广告信息自然而然地显露出来。如先讲述一些教育方法，而后发布某本书的广告。有的短视频制作者会在使用产品的过程中向受众传达产品信息，如某美妆达人一边化妆一边向受众展示自己的产品，从而激发消费者的购买欲望。还有的短视频制作者根据自己的创意对品牌现有的广告进行二次创作，激发品牌信息更广泛地传播。

2. 知识付费

某个行业的专家、学者制作一些知识类视频，凭借超强的专业性吸引大量用户，在经过一段时间的用户沉淀之后，该短视频制作者开始制作相关的课程，即知识付费类产品，使得用户养成付费的习惯。在付费习惯养成之前，短视频制作者需要有极大的耐心。在进行付费产品设计时，要注意根据自己的特长进行定位，将自己的优势转化为生产力，同时根据目标用户定位、产品价值及课程长短来确定课程的价格；同时，提升课程质量，让用户学有所获。

3. 电商模式

电商模式指直接拍摄产品相关的视频，借助声音和图像将产品、品牌直观地展现在消费者面前。短视频可以加强与消费者的情感传递,比图文更有说服力。例如,可以聘请一位时装模特,选择一个景色适宜的地点,请模特展示产品,将模特展示产品的过程拍摄下来,分发到各大短视频平台。很多爆款就是通过某个短视频引爆的。

4. 直播带货

短视频创作者通过短视频积累了一定量的粉丝后,可以通过直播带货的形式进行变现。直播过程中需要选择合适的产品,保证主播状态,并且在直播过程中与观众进行有趣的互动,延长用户停留时间,提高用户忠诚度。

5.3 直播流量运营

2016 年是移动直播爆发的元年。2016 年上半年,各大直播平台渗透率一路攀升,当时主要是由游戏、社交、秀场和体育类的直播平台拉动。在之后的发展中,5G 的加速推广奠定了直播的数字基础设施。这一时期,淘宝直播取得了该领域头部平台地位,出现了一些具有代表性的头部主播。其后,抖音、快手等纷纷进入这一赛道,电商直播平台进入百花齐放的时代。

从 2018 年开始,除了电商带货,明星直播也朝着用户与专业生产内容综艺化方向发展。进入 2020 年,短视频满足了人们碎片化时间的娱乐消遣需求,直播等长视频又让消费者特别的场景需求得到了满足。

下面根据流量运营的思路来分析直播流量运营。

5.3.1 直播引流

当下,用户的注意力被分散在各大平台,想要获取流量,需要考虑多平台结合的方式。除了可以通过直播平台自身推广资源,还可以和其他平台结合来获取流量。

1. 直播平台自身推广资源

直播平台自身的资源是企业在直播营销过程中需要重视的,比如直播平台 App 的首页推荐位、横幅广告图的展示、App 开屏推送、平台的信息推送等。很多网红或明星会利用一些宣传途径,如在其他平台的账号、门店、贴吧、粉丝群等进行前期的自我营销和宣传等。

2. 直播标题引人入胜

为直播间设置一个引人注目的标题,可以吸引更多的用户进入。一个好的标题就是直播间的"门面",能够为直播间树立比较好的形象,从而达到宣传和引流的效果。

直播间标题设置可以采用以下方法。

（1）蹭热点

关注网上的热门事件、节目或者出圈的电视电影，结合自己的直播内容设置相关标题。

（2）戳痛点

痛点就是让观众正在苦恼的事情，如身材走样如何挑选到合适的衣服。戳痛点可以引起消费者的共鸣。与这些受困的当事人站在一条线上，让他们获得认同感，能引发更多的评论和互动。

（3）反向思维

反向思维就是区别于网上的千篇一律，显示自己的不同。如一般人会写"宠粉，超低福利价"，反向思维就可以写"别点，点就省钱"。

（4）教授技能

能够让粉丝学到有用的东西，比如"教你油皮不脱妆的技巧""进来，让你的旧衣变新衣"。

（5）制造悬念

能够激起粉丝好奇心，引起关注，比如"听说今晚有惊喜？某品牌福利，悄悄的"。

3. 其他平台引流

主播可以将直播地址一键分享到微博、公众号、朋友圈、QQ空间、微信群、社群、贴吧等平台，实现推广资源的最大化利用，最大限度地吸引粉丝。例如，可以将微博作为直播引流入口，企业在做直播营销前，事先在微博上做话题预热，形成前期讨论声量。同时，企业可以把微信作为运营补充，借助朋友圈用户流量为品牌提高直播的曝光率。

4. 与其他平台合作

主播推荐某一类产品，可以选择与相同类目的直播平台合作，多个专业平台共同宣传，吸引更多的用户观看，扩大潜在的用户群。

5.3.2 直播流量留存和裂变

获取直播的流量之后，要想将后续的直播流量留存和裂变，需要对粉丝进行精细化运营。

1. 直播中与粉丝互动

主播在运营好主播内容的同时，还要注重与粉丝的互动，积极促进在线成交。直播刚开始时可以组织一些优惠活动来为直播预热。这些优惠活动不仅能吸引游客，还能促使用户分享优惠信息，促进流量裂变。在直播过程中，可以提醒粉丝及时关注或者订阅，及时分享活动信息。

2. 直播的后客户维护

直播结束后，要对直播进行总结分析，及时处理订单、奖品发放等，提升客户满意度。还要做好客户数据分析和客户维护工作，提升用户口碑。同时，主播还可以将自己直播视频中的精彩片段剪辑成短视频，放在直播平台中，进一步促进用户关注、分享，促进流量裂变。

3. 保证直播频率

直播要保证直播频率，固定直播频率和具体直播时间，例如每天上午 10 点，或者每周二、周四晚上 7 点。要尽量保持每次直播时间一致，这样可以持续加深观众的印象，持续吸引粉丝。

5.3.3 直播流量变现

很多主播通过日积月累的输出积累人气，他们可以将通过平台获得的虚拟货币直接变现，也可以通过直播带货来变现。

1. 网红主播的直播流量变现

网红主播形象的好坏直接影响着直播间观众的数量。因此，需要打造主播人设，找到合适的主播人设定位，主要从职业、外表、性格、优势、核心定位、粉丝画像、口头禅和标签等方面进行设计定位。

主播通过服装、饰品等提升自己形象，穿着搭配符合自身气质，通过收腹、挺胸来端正坐姿，保持微笑，树立正面的形象；在直播过程中还可以分享一些优质的段子、一些文化知识或推荐一本好书等，进行正能量内容的输出。

另外，主播还可以通过特长来吸引粉丝，比如唱歌、跳舞、讲笑话、讲故事、弹奏乐器等，在此过程中提升个人的魅力，自然而然地吸引粉丝。有的主播通过优质长相也能吸引一些粉丝，但是很难长期留住粉丝。因此，主播要想脱颖而出，关键是要提升个人品位，要有一些特长。

2. 电商主播的直播流量变现

有一定流量的主播可以通过直播带货来实现流量的变现。首先，要对自己的粉丝群体情况进行详细分析；其次，确定粉丝群的年龄层次、性别比例、职业身份和消费能力等；最后，确定直播的产品。例如，针对女性粉丝群体，主播可以选择美妆、服饰、家居类产品等进行直播。

一般来说，适合直播的产品主要有以下几类：

① 快消品。该类产品适用范围广，消耗速度快，一般价格便宜，是不错的直播销

售对象。

② 重视生产过程的商品。对于一些农产品的种植过程、食品的生产过程，或是一些工艺品的制作和材料的获取过程，消费者会存在疑惑，通过直播间的展示，消费者可以了解产品的生产过程，放心消费，产生购买行为。

③ 需要体验和介绍产品使用知识的产品。如在购买进口商品时，消费者无法亲自体验，可以通过直播间观看，体验商品生产、加工的过程。还有一些美妆、穿搭类产品，主播可以借助化妆知识、搭配技巧等，有针对性地指导消费者下单购买。

④ 品牌产品。对于一些知名产品，消费者已经对产品品质深入了解，可以通过直播促销方式进行售卖。

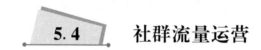

5.4　社群流量运营

社群是指在某些范围、地区领域内发生作用的某种社会关系。它可以指实际的地理区域或是在某区域内发生的社会关系，或指存在于较抽象的思想上的关系。对于一个社群来说，聚集在一起的成员必须有一个共同的强需求，社群是提供解决这个需求的服务工具。下面，从社群的流量获取、流量留存、流量裂变和流量变现四个方面进行分析。

5.4.1　社群流量获取

社群流量获取主要以内容引流、平台引流和优惠活动引流的方式进行。

1. 内容引流

内容引流就是在各大平台发布优质内容吸引用户，内容类型包括图文、视频、音频、直播等。例如，lululemon（瑜伽服装品牌）召集数十名瑜伽老师和健身教练，让他们做品牌大使，赠送他们昂贵的瑜伽服，并且让他们穿着在身，做形象宣传。同时，会员和品牌大使在社交软件上发布图文内容，进行宣传。有的时候，企业也可以组织一些活动，发布活动海报，并且将该海报发布到微信公众号、已有用户微信社群以及其他新媒体渠道等。

2. 平台引流

平台引流就是通过一些流量平台，如微信、抖音、快手等，招募社群成员。这些垂直类的平台容易引起很多自媒体平台意见领袖的注意，他们试图从中寻找机会，从各个维度占据言论高地，为社群吸引一大批优质会员。

3. 优惠活动引流

社群通过开展促销活动、赠送礼品、派发样品等方式与用户建立联系，然后再慢慢筛选、沉淀，最终获得一批高质量、高黏性的社群成员。相较于线上会员招募来说，线下会员招募消耗的人力成本、财务成本要高很多。例如，专注于新零售的口袋有物生活零售空间，在平安夜活动中，利用"进群免费领1斤苹果"的引流手段，通过"1斤"和"免费"的活动关键词很好地抓住了用户，把大量用户引入了社群。

5.4.2 社群流量留存

一些低频消费行业，如汽车、房产、旅行等，除了通过微信公众号为用户提供有价值的内容，还可以根据用户的兴趣爱好构建兴趣社群（如绘画群、插花群、高尔夫群等），通过满足社群成员的兴趣爱好维持其对企业的好感，从而沉淀客户。一般情况下，社群运营需要一个专门的团队来开展拉新、促活、内容生产、粉丝互动、活动策划、客户服务等各项工作。

1. 社群数据化运营

社群运营者需要对社群进行数据化拆解，将各种用户行为、社群内容、社群业务拆解为一项项的数据。然后根据数据分析结果来优化运营工作，提升社群的用户总量、用户活跃度、内容价值及转化效果等。

（1）用户行为数据化

社群用户行为数据化的本质是通过拆解用户在社群里的行为，统计得出用户行为的相关数据，然后社群运营者可以根据数据体现的社群运营实际情况，进行精细化管理，提升社群用户的活跃度。用户在社群上的交互行为有很多，基础的有加群、退群、发言、发红包等，利用第三方社群管理工具扩展开的还有签到、购买和投票等行为。

这些行为可以直接拆解出每日/周/月入群人数、每日/周/月退群人数、每日签到人数、活动参与人数等基础数据。再加以公式及算法的套入，可以得出人员流动性、社群活跃度、活动参与度等复合型数据。

不同运营目的下的社群里的用户行为是不一样的，要拆解的用户行为也不同。我们可以采用某些公众号进行社群的运营。以"运营研究社"为例，他们的用户在社群里的行为包括访问、签到、发言、讨论、引导讨论和分享等。对这些数据进行拆解，得出活跃度、用户黏性、流量变化、分享效果等复合型数据，并加以分析，就可以评估社群里的用户分布情况，知道社群管理过程中哪部分用户出现问题并对其进行重点优化。

（2）社群内容数据化

社群的用户行为数据化是基于用户行为的拆解和统计，社群内容数据化则是把用户在社群里具体产生的内容数量、内容特征等信息转换为数据。

在社群中对用户的内容统计项主要为发言内容类别、观点趋势、转发分享量、内容的时间分布等。特定运营目的的社群还需要对特定时间段里的发言内容进行互动统计，这些数据可以拆解为话题排名、观点占比、转发量等数据，从而获知用户的喜好和习惯，为进一步完成用户画像和内容选题提供基础数据支持。

还是以"运营研究社"为例，运营研究社为提升社群的内容输出能力，需要有更多的社群成员参与内容输出，所以根据用户在一周里的活跃走势图，确定了每周二、周四都会进行话题讨论和分享，并根据用户24小时内的发言趋势图确定了在8点、13点、18点和22点这四个时间段发布话题预告。

（3）社群业务数据化

对于兴趣类、交流类等模式简单的社群，做到上面两步的社群用户分析基本就差不多了，社群运营者可以清晰地知道自身社群的运营情况和重点需要优化的数据。但对于盈利类社群来说，社群用户数量、活跃度、积极性等数据都是次要的，其中最核心的是营收数据。此外，推广产品类、提供服务类的社群也是如此，提供的服务、创造的营收、推广的产品等都是社群的关键内容，都可以拆解出具体数据来，这些数据统称为业务数据。

业务数据包括产品曝光总量、购买用户量、购买销售额等基础数据，还有用户留存率、复购率、用户满意度等复合型数据。不过要注意的一点是，不同社群的业务数据差异极大，甚至同类型的数据在不同社群会有完全不同的数值。这意味着社群运营者不能简单地通过对比来分析自身社群的业务数据，必须结合自身实际情况，加上地域、用户类型、用户购买力等参数，再进行分析判断。

2. 淘汰劣质用户

在社群用户达到一定规模后必须有选择地淘汰一些质量较差的用户，不断吸引对企业和社群发展有利的用户，并将其纳入社群成为核心用户。另外，企业要做好核心用户群的运营和沉淀，剔除经常发布恶意内容的用户，并做好这部分用户的沟通工作，以免诱发更大的危害。

5.4.3 社群流量裂变

社群通过组织开展各种活动、发布热点等方式将粉丝聚集在一起形成圈子，或者将一些现有的粉丝圈子结合起来形成新的圈子。以新圈子的价值认同、情感认同为基础，对各种资源进行整合，实现裂变式营销。

1. 设置任务

常见的社群裂变是完成相对应的任务可获得相对应的奖励，将裂变海报发到社群中，感兴趣的用户会扫码进入社群，群内的用户会按提示转发这张海报，裂变更多的用户参与到该任务。在给出裂变海报时，要考虑海报设计的创意性。宣传文案要符合内容传播的场景，比如在微信朋友圈进行宣传时，宣传内容要口语化、自然化。海报中，主题、奖励、二维码是必不可少的，同时要考虑设计的美观。

用户必须转发,才能获取利益,后台通过一些工具对转发进行审核。用户转发后可直接获取打折优惠,或转发后形成两人或者三人拼团,享受折扣优惠,这样可以吸引更多人参与。

2. 持续输出高质量内容

企业通过持续输出高质量内容,吸引客户去关注并分享转发,从而实现内容拉新。如果在公众号、抖音、小红书等发布的视频、文章比较有质感且能给潜在客户带来价值,就会引起潜在客户关注,这种裂变方式的质量是非常高的。

3. 拼团模式

拼团模式时至今日仍然有很多平台在使用,这种模式通过邀请好友一起购买达到类似"批发价"的低价格的方式能吸引流量,最终实现高转化率。

除了以上三种裂变方式,还有口碑裂变、朋友圈集赞裂变等多种裂变方式,但最终还是要对裂变进来的新客户进行运营,促使不断的裂变走向正循环。

5.4.4 社群流量变现

社群变现从用户需求角度出发,主要有电商变现、服务变现和广告变现等。

1. 电商变现

根据社群用户的特点,如性别、年龄和职业等,社群销售符合用户心理和需求的产品;同时要保证产品品质、售后服务等,获得社群成员认可,吸引社群成员购买。还可以引导用户参与产品设计,从而提高产品品质,契合消费者需求,提高社群成员的忠诚度。

2. 服务变现

如果社群工作人员掌握了某种资源,可以向社群成员收取服务费。如指导成员学习某部分知识,通过给出学习规划、定期检验学习成果、组织活动等,最终让用户看到服务效果,社群成员就会愿意支付服务费,可能还会愿意支付会员费。

3. 广告变现

在社群运营中,广告变现要求较高,但是效果可能不好。社群以互动和社交为特征,广告变现要以良好的社群运营和精准的用户匹配为基础。注意广告要以合作的形式发布,从用户需求的角度给出,不要只是从广告本身的角度给出。由于社群的用户数量有限,所以广告变现在短期内很难见效。

5.5 微信公众号流量运营

一般情况下,每个微信用户都会关注很多微信公众号,这些微信公众号发布的内容可能是有趣的、好玩的,可能是有价值的,也可能是用户喜欢的领域。

根据功能的不同,可将公众号分为服务号和订阅号两类。订阅号的主要功能偏向于为用户传达资讯,它可以被理解为电子版的报刊,以为用户提供新闻信息及娱乐趣事为主,一般来说,每天可以发布一条消息。服务号的主要功能偏向于服务交互,与银行信息查询、绑定信息、完成个人化服务类似。因此,如果想通过微信公众号发布信息,做宣传推广,可以选择订阅号;如果想用微信公众号销售产品,那么可以选择服务号。

下面进一步从微信公众号的流量获取、流量留存、流量裂变和流量变现四个方面展开阐述。

5.5.1 微信公众号流量获取

比起添加一个人为微信好友,用户关注一个微信公众号的安全性更高;再加上微信公众号推送的内容频率不高,对用户不会造成骚扰,用户对关注一个微信公众号的接受度和包容性都很大。所以,微信公众号很容易沉淀较多的用户。下面主要从线上企业和线下企业获取流量的角度进行分析。

1. 线上获取流量

常见的信息流广告,是大部分企业会选择的一种方式。线上广告商基于位置的服务(Location Based Services,LBS),可以很好地获取流量。线上企业也可以从其他平台如微博、抖音等进行引流,可以通过设置与微信公众号同号,或者在个人签名中引导用户添加关注微信公众号等。还可以通过其他渠道进行引流,如在视频中给出二维码和微信公众号名称,或者视频中的某个演员提到微信公众号的名称等。

2. 线下获取流量

对于线下的企业,可以在店铺内显眼位置放置微信公众号的二维码及相关海报,并告知添加微信公众号后可以获得奖励,比如可以获取店铺优惠券,可以到店领取奖品,或者专享会员折扣价,以及会员享积分等。

除了关注公众号参与优惠活动,还可以引导用户关注公众号参加比赛、社团活动等,通过这种方式吸引的粉丝活跃度、忠诚度都相对要高,转化效果也比较好。

5.5.2 微信公众号流量留存

公众号的流量留存是一个长期的过程，沉淀周期一般需要一年或更长时间，它并不会因为一篇 10 万 + 的文章而让流量出现爆发式增长。比如，"黎贝卡的异想世界"的创始人黎贝卡，为了更新文章，每天只睡几个小时。坚持两年后，她才从报社辞职出来全职运营。

1. 深耕自我风格

用户主动关注某个微信公众号的情况大致有两种：一是微信公众号输出的内容得到了用户的认可，如历史消息或者当期内容与用户喜好及价值观一致，就能得到用户的关注；二是用户喜爱微信公众号采用的视觉元素，设计有特色。

每个公众号都在打造品牌"人设"，如犀利又诙谐的时尚点评博主"gogoboi"，致力于欧美明星动态的时尚博主"石榴婆报告"，还有借着金庸小说中的故事解读时事的"六神磊磊读金庸"等。每个公众号都自成一派、各有风格，可见与众不同的"人设"更容易被用户记住。

微信公众号运营者要明确自身定位，找到平台用户的共同特征，这样才能选择合理的运营方式并进行内容设计。微信公众号呈现的视觉元素就是品牌形象，具体如微信公众号的名称、头像、内容简介、微信公众号顶部及末尾的"引导关注"、文章里出现的特殊符号、菜单栏的形式及内容等。微信公众号的内容本身及相关视觉元素体现出来的风格就是自身定位和品牌调性，是平台的特色。

2. 打造优质内容

只有优质的内容才能得到用户的青睐，才能对用户产生持久的吸引力。

首先，要精选文章的标题。可以借用 KOL（Key Opinion Leader，关键意见领袖）的观点拟定标题，由于 KOL 是某个群体的精神领袖，自带流量，所以他们的观点容易被群体成员接受。文章标题还可以加上"推荐""深度好文"等，也可以通过一些新奇的标题吸引读者，刺激读者阅读。如果文章能够满足用户的心理需求，用户就会主动转发分享，关注微信公众号。

其次，除了标题以外，还要精心制作图片。比如头图要画质清晰，图片风格与文章主题相契合。

最后，还可以开发一些能够增进用户互动的门槛低的小游戏，以吸引用户参与。

3. 建立长期的粉丝奖励机制

企业的公众号可以定期举办优惠活动，除此之外，还可以面向全体粉丝用户建立长期的粉丝奖励机制。企业要简化用户参与流程，延长活动有效期，选择适合平台的营销计划。鼓励用户参与多种形式的互动，如朋友圈分享、反馈和提问等，对参与者进行奖励。同时，围绕粉丝奖励机制组织相关评选活动，为获奖者颁发奖品。

5.5.3 微信公众号流量裂变

微信公众号的常见流量裂变形式有以下几种：分销裂变、众筹裂变、微信卡券和微信礼品卡。

1. 分销裂变

分销裂变一般设置为只要推荐好友，或者好友推荐好友，推荐的人就会获得一定比例的收益。这对推荐人来说激励的作用会很大。其中，最常见、最简单的形式就是微信的裂变海报，一张裂变海报＋一个二维码，通过社交媒体形成自己专属的二维码。

2. 众筹裂变

众筹裂变是借助福利的外在形式，利用朋友之间的情绪认同产生传播。众筹裂变的核心是优惠，优惠的背后是品牌在朋友圈中的人气。例如，很多品牌推出某些特价产品，但是需要发到朋友圈，让朋友帮忙砍价才能享受特价。

3. 微信卡券

"朋友共享优惠券"是卡券功能的亮点之一，真正打通了微信的关系链。用户无论是通过线上渠道还是线下渠道获得商家的优惠券，都可以自动分享给朋友，等于帮所有朋友领取了优惠券。例如，关注了茶颜悦色的公众号后，茶颜悦色线上会员积点就是引流的利器，6个积点可以兑换12元作为抵扣券，积点可以自己当钱花，也可以送给朋友。这种裂变方式从用户需求出发，十分受欢迎。

4. 微信礼品卡

不同于卡券，微信礼品卡是微信限制放开的一个功能，主要特点是用户可以购买电子礼品卡，用来购买商品并赠送好友。最大的亮点就是形式接近微信红包，容易激发用户的购赠行为。例如，星巴克推出的"用星说"，用户可以在线购买"单杯咖啡兑换卡"或"星礼卡（储值卡）"赠送给微信好友，并在赠送页面上用文字、图片、视频留下对好友的专属祝福。

5.5.4 微信公众号流量变现

微信公众号快速更新迭代，其变现配套功能越发完善，在微信公众号建立微店、微官网、微商城等成为企业营销的主趋势。

1. 品牌宣传，提升忠诚度

企业的微信公众号，可以展现情感丰富的品牌故事、记录精彩的历史瞬间、讲述新奇的故事和好友的真实经历等，以独特的视角体现企业的品牌价值及独有优势，激发用户的情感共鸣。要想提高用户对品牌的忠诚度，就要向他们展示平台的价值，让用户有充足的理由留在平台。从这个角度来说，在运营微信公众号的过程中，与其向用户强调公众号拥有哪些内容，不如满足用户需求，以实现更大范围的推广。

2. 电商变现，提供更好体验

明确微信公众号的目标定位后，要根据不同的内容类型，选择恰当的表达形式，将文字、图片、音频、视频等多种形式搭配起来应用。举例来说，电商企业可以在微信平台发布品牌故事、优惠活动信息等，通过内容运营发掘更多的用户，同时推出微商城，开通微信支付功能，完成变现。通过组织抽奖活动，增加互动元素等提高用户的活跃度，运用先进技术手段提升用户体验，增强营销效果，以丰富的形式提高用户的体验感。如某购物中心在微信公众号上有品牌宣传、停车费缴纳、活动预告、会员积分、优惠券领取等版块，某饭店在微信公众号上有提前预约、提前点餐、领取优惠券、微信支付等功能。

本章小结

本章阐述了与流量相关的概念，并且结合当下流量运营的几大渠道，根据流量运营的过程，从流量获取、流量留存、流量裂变和流量变现四个方面，具体分析了短视频流量运营、直播流量运营、社群流量运营和微信公众号流量运营。通过本章的学习，读者能够对流量运营的具体过程、主要渠道的流量运营方法有一定的了解，可以根据企业的发展，设计合适的流量运营方案。

第6章 粉丝运营

本章站在消费者的角度阐述企业的粉丝运营。"粉丝"这个词,之前主要用于娱乐领域,人们在衡量一位明星是否成功时首先会看这位明星的粉丝有多少。粉丝越多,说明这个明星的影响力越大。对企业或某个品牌来说,也是如此。一个企业拥有的粉丝越多,就说明这个企业或品牌的影响力越大,它的社会价值也就越高。当一个消费者信赖某个品牌的时候,他可能会通过朋友圈或者其他方式向亲朋好友推荐该产品。这样一来,一个粉丝能影响几十、几百个人,再不断扩散,就会有更多的消费者成为该企业的粉丝。因此,粉丝对于一个企业来说,至关重要。

本章首先分析在互联网蓬勃发展的时代,粉丝具有怎样的心理特点及其对产品的需求。其次,根据当下粉丝的特点,搭建完整的粉丝运营体系,帮助企业在具体运营过程中有方向、有步骤、有计划地进行粉丝运营。再次,分析目前几大平台和渠道粉丝运营的特点,介绍如何形成粉丝全链运营。最后,本章从一个具体领域出发,更具体地阐述如何构建高效粉丝运营体系。

6.1 粉丝及其心理分析

6.1.1 粉丝相关概念

1. 粉丝

"粉丝"是英文"fans"的音译,最早出现在19世纪末,指的是对于某项运动、某个文本、某种表演艺术或者某位名人等的狂热追随者和支持者。粉丝往往是追随某个偶像的一个群体。"粉丝"也被称作"迷"。可见,粉丝的一个决定性特征就是过度的消费者。粉丝往往比一般受众在文化产品中投入更多的情感、时间、精力和金钱。

随着社会的发展,粉丝的外延越来越广,粉丝已从文娱行业发展到政治、经济、互联网等领域。简单来讲,粉丝就是对人或品牌产生情感联系的支持者,是有着选择性偏好和参与分享意愿的最具消费力的群体。

凯文·凯利(Kevin Kelly)提出"1 000个忠实粉丝"理论,他认为凡是从事艺术工作或者创作的个体,只要能够找到1 000个能够购买其全部产品的忠实粉丝,其生存就不存在问题。在互联网时代,粉丝最显著的价值在于"'信任背书'带来的人际传播中的口碑传播",即当粉丝向亲友自发地推荐某一产品后,就可能会为这一产品带来更多的粉丝,一传十、十传百,甚至影响到某个特定的人群。这些粉丝再去影响更多的人,如此循环往复,就形成了口碑传播。

2. 粉丝经济

粉丝经济泛指架构在粉丝和被关注者关系之上的经营性创收行为,是一种通过提升用户黏性并以口碑营销形式获取经济利益与社会效益的商业运作模式。以前,被关注者多为明星、偶像和行业名人等。比如,音乐产业中的粉丝购买歌星专辑、演唱会门票,以及明星所喜欢或代言的商品等。现在,互联网突破了时间、空间上的束缚,粉丝经济被宽泛地应用于文化娱乐、销售商品、提供服务等多领域。商家借助一定的平台,通过某个兴趣点聚集朋友圈、粉丝圈,给粉丝用户提供多样化、个性化的商品和服务,最终转化成粉丝消费,实现盈利。

粉丝经济最初属于"明星经济"的范畴,起源于娱乐产业,是一种将"偶像"与"粉丝"关联在一起的经济方式。粉丝对于偶像的这种情感,使粉丝成了偶像最具忠诚度的消费群体。这种经济依赖于线下的经营行为,建立在粉丝购买明星周边产品的基础上,规模较小,发展模式也比较单一。

进入互联网时代后,企业也开始运用粉丝经济的方式进行营销,例如苹果公司、小米公司和罗辑思维等公司。它们的共同点都是将产品塑造为"明星",打造产品口碑,提升用户体验,增加用户黏性,将用户转变为产品的粉丝。它们都取得了极大的成功,也使粉丝经济被更多的企业关注和重视。粉丝经济的价值开始得到全面释放,粉丝数量成为决定企业影响力的重要因素之一。

3. 粉丝运营

粉丝运营是借助专业运营手段,对粉丝进行持续情感刺激,强化粉丝对艺人或品牌的关注,加深粉丝对艺人或品牌的印象,充分整合并调动粉丝参与到传播工作中,旨在提升粉丝黏性,达到粉丝热度的有效转化,即通过一定的手段整合粉丝资源,并对其进行价值变现,实现盈利。粉丝运营包含于用户运营,因此运营需要吸引新粉丝关注,减少老粉丝流失,维护好粉丝日常管理,激活粉丝热情,形成真实有效的粉丝积累。

粉丝运营如果只关注浅层的粉丝增长,只是借助费用购买的推广手法购买粉丝,那么吸引来的仅仅是一些"关注者"或"听众"。所以说,粉丝运营的关键任务是实现粉丝增长和价值变现，即在粉丝运营过程中尽可能迎合粉丝的喜好，树立以粉丝为主体的思想，拉近被关注者与粉丝的心理距离，将普通粉丝变成铁杆粉丝，最终将粉丝对于被关注者的情感转换为实际的消费行动，实现商业价值最大化，从而达到运营目的。

6.1.2 粉丝的心理特点

在进行粉丝运营之前，需要了解互联网时代粉丝的心理特点。粉丝希望能参与到网络活动中，并进行积极互动；希望能展示自己，有存在感；希望能在互联网的群体中找到归属感；还追求高性价比的产品。

1. 提升参与感

互联网时代，人人都想参与到互联网中去，寻找自己感兴趣的事物，对喜欢的内容进行点赞、打分、评论和投票。我们可以置身在自己感兴趣的互联网环境中，尽情地释放自己的个性，展示自己的特长，构建感情沟通的桥梁。不管是做产品还是做内容，最关键的不是让人们觉得东西有多了不起，而是让人们参与进去，觉得自己很了不起，很快乐。因此，企业只有让人们参与到具体的运营活动中才能获得更多的粉丝，实现更大的价值。

参与感的提升离不开互动，只有在充分互动的基础上，人们参与的目的才能得到满足，彼此之间的心理距离才会进一步拉近。所以，那些互动性很强的内容或活动通常更容易引起人们的关注和参与，最终获得良好的口碑。

2. 乐于分享，彰显个性

在移动互联网和各种自媒体兴起之前，人们对外展示自己的窗口寥寥无几，人际联结的需求长期被压抑。移动互联网为人们打开了这扇窗，人们可以自由自在地表达自己的想法，展示自己的生活和工作状态。

每个人的内心深处都存在一种展示自我的本能，渴望能够向更多的人展示自己的个性，获得尽可能多的认可和赞赏。人们在自身需求得到满足的基础上会产生分享的欲望，或彰显自己的成就，或向亲朋好友传递经验。分享之后吸引了其他粉丝的关注，让人们更乐于参与进去。最终，形成了"分享—参与—分享"的良性循环，粉丝也会积累得越来越多。

人们热衷于在社交平台上"晒"自己，除了获得最基本的存在感之外，还考虑到人际交往。让别人关注自己的存在，在此基础上和别人进行互动，认识新朋友，加深老朋友之间的感情，进而编织出一张更大、更牢固的人际关系网。

当然，人人都有好奇的心理，希望能及时了解别人的状态。人们乐于欣赏个性化的语言、穿戴和行为，在社交平台上，能非常直观地概括出某博主的个性和特点。因此，博主要善于展示自己的特性，体现出差异化，吸引粉丝眼球。

3. 寻找归属感

归属感是找到和自己趣味相投的人和群体，感受到接纳、认同和支持，获得精神上的慰藉。所以，企业需要打造出有归属感的网络社交平台，发布一些有针对性的图文内容，营造一种特有的情感氛围，让平台成为粉丝的家园。

要想让平台具备强烈的归属感，可以针对某一特定人群进行内容的设计，吸引某类特定人群的关注。企业也可以结合自身产品的特点，使其具备情感属性，变成充满情感和灵性的必需品，在用户心目中留下难以磨灭的情感记忆。

如华为的爱国主义情怀。很多人认为，支持华为就是支持中国科技，支持中国科技就是支持祖国的未来。人们追捧情怀，就像追求青春、理念、情感。因此，企业在营销中要将情怀和产品充分结合起来，为产品打造一种专属情感，连接产品和潜在的消费群体，引发消费者的关注和情感认同。

4. 追求性价比

高性价比是指人们可以花最少的钱买到最好的产品，而企业往往想着用最低的成本制造出高价的产品，企业和消费者站在了对立面。因此，企业在产品定价时应该考虑消费者，达到消费者预期，一旦消费者能够确定功能相似的产品中哪一种产品的性价比最高，他们就倾向于购买高性价比的产品。而且，他们还乐于将自己的发现宣传出去，为高性价比产品树立口碑。

另外，针对人们"不劳而获"的心理，企业有规律地向消费者赠送礼品，会给消费者留下深刻印象，使之成为企业的粉丝。企业在赠送礼品时，不能虚标价格，然后假意赠送，应该赠送给消费者真正需要的产品，提供高品质的赠品。如果企业赠送的产品让消费者觉得很独特，或者质量较好，消费者就会很愿意向身边的人展示赠品。因此，企业要赠送给粉丝精美而又具有分享价值的礼品，让粉丝帮助企业宣传产品，以获得良好口碑，提升粉丝对企业的忠诚度。

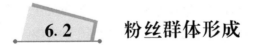

6.2 粉丝群体形成

如何科学地构建粉丝体系？首先要通过持续的内容生产和传播来吸引普通受众关注，并且尽可能多地把普通受众转变为粉丝；其次要和已经转变为粉丝的用户保持较高水平的互动，通过互动增加粉丝黏性；最后是引导粉丝消费，从中获益。因此，粉丝运营的关键任务就是增长粉丝量和实现粉丝价值变现。

6.2.1 定位粉丝群体

粉丝是基于一致的价值观、爱好等在网络空间中聚集起来的一个群体，精准定位粉丝群体需要了解粉丝的特征与心理。要想吸引粉丝，首先要明确粉丝的基本情况，也就是了解粉丝是谁、粉丝在哪里、粉丝在做什么。我们可以通过平台相关数据进行分析，形成粉丝用户画像。

以微信公众号为例，其关于粉丝的数据如下所示：

① 静态数据：粉丝的性别、年龄、职业、工作城市、毕业学校等。

② 动态数据：关注公众号、在某个时间阅读了某篇文章、给一篇文章点赞、给一篇文章留言、使用的设备终端、取消关注等。

③ 更深层次的动态数据：在一篇文章上停留了多久、阅读完成率是多少等。

除了研究用户的事实数据，研究用户的心理现象，特别是需求、动机、价值观三大方面，可以窥探粉丝注册、使用、购买产品的深层动机；了解用户对产品的功能、服务需求是什么；认清目标用户带有怎样的价值观标签，是一类什么样的群体。

例如，作为休闲零食新零售的先行代表，良品铺子以大数据分析为指导，实现了从"货—场—人"到"人—货—场"的转变。良品铺子上线了"全网顾客心声"系统，借助大数据技术，以"周"为单位研究粉丝大数据，平均每月抓取200万条的粉丝评论，通过分析这些反馈数据来洞察粉丝的行为和偏好，实现对粉丝群体的精准分析与挖掘，持续改进已有商品，适时研发新品类。这些零食全部都是通过从粉丝研究和大数据分析中获取精确的粉丝画像，将人群和消费场景进行重新模拟，站在粉丝的角度研发出来的，以最大限度地满足粉丝的各种需求。

6.2.2 聚集粉丝群体

人们在互联网的最大需求便是娱乐需求。因此，想要吸引更多的粉丝，就必须借助有趣的内容来引起粉丝的兴趣。如果能创造出有趣的内容、功能和活动，就有可能抓住粉丝的兴趣点。在运营过程中，要致力于生产粉丝愿意关注、转发和评论的内容。在内容创作的时候，运用各种形式的元素，尽可能做到生动有趣。

1. 寻找粉丝兴趣点

粉丝的产生与科学技术、社会环境和个人心理因素密切相关，所以企业需要了解自己的粉丝群体。媒介环境的改变，为粉丝提供了更多的表达渠道和更大的选择范围，加速了粉丝的细分与对媒介的依赖。粉丝渴望通过媒介满足自身的精神追求，并寄希望于某一载体来获取心理上的需要。

2. 创作粉丝感兴趣的内容

企业要写好产品的文案，首先要遵循准确的规范要求，文案的内容要主题鲜明，描述清晰。由于文案是面向网上各个阶层群体的,所以描述内容要通俗易懂,言简意赅,同时要有趣而富有新意。娱乐是大众文化的重要组成因素,如果文案内容带有娱乐功能,让粉丝觉得有趣,就会成为粉丝忙碌之余的"开心果"。例如,有的公众号的文章带有娱乐性,如吐槽社会热点、戏说名人故事等。再如,有的文案内容聚焦小众群体,彰显个性,让粉丝觉得新奇,就会优化粉丝的阅读体验。

3. 塑造差异化吸引关注

消费者不是被动地接受媒介提供的信息,而是主动获取信息,以满足自身的需求,这就是使用与满足理论。使用与满足理论认为受众基于特定的需求动机主动接触媒介从而得到满足,更强调个人和心理因素,其发展至今也依旧适用于粉丝运营当中。

粉丝追求产品标新立异,作为信息的主动获取者,会依据自己的兴趣来挑选信息。因此,企业要为粉丝提供尽可能多的信息,通过塑造差异化来吸引粉丝关注。

6.3 粉丝群体激活

粉丝群体形成之后,就需要将粉丝进一步转化,使其最终成为铁杆粉丝。互动或者消费者的参与是社交媒体的重要特征,这使得企业和粉丝的联系愈加紧密。随着社交媒体的发展,粉丝拥有了更多的主动性和话语权,他们开始摆脱被动接受的局面,在生产和消费环节中逐渐占据主动地位。因此,粉丝运营就是要让企业或博主与粉丝加强互动,促使粉丝从互动交流中获得存在感和满足感,进而建立与粉丝情感上的联系。

通过与各大博主、企业或者品牌充分的信息交流,互动活跃的粉丝就更容易对各大博主、企业或者品牌产生信任度。虽然高频互动有利于提高粉丝数量,但同时也须注意双方的互动频率和互动深度。粉丝运营初期,吸引来的粉丝有两种:一种是看热闹的围观者,一种是初步建立起兴趣的路人粉。接下来的粉丝运营,应在继续吸引新粉丝的同时留住既有粉丝,激发粉丝的主动性,引导粉丝进一步追随企业。下面对如何激活粉丝群体展开分析。

6.3.1 提升账号魅力

企业账号或者各大博主想从众多的网民中脱颖而出,就得有自己独有的个人魅力。社交媒体时代,各账号与粉丝的沟通变得非常容易,而标签化的表达方式是粉丝快速接受博主的秘诀。高度浓缩、辨识度越高的标签化表达,越能使企业或博主能在网络上快速爆红。标签体现了企业或博主的人物属性、产品属性、发布内容属性等。

实际上,粉丝经济的运作模式,就是用博主的人格魅力去征服粉丝。社交媒体时代，粉丝的消费习惯发生了巨大的改变。粉丝购买产品，除了产品本身的性价比之外，还关注博主具有的人格魅力。粉丝希望在产品中看到情感、细节、品性、生活方式、流行趋势和故事情节。

各大博主人格魅力的关键在于无私，他们不应向粉丝主动索取，如主动向粉丝索要打赏，这样急功近利是不会博得粉丝的好感的。博主还应真诚，真诚是人格魅力所必需的。没有人会对一个虚伪的人产生好感，只有真诚对待粉丝，粉丝才会感受到真实。博主还应自信，人格魅力源于强烈的自信。自信给人一种舒服的感受，表现出来也最吸引人。自信能提高影响粉丝的能力，当粉丝认为博主很有自信时，更有可能听从建议，这对于粉丝变现会起到至关重要的作用。

每个博主都有属于自己的影响力，在粉丝运营过程中，关键在于如何巧妙地将个人影响力施加于粉丝。在移动互联网时代，一切都朝着明星化方向发展。企业还可以鼓励自己的员工多在微博、微信等自媒体平台上展示自己，进行明星化的包装，最大程度地与粉丝互动。这样，企业就可以依托员工的个人平台来宣传产品，提升品牌形象。企业的管理者，诸如CEO、总经理、董事长等，从幕后走到前台，运用自媒体频道与消费者进行互动，也可能成为商业明星。

人们普遍会有相信权威的心理，相对于企业的普通员工，企业的最高管理者更容易吸引消费者，为企业带来良好的口碑。例如，小米的创始人雷军，在微博中会宣传小米产品，还会展示自己生活和工作的片段等。

6.3.2 强化粉丝互动

随着互联网的普及和发展，博主与粉丝的互动形式开始增多，但"点赞"或者"@"都是基于博主输出的内容而产生的互动。虽然互动频次增多，但仍然呈现"断断续续"的状态，无法保证双方"流畅的互动"。

在社交媒体时代，这种互动方式早已不能满足粉丝的需要。目前，很多企业或者各大博主通过直播形式与粉丝互动成为运营粉丝的重要方式。

在企业直播过程中，粉丝通过弹幕即时与主播聊天，也可以通过打赏实时表达对主播的喜爱。主播也会在直播过程中播报打赏粉丝的名字，并对弹幕里有意思的内容进行回复。有时主播会在直播间向粉丝发放红包，让正在直播间内的粉丝点击领取，先到先得。这种即时互动不仅满足了粉丝的社交需求，还带给了粉丝前所未有的真实感。即时互动是主播调动粉丝活力的一条捷径。

例如"快手挂榜连麦"是快手平台盛行的一种互动机制，它指的是如果粉丝在快手主播的直播间将"礼物"刷到前三名，那么这个粉丝的头像就会出现在主播的直播间上方，这就是"挂榜"；有时候主播会和礼物榜前三名的粉丝进行同屏直播竞赛，这就是"连麦"。连麦互动这种形式不仅可以极大程度地增加粉丝量，也可以促进带货，所以快手行业热衷于通过刷礼物挂榜连麦来进行产品推广。

除了直播互动之外，各大博主还会通过向粉丝征集个人故事，开展有奖投票评选的方式互动，也会借助转发抽奖、有奖竞猜等方式调动粉丝的参与感，增加互动频次。这些多样化的互动方式有助于培养忠诚度高的粉丝，并且粉丝会再次通过人际传播的方式，以"滚雪球"的形式聚集更多粉丝。

6.3.3 举办活动聚集粉丝

为粉丝举办一场盛大的活动，让粉丝享受贵宾礼遇，可以在很大程度上加强与粉丝的连接。企业通过粉丝节让粉丝实现交友、追星或者享受购物盛典等愿望，粉丝就会对粉丝节满怀期待，最终会对企业的产品和品牌产生强烈的喜爱之情。

另外，随着粉丝变得越来越重要，企业将广告的主角由原本的产品、服务变成粉丝，为粉丝拍摄广告，便会显示出对粉丝的敬意，从而快速获得粉丝的信任和认同。例如，华为专门为"花粉"（华为的粉丝）拍摄了一则广告。在这则广告中，华为希望粉丝能够"勇敢做自己"，在工作生活中勇于坚持自己的梦想。广告以阳光温暖、积极向上的风格打动了粉丝，提升了"花粉"的忠诚度。

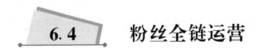

6.4 粉丝全链运营

粉丝运营的本质就是为粉丝创造价值，互联网所提供的内容对粉丝来讲是有价值的，这种价值既可以是物质的使用价值，也可以是使粉丝心理获得满足的情感价值。

利益性是粉丝更深层次的需求，满足粉丝的利益需求，粉丝才会和博主建立更持久、亲密的关系，才会转化为铁杆粉丝。毕竟粉丝不仅要有数量，更要有质量，才能提高博主的经济价值。

铁杆粉丝是指忠诚度极高的粉丝群体，铁杆粉丝不会因为企业或博主一时的好坏而改变对企业或博主的支持态度，而是会与之同喜同悲，并且积极主动地宣传企业或者博主，参与博主营销产品的宣传和推广。由此可见，对于企业或博主而言，铁杆粉丝是极其重要的资产。如果能拥有一批铁杆粉丝，就能在之后的粉丝变现中快速发展。

粉丝基于自身个性化的选择会偏爱某一类社交媒体。如今可供粉丝选择的社交渠道越来越多，所以需要结合不同社交媒体的特点有针对性地投放创作内容，多渠道带动粉丝增长，扩大粉丝规模。积累了一定数量的粉丝后，应该多个渠道和平台同时运营，不断抓住粉丝心理。下面将围绕粉丝的全链运营进行描述。

6.4.1 自媒体沉淀粉丝

1. 微博

微博目前是我国用户基数最大的社交媒体,用户整体活跃度较高、兴趣高度分化,是各大博主的聚集地。很多企业的员工和高级管理人员通过在微博上发布一些日常生活化的信息,瞬间拉近同粉丝之间的距离,调动粉丝情感,让粉丝不知不觉间进入互动的交融中,与博主建立起关系模式。

企业管理者要在第一时间在微博开设账号。另外,互动是微博的第一要素,博主要想让发布的信息成为"引爆点",就必须主动出击,打破信息的单向传播,发起话题和互动,尽量争取更多的机会与粉丝互动和沟通。

另外,微博设有有奖转发活动,在奖品的诱惑下,用户会更积极地关注企业官方微博或博主并进行转发评论。博主需要真诚、及时地回复粉丝的评论,以真诚的态度和幽默诙谐的方式聚集人气。

2. 微信朋友圈

与微博不同的是,微信朋友圈是一个比较私密的空间,范围比较小,但是朋友圈营造了一种友好、亲密的氛围。通过与朋友圈中好友的互动,可以取得好友的信任。在信任的基础上,好友会让更多的人了解企业产品和服务,关注和信任企业,而在这个好友的背后可能又存在几十、几百甚至是几千个好友。

当然要注意的是,微信朋友圈的本质是结交朋友,即使想要商业变现,也是以结交好朋友为前提的。

3. 微信公众号

微信公众号是企业必不可少的应用工具,从开通公众号到创作内容再到吸引用户关注,把用户变为粉丝,最终实现粉丝变现,是微信平台粉丝变现的基本流程。微信作为基于熟人社交的社交媒体,对粉丝的筛选更严格。只要公众号运营得当、内容优质,就能成为吸粉利器。

对于微信公众号来说,最关键的是优质内容的生产,在发布产品信息的同时为广大用户提供优美的文字阅读体验和精彩的视觉感受。

4. 抖音、快手等平台

直播、短视频是近两年各大博主的社交主战场,直播平台成本低、方便快捷、互动性强的特点吸引大量网红入驻平台。直播平台的虚拟礼物设置、直播分成、关注度粉丝量标准也使主播对如何吸引粉丝做到心中有数,从而加速实现粉丝的聚合和变现。短视频基于移动设备的便捷,成为用户闲暇时间首选的消费品,用户数量越来越多,观看短视频已成为用户的习惯。

除了上述这些平台，还有很多其他平台可以选择，如微信视频号、小红书、哔哩哔哩等，企业可以根据自身情况选择合适的平台。

6.4.2 社群运营增强粉丝黏性

社群这一概念由来已久，它用来表示一个有相互关系的网络。社群是一种特殊的社会关系，包含社群精神或社群情感。建立社群是企业和博主高效管理铁杆粉丝、引导粉丝价值变现的一种方法。在社群中，企业可以通过发布不同的话题激发粉丝参与互动，引导粉丝进行消费选择，还可以通过相应的社群管理权限对粉丝进行更加精细化的管理。

互联网时代，人们可以在网络里自由选择与自我兴趣爱好、脾气秉性相似的人。在粉丝群体中，粉丝社群就是据此孕育而成的。与普通的粉丝群不同，粉丝社群的级别更高，统一性更强，所形成的凝聚力也更强。粉丝社群运营的关键有以下几个方面。

1. 缔结用户情感纽带

企业团队运营粉丝的关键在于使粉丝对企业或博主产生持续、稳定的情感投入。这就需要借助专业的运营手段，产生整合调动粉丝参与传播过程，使得粉丝热度达到有效转化，从而实现经济效应。粉丝自身的情感驱动力是企业或博主经济能够持续产生内生动力的关键。粉丝是以情感为前提的，对于一些企业和产品，粉丝群体通常会因喜欢某个品牌的特性而喜欢上某种产品，而这种喜欢往往是不理性的，甚至是无条件的。因此，粉丝运营的核心在于情感投入，企业首先要与用户建立情感桥梁，将用户转化为粉丝。

企业或者博主如果能洞察粉丝的情感需求，在社群运营中有针对性地融入情感，击中粉丝的情感痛点，就可以引发粉丝的共鸣。所以，企业在粉丝社群中要打造一种专属情感，以此让粉丝群体之间形成连接，引发粉丝的关注和情感认同。

2. 提升社群运营效率

（1）设置进入社群的门槛

粉丝需要一定的条件才能进入社群或享受社群提供的价值，最常见的是在加入某个社群或者参加社群的活动时，需要转发活动文案到朋友圈并要求配上文字，抑或是需要付费或者对受众的身份资历有一定的要求。

设置社群准入门槛有利于筛选粉丝。这类粉丝在一定程度上愿意付出成本，参与活动的积极性也高，使得社群定位更加准确。但是这样做的不利影响就是受众量小，粉丝的心理期待值高，这就对社群的质量有着更高的要求。

（2）固定的价值输出方式

有一个固定的价值输出方式容易使粉丝在选择社群上更加精准和明确。这一点上

"罗辑思维"就做得相对比较好，它是迄今为止互联网最大的知识付费社群。

罗辑思维主讲人只有一个，核心作用即社群的粉丝提供固定的价值输出，因而极具有领导力和号召力。相反，那些仅仅为粉丝和用户提供一个展示自己想法的平台，让这个平台发挥作用从而产出内容的社群就具有一定的不可控性，用户的黏性就比较弱，作为一个平台来说也不具备很强的号召力和影响力。

（3）选择多种邀请成员加入的方式

在社群运营的过程中，一般有两种邀请成员加入的方式：

① 推荐人邀请制。由老用户带动新用户的方式邀请进来的粉丝一般来说质量比较高，粉丝对社群的定位也比较明确，也更容易快速融入社群。

② 自由加入制。也就是说这个社群是开放性的，外界成员可以自由加入其中，也可以随时离开，这样容易导致社群的规模多变，也为社群增加了很多不确定性的因素。

（4）加强与粉丝的互动

与粉丝共动，共有三种模式可以供社群选择：

① 共建式。就是让粉丝在社群中担任一定的角色，承担一定的责任。这样粉丝与社群的情感连接紧密，粉丝对社群的黏性更强。粉丝对这个社群产生了强烈的主人翁意识，就会更积极主动地为这个社群做贡献。比如活跃用户与马甲用户的积极带动，可以完善群规，以及消除不完善的规制所带来的弊端。

② 回报式。粉丝通过达到社群的加入门槛或者是在社群内消耗某些资源而得到社群特有的回报。这种模式搭建的社群与粉丝的互动，更有利于明确粉丝在社群内的职务职能，同时这种模式下的粉丝画像也更精准。

③ 募捐式。这种社群与粉丝之间的互动模式全靠情怀和情感连接着，能很清楚地筛选出真爱粉，但是如果社群在之后的发展中出现了盈利，则有可能会伤害部分粉丝。

3. 粉丝社群变现

粉丝社群所拥有的社交资产是群体基于粉丝关系获得的资产，既包括社群能调动的社会关系规模，也包括与社群相联系的人所拥有的资本总量，如经济、文化等资本。搭建粉丝社群，组织社群活动，建立社群内部信任关系，扩大社群成员实际或者潜在的资源关系，是粉丝社群得以发展的重要原因。

社会中每个人都有与他人交往的诉求，这就是社交。在社交中，人们需要运用一定的方式或工具传递信息、交流思想，以达到某种目的。而这种方式和工具，就扮演着社交货币的角色。社交货币的概念来自社交媒体经济学，是社会中两个或多个个体为获得认同感和联系感而对自身知识储备的"消费"。

社交货币是由沃顿商学院的营销学教授乔纳·伯杰（Jonah Berger）在《疯传：让你的产品、思想、行为像病毒一样入侵》中提出的概念，他的描述是这样的：就像人们使用货币能买到商品或服务一样，使用社交货币能够获得家人、朋友和同事的更多好评和更积极的印象。简单说来就是一个人在社交场合的出场价值，凡是能买到别人的关注、评论、点赞的行为都可以称为社交货币。简单地讲，社交货币就是利用人们乐于分享的心理特质塑造产品或思想，实现口碑传播，也可以把社交货币看作"谈资"，它是人们得以交流沟通的共同话题，是能够激发人们兴趣和联系感的内容。

社交资产变现是指为上游积淀的粉丝资源匹配商业模式并产生商业利润的过程，伴随着粉丝向消费者的角色转变。博主在积累了一定量级的粉丝后，都会让这些社交资产向粉丝社群的方向发展。这其实是一个粉丝筛选的过程，目的是保留忠诚度高的粉丝作为变现的主要对象，同时更加便于博主对粉丝的管理。

知名时尚类博主黎贝卡拥有众多粉丝，她的公众号"黎贝卡的异想世界"是最火的时尚类公众号之一，积累了百万余订阅用户，保持着每天一篇的推送频率。文章涉及衣服的穿搭、最新潮流单品推荐、健身等内容。随着订阅关注的粉丝量不断增加，为保证及时有效地和粉丝沟通，黎贝卡建立了三个核心粉丝群"黎贝卡全球贝壳交流群"（"贝壳"是黎贝卡的粉丝昵称），用于黎贝卡和粉丝直接联系。之后，黎贝卡表示即将建立新的"Miss Fantasy 读者群"，这个读者群为粉丝提供了参与选题策划的机会，成员们可以在群里相互交流经验，分享时尚观点。建立读者群就是为了把粉丝个人的力量集中起来转变为社群成员的力量。在粉丝社群内部，黎贝卡可以与粉丝进行一对一的直接交流，与"偶像"的亲密互动不仅提高了社群成员的活跃度，也强化了粉丝对"黎贝卡的异想世界"社群的归属感，还能扩大忠实粉丝的规模，从而实现更大的经济价值。因此，黎贝卡的粉丝就具有了超强的变现能力。黎贝卡与某汽车品牌合作销售汽车，5分钟内 100 辆价值 28.5 万的汽车全部售罄，具有非常好的商业转化效果。这是因为黎贝卡不单单是一个时尚网红，她同时还承担着社群文化的孵化者、社群话题的创造者的角色。黎贝卡首先通过她的专业性在粉丝中取得了信任，在向粉丝输出内容的同时也输出一种"爱生活、爱美丽"的价值观。围绕黎贝卡的粉丝形成社群，在社群内部逐渐形成一种追求生活品质的亚文化，其商业价值便不可估量。

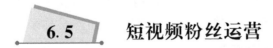

6.5 短视频粉丝运营

短视频博主一旦发布第一个视频，就要开始维护粉丝。拥有粉丝的短视频博主，能够逐渐拥有自己的影响力，接着就会给自己带来经济利益。

6.5.1 短视频吸粉

一个好的短视频通常要有以下的优点：视频内容优质、描述清晰、点赞和评论数量多。其中点赞和评论数量是基础，短视频博主要想办法吸引粉丝，让更多的用户关注自己的短视频。

1. 短视频带有强烈的人格或情感因素

短视频博主在拍摄短视频的时候，要将自己打造为个性鲜明的博主，以人格魅力来吸引粉丝。比如有的博主为自己打造朴实、真诚的人设。又如"江小白"青春系列小酒是一款针对年轻消费群体的产品，企业工作人员在宣传时就彰显出了年轻人所推崇的自由、坚定、张扬的个性等。

2. 从用户角度考虑，和用户做朋友

作为短视频中的 KOL，短视频博主对用户的关心及在意程度，都可以被用户感受到，可以有效提升用户的忠诚度。对于加入短视频创作行业的博主来说，这是基本出发点，可以通过这种方式进行涨粉。例如，短视频博主拍摄内容立足于用户角度，态度平和，创作粉丝喜欢、有价值的内容。但是，随着短视频粉丝数量越来越多，一些短视频博主开始变得傲慢，一切从商业角度出发，这种做法很容易造成粉丝流失。要知道粉丝才是短视频博主影响力的根基。粉丝之所以关注短视频博主，是因为博主的某个特质是贴近粉丝内心的。作为短视频的创作者，应该把这种特质发挥好，尽自己所能持续为粉丝创作他们喜欢或者有价值的内容，以此来维护粉丝并吸引更多粉丝。

3. 注意短视频更新的稳定性

短视频持续定期更新是抢夺注意力的重要因素，频繁且稳定的更新能给用户留下深刻印象。如果短视频博主只是根据自己心情创作内容，则不仅不利于早期粉丝的积累，也不利于后期粉丝的维护。短视频最好每天更新一次，尽量一周更新三次左右，来维护原有的粉丝关系，并且通过持续不断的内容吸引新用户。

6.5.2 短视频推广

短视频账号小有规模后，要想保证选题不枯竭，保持粉丝黏性，仍旧需要不断分析竞品，不断判断热点，甚至制造热点，让粉丝减少审美疲劳，愿意继续看你的视频。还要保持和粉丝的良性互动，打造个人 IP，把粉丝真正变成你账号的忠实粉丝。

1. 保证短视频内容的质量

如今，短视频创作竞争激烈，很多头部短视频账号已经形成了自己的特色，而且粉丝规模巨大，粉丝之间的互相推荐分享也使得短视频平台的流量倾斜，这些短视频的内容越做越精彩，地位越来越巩固。而短视频创作的后来者，通过模仿头部短视频账号的内容很难加入短视频大号的队伍中。因此，在创作短视频的时候，要注意短视频内容的独特性，突出差异化，以获得用户的认可。

内容质量一般可以通过完播率、播放率、点赞率、评论率和转发率这五个指标来体

现。短视频博主通过持续关注这五个指标，不断完善自己的内容，在保证短视频质量的基础上进行推广，便能够获得更好的效果。

2．借用爆款短视频

如果短视频博主缺乏原创能力，可以通过模仿爆款短视频来获得人气，还可以和爆款短视频进行合拍。短视频"大V"会经常查看与该短视频合拍的内容，如果合拍的内容足够精彩，短视频"大V"也会进行评论和点赞。通过这样的方式可以获得更多用户的关注。

爆款视频可以在各大平台的首页、热门推荐中搜索，如果模仿得好，短视频上热门的可能性会很大。在制作短视频时，可以做一些小幅度的修改，背景音乐也可以适当更换，体现出自己的特色，让短视频以更加独特的方式出现在大众面前。

3．与网红、明星进行积极互动

网红、明星自带流量，本身具有粉丝的意见领袖的身份。当短视频博主和这些重量级的意见领袖建立友好的关系后，就能巧妙地从他们那里借力，制造话题，快速传播信息，获得更多粉丝关注，提升知名度和影响力。

如在这些"大V"的短视频下进行积极评论，不时地为"大V"点赞，尤其重视网络"大V"的动态。当粉丝看到评论的时候，自然也会关注，在你的短视频下留言。也就是说，你为短视频"大V"做出的评论越多、越中肯，为别人点赞的次数越多，那么能换来的评论和点赞数也会越多。只要保持足够的耐心和网络"大V"进行线上互动，获得对方评论和点赞的机会就会更多。

除了在网络上和这些"大V"进行互动外，还可以和这些"大V"建立直接的合作关系，让他们主动帮助宣传和推广，例如合作拍视频、互相推荐等。

4．平台推广服务

很多平台有推广服务，如抖音平台的抖加、官方联合话题挑战赛、抖音蓝V认证或者是创意贴纸，都能在一定程度上对短视频账号的推广起到帮助作用。只有获得足够的曝光率，短视频才有可能实现大范围的粉丝量的增加。因此，短视频博主要学会用各种适当的手段去推广自己的账号，提高曝光率。

6.5.3 短视频粉丝运营

通过各种方法吸引粉丝，获得粉丝量暴涨后，短视频博主需要学会粉丝运营，通过线上、线下的不同方式来增强粉丝黏性。

1．粉丝线上运营

粉丝关注短视频账号的原因各不相同，可以根据粉丝的不同特点进行粉丝运营。

（1）与短视频调性相符合的粉丝运营

短视频是短视频博主人格魅力的化身，这些粉丝不看重短时频的内容，而是看重短视频的品牌调性和互动方式。因喜爱短视频的品牌调性而成为粉丝的，其黏性和忠诚度非常高。

对于这些粉丝应该如何运营呢？除了让他们认同品牌内容价值，还应该让粉丝参与到短视频的成长建设当中。因此，短视频博主可以通过建立粉丝群及私信联系等方式进行日常交流，增强情感纽带，同时也为粉丝反馈提供重要渠道。建立社群的成本较低，但是效果明显，对于初创团队来说是一种不错的运营方式。

另外，为了提高粉丝的参与度，短视频博主还可以邀请这部分粉丝参与到内容选题和标题撰写当中，这部分粉丝也乐于参与到短视频构建以及策划传播中。

（2）对短视频内容感兴趣的粉丝运营

粉丝为短视频内容所吸引，对于短视频内容有获得知识、方法的诉求，同时也要求短视频内容有一定的专业性。

短视频博主可以通过引导来帮助他们形成短视频使用习惯，进而深入挖掘其存在价值。因此，短视频团队可以多创造 UGC（User Generated Content，用户生产内容）内容来吸引这些粉丝，同时博主要注意保持内容生产的规律，形成流程化的内容生产机制，通过规律来培养用户习惯。例如根据当下热点生产内容，根据主题形成一系列视频，并且注意视频之间的逻辑关系等。

（3）处于短视频观望阶段的粉丝运营

很多人因某一个爆款短视频而关注新的短视频博主，或者因某种线上活动引导而关注某个账号，这都具有一定的偶然性。这部分粉丝对短视频内容风格及定位不了解，可能存在与短视频博主的匹配度较低的情况，容易流失。针对这种状况，短视频博主可以通过筛选这部分粉丝中的目标用户，分析目标用户需求，强化内容质量来留存该部分用户。而对于一些不具备长期运营价值的粉丝，短视频博主也不需要强求留存。

针对不同的粉丝，短视频博主要采取不一样的运营方式，更好地进行精细化运营。总而言之，只有做好短视频内容，不断提高短视频内容质量，给粉丝提供有价值的内容和服务，才能具备留存粉丝的核心竞争力。

2. 粉丝线下运营

由于短视频流量主要集中在头部账号，其他短视频博主的竞争越来越激烈，线上的运营成本也越来越高，所以还可以通过线下活动实现粉丝的运营。

（1）举办符合大众需求的线下活动

根据大众的需求方向来挖掘更多贴近全民用户的线下活动。这些活动参与门槛低，并且影响力大，可以设置具备吸引力的奖励机制来吸引用户深入参与，例如"万元大奖寻找身材最'辣'的你"，除了各大短视频账号，许多用户都能够参与其中。举办一个全民参与的活动需要粉丝的支持，通过强有力的互动，能够在一定程度上帮助短视频博主提升粉丝活跃度，还能有效提高留存率并且不断涨粉。除此之外，活动举办得好，也能在一定程度上提升短视频博主的知名度。

（2）举办主题活动

在一些圈层中，可以举办一些主题活动。与全民参与的线下活动不同，主题活动比较适合垂直范围的用户参与。如果这一线上活动举办好了，很容易在该领域打出知名度，同时可以有效地增强粉丝黏性。

例如，某些旅游景区的宣传账号可以通过组织主题活动，设置有奖励的摄影比赛来体现景区的特色。同时，还可以给获奖作品一定的荣誉，如放在该景区的展览馆中，这样也能给参与的粉丝以精神上的奖励。某个运动方面的短视频博主可以举办马拉松比赛，这样不仅可以在比赛过程中进行短视频拍摄，还能够沉淀粉丝，并且由于影响力的提升还可以获得更多的粉丝。

（3）定期举办见面会

对于一些有影响力的、有极强个人魅力的短视频团队来说，他们的广告品牌产品很多都是根据粉丝需求选择的，因此可以与品牌产品结合，定期举办用户线下活动，这样可以有效激励粉丝购买。

同时，短视频团队举办线下活动时，也可以借助粉丝力量来开展。有些短视频团队会搭建自己的官方应援团，协助他们更好地举办线下活动，这样也能够保证粉丝的活跃程度。

本章小结

粉丝是对产品、品牌或者推广产品的博主有着更多情感投入的一群人。在互联网时代，更多的人喜欢参与和互动，寻找自己的存在感。因此，粉丝运营要做到以下几点：一是要在了解粉丝心理的基础上，搜集粉丝数据，定位某账号粉丝群体特点，发布符合粉丝需求的内容；二是要打造企业及博主魅力，通过线上营销手段、线下举办活动等方式与粉丝进行互动；三是通过多渠道运营打造社群，并通过精心的社群互动和服务来增强粉丝黏性。本章最后通过对短视频运营的具体描述，举例说明了粉丝运营的过程，希望能够为企业或博主的粉丝运营提供建议。

第7章 活动运营

活动运营不仅是吸引顾客、增加销售的有效工具,更是品牌建立市场地位和提升用户忠诚度的重要手段。本章将详细探讨如何通过精心设计的活动策略来提高品牌影响力和销售业绩。

首先,"活动运营策略"一节将指导读者如何制定符合企业定位的活动策略。其次,"店铺活动策划"一节将聚焦于实体与线上店铺的活动策划,探讨如何创造独特的购物体验,从而将流量转化为实际销售。最后,"爆品打造"一节将介绍如何通过活动运营把普通商品转变为市场上的热销商品,从产品开发到市场推广的每一个环节都不容忽视。

7.1 活动运营策略

7.1.1 活动运营的含义

活动运营是指在商业环境中,通过策划、执行和管理各种营销和推广活动来吸引目标顾客,增加品牌曝光度,提升用户参与度,最终实现销售增长和品牌价值提升的一系列动态过程。这包括但不限于促销、优惠、抽奖、投票、公开课和见面会等,活动形式如图7-1所示。活动运营侧重于利用创新的策略和工具,如社交媒体、电子邮件营销、联盟营销等来优化活动效果,并通过数据分析不

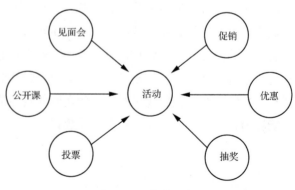

图7-1 活动形式

断调整和优化活动策略，以适应市场变化和消费者需求。

活动运营在商业环境中扮演着多重关键角色，其主要作用包括：

① 增加客流和销量。活动运营通过有吸引力的促销和活动，直接刺激消费者的购买意愿，短期内快速提升客流和销量。

② 提高品牌知名度。精心策划的活动能够提升品牌在目标市场的知名度和可见度，帮助树立品牌形象。

③ 增强客户忠诚度。通过持续和目标顾客进行互动，提供个性化的活动体验，可以提升消费者的品牌忠诚度。

④ 收集市场数据。活动运营可以作为收集消费者数据的有效途径，这些数据可以用来分析市场趋势和顾客偏好，为未来的市场营销策略提供支持。

⑤ 促进产品试用和推广。活动常常鼓励消费者尝试新产品或服务，这有助于加速新产品的市场接受过程。

⑥ 创建独特的购物体验。独特的活动能够创造非凡的购物体验，这在电子商务时代尤为重要，可以让品牌在竞争中脱颖而出。

⑦ 快速反应市场变化。活动运营可以快速地调整和实施，使企业能够迅速响应市场变化和消费者行为的变动。

⑧ 支持社交媒体和内容营销。活动可以生成有吸引力的内容，促进社交媒体分享，扩大品牌在线上的口碑和影响力。

7.1.2 活动类型

活动主要有两种分类方式。第一种是按活动用途分类，第二种是按活动形式分类。

1. 按活动用途分类

活动要能反映运营人员开展活动的目的，如增加微信用户关注量。表7-1总结了活动的十类用途及涵盖的活动形式。

表7-1 活动用途及覆盖的活动形式

活动用途	用途解释	活动形式
增加用户关注/下载/注册	主要是指通过活动提高微信或微博用户关注量，或增加产品App下载或注册量	抽奖形式 免费形式 投票形式
提高产品活跃度/阅读量/留存量	通过活动提高产品活跃度、留存量或阅读量	言语形式 投票形式 签到形式 免费形式
用户召回/唤醒	通过活动及其他运营行为对用户进行召回或唤醒	促销形式 抽奖形式 免费形式

续表

活动用途	用途解释	活动形式
品牌宣传	通过活动+渠道等相关方式，对企业品牌进行宣传并刺激用户了解	抽奖形式 促销形式 会展形式
商品/服务销售	将活动作为销售商品或服务的手段，刺激用户购买商品或服务，最终达到销售的目的	促销形式 抽奖形式 签到形式 投票形式
用户转移	对另一个产品或另一家企业进行用户转移，通过活动的方式使用户快速使用其他产品，达到用户转移目的	抽奖形式 免费形式 签到形式
用户调研	以活动的形式引导用户参与调研，获得数据或信息	反馈形式 免费形式
B活动	B活动是指为其他活动增加热度的小活动，此类活动用于刺激大量用户参与主要活动	抽奖形式 签到形式
企业形象	通过活动的形式维护及宣传企业形象，让更多的媒体关注与宣传企业	会展形式
用户维持	用户维持可以算作日常活动或维护老用户活动，此类活动主要是为了延长用户生命周期	抽奖形式 促销形式 免费形式 签到形式 投票形式 言语形式 会展形式

运营人员在策划活动时往往只注重单一目标，而忽略潜在的活动目标。一般活动都会产生两个或多个提升效果，运营人员须以目标建立及活动环节策划来帮助活动本身发挥最大效益。

2. 按活动形式分类

活动形式只是形式而不是具体的活动展现方式，如抽奖形式活动展现的方式可以是大转盘、摇奖、抽签、随机抽奖等。每个活动形式有多种活动展现方式。活动展现方式取决于产品定位及活动用途。多种多样的活动展现方式能更好地实现活动用途及产品定位，还可以最大限度地符合用户习惯并降低用户疲劳感，增加整体活动的用户新鲜感。

活动形式的展现方式多种多样，运营人员往往很难决定使用哪一种。实际上，每一种活动展现方式都有其特定用途。表7-2归纳了常用的活动形式、活动展现方式、应用产品及作用。

第 7 章 活动运营

表 7-2 活动形式及其展现方式

活动形式	活动展现方式	应用产品	作用
抽奖形式	1 元秒杀	电商平台/热闹产品（如网易、百度、京东的 1 元抢购）	以付出少量金钱的方式获取足够的利益
	积分抽奖	社区平台/论坛/社交（如 QQ 的会员积分抽奖）	通过消耗虚拟货币抽取奖品并满足用户碰运气的心理
	抽签	社交/游戏/社区/电商/垂直 O2O 等（如 QQ 的摇奖活动、电商的抽奖活动）	利用用户碰运气的心理提高产品活跃度，提高某个产品/活动的参与度
	摇奖		
	大转盘		
	抽宝箱		
投票形式	投票	投票形式的任何产品都可以使用，并没有局限性	主要以奖品及所谓的公平方式让被投票人主动宣传活动，以提高活动参与度及宣传产品品牌
	支持		
	集赞		
促销形式	降价优惠	任何电商类产品或服务类产品都可以此活动形式展现及进行活动策划（如"双 11""双 12"）	通过降价直接吸引用户购买产品，让用户快速产生支付行为，短时间内提高销售数据
	满送		
	满减		
免费形式	扫码送礼	金融产品/大众产品	通过扫码下载 App 或其他某种行为，以赠送"神器"的方式吸引大量用户快速使用
	免费购买	电商/社区类（如淘宝 0 元购物，但需要支付运费）	
会展形式	会议讲座	适用于所有产品（如小米发布会、运营讲座等）	主要通过大量媒体或企业的曝光来增加产品或企业知名度，同时达到宣传自己品牌的目的
	展会/发布会		
反馈形式	找漏洞送奖品	适用于所有产品（如问卷填写完毕后会有一次抽奖）	主要通过反馈奖励的方式激励用户填写问卷或反馈信息
	反馈送优惠券		
言语形式	抢楼活动	社区/论坛/社交产品（如天涯抢楼、QQ 群发言数量）	通过抢楼或发言活动直接刺激社区或社群的用户活跃度，并通过丰厚的礼品进一步刺激用户参与，提高产品活跃度
	发言活动		
签到形式	每日签到送积分	适用于所有产品（如 QQ 签到、游戏签到等）	主要是通过签到方式提高产品留存率及用户生命周期，提高用户放弃成本
	签到送机会		
	签到送礼		

表 7-2 虽然列举了八类活动形式及其展现方式，但并未列举完全。现实环境中还有其他活动形式、活动展现方式。随着运营人员的不断思考与创新，将会出现更多的活动创意与活动展现方式。表 7-2 直观地说明了活动形式不同，应用场景及作用也不同，不过许多活动展现方式可以叠加使用。这为联动活动、多个活动运作或多个活动展现方式的结合提供了空间。运营人员可以通过活动形式直接筛选出活动展现方式并自行组合。其实无论是按活动用途还是按活动形式分类，最终目的都是以最好的方式运营活

动,而不是随意地策划或创建活动。分类虽然活动有线上线下之分,但站在运营角度考虑,所有活动展现方式都只是运营活动的手段。

7.1.3 活动运营策略

1. 定位策略

定位策略主要从以下几个方面进行:

① 定位目标市场。明确目标市场是任何定位策略的基础。这涉及对市场细分的分析,包括消费者的地理位置、人口统计特征、心理特征和行为特征等。确定目标市场后,活动运营的策略就能更精确地对准预期的受众。

② 明确品牌定位。品牌定位关乎品牌在消费者心中的地位和形象。这要求我们明确品牌的独特卖点和品牌承诺。活动运营策略应与品牌定位保持一致,强化品牌形象,并与竞争对手区分开来。

③ 设定活动目标。每一次活动运营都应该有明确的目标,比如增加销售额、提升品牌知名度或增强客户忠诚度。目标应该是具体、可测量、可达成、相关性强和有时限性的。

④ 分析竞争环境。了解竞争对手的活动运营策略可以帮助我们制定差异化的定位策略。分析竞争环境包括识别竞争对手的优势和劣势、市场份额以及他们的顾客忠诚度。

⑤ 选择传播渠道。选择最有效的渠道来传达活动信息至关重要。这包括在线渠道(如社交媒体、电子邮件、视频)和传统渠道(如电视、广播、印刷媒体)。渠道选择应基于目标市场的媒体使用习惯。

⑥ 创造价值主张。价值主张是向目标市场传达的核心信息,它解释了为什么顾客应该参与活动并购买产品或服务。这应该围绕消费者的需求和痛点来构建,提出解决方案。

2. 数据策略

数据策略分三个阶段:活动执行前、活动执行中和活动执行后。

(1) 活动执行前数据

执行前数据主要是指活动在策划期间收集的所有数据。活动定位及目标确定后需要根据竞品、市场进行分析。具体主要通过以下三个方面进行分析:

① 竞品活动分析。竞品活动分析主要是收集竞争对手开展活动的相关信息并加以分析,包括对竞争对手活动的环境、突发情况及市场进行数据收集和分析。可以通过竞品活动页面、公开披露数据、寻找相关人员了解、新媒体/媒体分析等方法收集竞品活动数据。

② 市场需求分析。市场需求分析主要是收集产品市场数据，以此定位活动内容及用户。可以通过艾瑞数据网、百度指数、产品本身数据、竞品数据统计等渠道收集数据。

③ 往期活动分析。通过对以往所举办的活动进行分析，收集产品的测算数据及用户情况，以便策划活动。

（2）活动执行中数据

在整个活动执行过程中，运营需要不断收集并分析数据。运营要根据不同的活动目的、活动形式收集不同活动数据并加以分析，整个执行过程中所产生的数据主要是转化、用户参与等数据。

① 参与数据。参与数据是指用户参与活动的数据，主要体现为用户参与数据、日参与数据、周参与数据、单位用户参与次数、平均用户参与次数、新老用户参与数据等。这些数据可以从活动后台或活动数据埋点进行调取，以方便运营人员进行分析。

② 环节数据。环节数据指活动之间的环节，如新流量向新用户转化、新用户向参与活动转化、参与活动向持续参与转化等。对各渠道流量数据、渠道新用户注册数据、新用户参与活动数据、新用户持续参与数据进行分析及计算，并针对各个环节的问题进行修正。

③ 渠道数据。渠道数据是指渠道为活动所带来的流量数据、新用户数据、各渠道的转化情况及消费情况、各渠道消费单价等。可以通过链接渠道标识、渠道后台数据、新用户注册链接进行分析及跟踪，并将这些数据进行相应的计算与分析得到渠道数据，以便调整各渠道的投放或合作策略。

④ 行为数据。行为数据是指用户在活动页面所产生的行为数据，具体数据有热点图、行为路径等。这些数据主要通过第三方统计工具或自家数据来获取。通过对应的数据分析出页面问题、用户行为问题及行为流程问题，并进行记录及页面微调整。

⑤ 转化数据。转化数据与环节数据相似，也是分析各个环节、阶段等数据的转化情况，并且以所有数据及活动关键数据为最终目标进行计算，看是否满足策划期的预期指标。如果不满足则进行调整，如果调整失败则进行活动总结，以及时解决问题。

（3）活动执行后数据

执行后数据多数为对执行前与执行中的数据进行对比及效果分析，涉及渠道、活动本身、预期、定位等多方面。通过分析得出活动期间与活动预期的效果差距，并加以改进。

3. 渠道策略

在电商运营中，活动运营是提升用户参与度、促进销售和增强品牌影响力的重要手段。而要成功地运营活动，选择合适的渠道策略是至关重要的。以下是在制定活动运营策略时需要考虑的几个关键渠道策略。

(1) 内部渠道

① 官方网站。这是最主要的内部渠道，可以通过发布活动页面、新闻稿和社交媒体分享等方式进行宣传。

② 电子邮件。向注册用户发送电子邮件，告知活动的详情和参与方式。

③ 会员中心。针对付费会员或高级会员，可以发布专属的活动信息。

④ 移动应用推送。如果拥有移动应用，可以通过推送通知的方式告知用户活动信息。

(2) 社交媒体渠道

① 微信。利用微信的公众号、朋友圈和微信广告进行活动推广。

② 微博。通过微博发布活动信息，利用微博广告进行推广。

③ 抖音、快手等短视频平台。这些平台适合发布创意短视频来宣传活动。

④ 直播平台。例如淘宝直播、京东直播等，可以邀请主播进行直播推广。

(3) 合作伙伴渠道

① 相关行业合作伙伴。例如与相关联的行业联合推广活动。

② 影响力人士或网红。邀请他们参与活动并分享到自己的社交媒体上。

③ 媒体机构。与媒体机构合作，进行报道和宣传。

(4) 搜索引擎优化

① 优化活动页面。确保活动页面易于通过搜索引擎找到，并包含相关的关键词。

② 创建博客文章或教程。发布与活动主题相关的博客文章或教程，以吸引潜在客户。

③ 参与问答平台。在问答平台上回答相关问题，同时宣传活动信息。

(5) 线下渠道

① 实体店宣传。利用店内的海报、展示屏和员工推荐等方式进行活动推广。

② 商场或展览会。参加相关的商业展览或活动，进行现场推广。

③ 宣传单页或户外广告。在人流量大的地方发布活动宣传单页或户外广告。

(6) 其他渠道

① 电子邮件营销。通过与其他网站的电子邮件列表合作，进行活动推广。

② 合作伙伴交换资源。与其他网站或品牌进行资源互换，互相推广。

③ 优惠券或折扣活动。通过提供优惠券或折扣来吸引更多的用户参与活动。

④ 有奖转发或分享活动。鼓励用户将活动信息分享到自己的社交媒体上，以扩大推广范围。

⑤ 网红或明星代言。邀请网红或明星代言人参与活动并分享到自己的社交媒体上。

⑥ 与KOL合作。与行业内的知名人士或专家合作，让他们在自己的社交媒体上分享活动信息。

⑦ 自媒体分发。利用自媒体平台（如微信公众号、知乎等）进行活动推广。在这些平台上发布活动信息，吸引关注者参与并分享到其他社交媒体上。

4．人员策略

优秀的运营人员具备三种素质：创新性思维、强协调能力、良好的心理素质。

（1）创新性思维

所谓创新性思维，对于运营者来说，就是在运营过程中从打破常规的思维角度去寻找方式、方法，最终提供有价值、与众不同的解决方案。

创新性思维除了取决于运营者本身的素质和反应能力，还可以通过不同角度和方法来培养、形成，具体如图7-2所示。

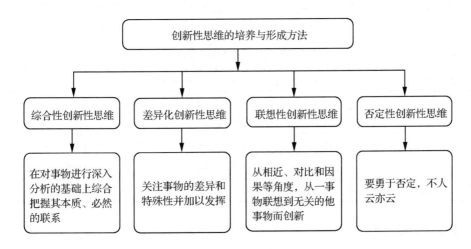

图7-2　创新性思维的培养与形成方法

活动运营者需要具有创新性思维，这样才能让自己运营和策划的活动更具亮点，才能更好地在运营过程中发挥出活动应有的价值。

（2）强协调能力

所谓协调能力，即在决策过程中对人力、物力和财力等方面进行调度和控制，以便达到最佳效果的能力。通常来说，强协调能力指的是无论是在人际关系上还是在工作上都能应对和指挥自如的能力。活动运营者可以说是整个活动的"指挥员"，他们需要具有较强的协调能力，才能与其他人员相互交流，才能保证活动顺利运行。

（3）良好的心理素质

良好的心理素质是活动运营者必须要具备的，特别是在处理突发事件上，要求活动运营者有较好的心理承受能力。活动运营者需要具备的心理素质有：在各种场合、状态下都有较强的心理承受能力；接受领导活动任务委派时拥有绝对的信心；当遇到突发情况时能够沉着冷静地处理；能够积极乐观地面对活动运营中的困难和挫折。

7.2 店铺活动策划

7.2.1 目标设定

进行活动策划时,首先要明确活动的根本目标。在不明确活动目标的情况下,靠臆测去组织活动策划工作,很可能造成资源的浪费,甚至导致活动无法进行。不同的活动,其根本目标有所不同,从而策划的方式也就不同。表7-3列出了不同的活动目标及策划方式。

表7-3 活动目标及策划方式

活动目标	策划方式
宣传店铺形象	邀请明星举行文娱晚会,联系媒体转播 冠名赞助综艺节目进行宣传
提升店铺形象	由企业主导,开展公益活动,提升企业在社会大众心中的形象
获得盈利	可以在节假日以产品促销为中心,进行一场盛大的营销活动
宣传品牌+促销盈利	考虑将活动策划搬到互联网上进行,利用网络的强大功能

7.2.2 活动策划

店铺在进行活动策划的前期工作中,需要将活动总体方案简单策划出来,创建出一个大体的活动雏形,为后续工作提供有效方向。一般来说,在活动总体方案中至少要列出如下事项:

① 活动主题。活动文案的一部分,让用户看得懂,明白活动是什么主题,对其是否有吸引力。

② 活动对象。明确活动针对的群体,让用户看得懂,让自己抓得住,让领导认可。

③ 活动时间。要明确活动的开始时间、结束时间、奖励的发放时间、领取时间。

④ 活动描述。活动文案的一部分,让用户看过之后明确要不要参与、怎么参与。

⑤ 规则详情。活动文案的一部分,让用户看得懂,让开发人员看得懂,一部分内容是在前端展示给用户看的,另一部分内容是让开发人员知道活动如何开展的。

⑥ 投放渠道。让市场人员或者自己看得懂,要有投放时间、投放渠道的选择、预算。

⑦ 风险控制。让开发人员看得懂风险环节是什么,有无对应的措施。

⑧ 监测指标。涵盖大多数相关指标,包括投放渠道的监控、用户参与情况的监控、

奖励发放的监控等。监测这些指标可以在查看数据的时候找到问题，并且为解决问题带来启发。

⑨ 成本预估。包括活动所需的支出、单人成本等。成本预估不一定非常准确，但是必须要有这个意识。有对于成本较高的活动，运营者要明白此活动的容量，收益大概是多少，据此决定是否开展活动。

⑩ 效果评估。活动目的对网站（产品）的哪些指标是有帮助的，以及如何体现。

⑪ FAQ（常见问题解答）。可以另外准备一个文档，提供给客服或者相关人员，帮助解决用户在参与活动中遇到的问题。FAQ 要详细、标准。如果活动规模大，仅有 FAQ 还不够，运营者需要提前准备客服的培训文件，并积极与客服人员沟通。

活动策划的文本通常会分为两个部分：一部分作为前端展示，除了让用户看明白如何参与活动，更要能够推动用户主动参与；另一部分是作为与开发人员的约定，活动如何设计、如何开展，需要和开发人员沟通，必要的时候，需要另外做一个文档，将流程、需求罗列清楚，并且和开发人员保持沟通。活动策划文档的目的是让活动做得有理有据，做活动的理由、耗费的运营成本、上线后可能带来的预期收益等都必须体现在活动策划中。

在以上环节中，还需要明确的是：每件事都必须进行细节确认，每个时间节点都必须进行把控。此外，不管活动大小，活动结束后，都需要完成一份关于活动效果的报告。活动效果的报告可长可短，但通常要包含以下内容：

① 活动概述。简单概述活动主题、对象、时间、内容。

② 活动效果统计。对活动结束后的活动效果进行描述。

③ 宣传效果统计。对各个投放渠道的效果进行统计，并且掌握每个渠道带来的流量、转化率的相关数据。

④ 反思与总结。活动效果、宣传效果带来了哪些经验和教训，下次应该怎么调整，如何提高。

活动策划完成后的第一件事就是确认资源。运营人员最常见的困境就是没有资源。如果公司采用了项目组制的管理，那么资源的协调相对容易。如果公司采用扁平化管理，那么需要和各方人士去协调资源。协调资源有一些基本原则：一是确认这个活动的关联指标是不是非常重要；二是确认这个活动的关联指标的达成是不是非常紧急。如果答案都是肯定的，那么可以去协调资源；如果答案是否定的，那么需要重新思考是否需要做这个活动，运营者不能为了做活动而做活动。

7.2.3 后续工作

1. 与活动开发和设计人员保持沟通

无论能否成功申请到资源，都要与活动相关的设计和开发同事沟通需求。活动设计对于开发人员和设计人员来说会存在什么问题，无法准确预估。提前沟通有利于避免资源准备与技术需求的不匹配。

2. 与测试人员保持沟通

当设计人员开始视觉设计、开发人员开始写活动代码时，运营人员需要与测试人员沟通上线检查单和测试任务等。上线检查单一般包括各条线的工作计划、时间节点、延迟情况、完成进度等。测试任务中各方资源检查包括广告排期、联系人、广告位所在位置、会展时期、EDM（企业数据管理）模板准备情况、文案确认人、数据监控负责人、数据项统计、定时报表、异常情况及解决方案、运营维护人员等。

3. 活动上线及监测

活动上线后，需要对每天的数据进行监测，出现异常时要及时反馈并联系相关同事解决。如果活动效果不好，需要想办法找出问题，然后调整文案。对活动的监测可以参考两条原则。

一是成本测量原则。成本测量原则是指在活动设计阶段，设定一个总成本、人均成本及活动目标值。活动结束时，考查成本是否在预期成本以内。成本测量原则的预期是将活动总成本控制在预算总成本以内，不超发，同时单个指标的成本越低越好。

二是KPI达成原则。KPI（Key Performance Indicator，关键绩效指标）达成原则是指在活动设计阶段，虽然提出了总成本和人均成本，但同时也提出了活动目标值，活动结束时，考核是否达成了活动的KPI。KPI达成原则的预期是用超出预期的效果来抵消成本控制不当的负面影响。

4. 活动总结

活动结束并不代表运营人员的工作结束。运营人员需要对活动进行总结。不管是成功还是失败，只有提炼出来的经验，才是活动运营人员的宝贵财富。第一，所谓活动的效果评估，绝不仅仅是活动之后写一篇活动报告这样简单。如果要足够细致地对活动进行总结，活动数据监测就显得尤为重要，这也关系到如何判定活动效果的好坏。第二，效果评估更多的是为了从一次活动中得出经验和教训，有助于以后活动运营效果的提升，而不是为了追究活动效果不佳的责任，或者美化活动效果以得到奖励。

活动总结的格式与内容是不拘一格的。活动总结没有固定格式，可以使用Word文档、PPT或者Excel，甚至思维导图来进行活动总结。活动总结的内容应当包含活动时间、活动内容、活动效果、经验教训。对于活动时间及内容，运营者需要对照最初活动设计的策划案，确认哪些需求实现了，哪些需求没有实现，以及有没有按时上线或者变更需求。对于活动效果及经验教训，首先要了解数据的情况，还要知道数据波动的原因。需要对导致数据波动因素的主次关系进行分析，掌握主要因素。一份活动总结中最关键和最核心的部分，就是对活动效果的判定和经验教训的总结。

7.3 爆品打造

7.3.1 爆品内涵

在活动运营中，所谓的"爆品"通常指的是那些在市场上非常受欢迎，并且销量突然剧增的商品。这些产品因其独特性、优价值、创新性或高度满足消费者需求等因素，往往能在短时间内引起消费者的强烈关注和购买欲望。爆品的创造是活动运营中一个重要的战略目标，因为它能够显著提升品牌的市场份额、增加收入，并且对品牌形象有积极的长远影响。爆品通常具有以下特点。

1. 功能设计易用

① 简洁性。一个好的产品应该能够解决用户的核心需求，而不需要过多的附加功能。这样可以减少用户的认知负荷，让用户更轻松地使用产品。同时，简洁的产品界面还可以提高产品的美观度，激发用户的购买欲望。

② 符合用户习惯。在产品设计过程中，需要考虑用户的习惯和行为，使产品的使用方式与用户的习惯相符，从而提高用户的效率和满意度。例如，在设计一个电商网站时，应该考虑到用户在购物时的浏览习惯和操作流程，使网站的使用方式与用户的习惯相符，提高用户的购物体验。

③ 直观性。一个好的产品应该能够直观地展示其功能和操作方式，让用户在第一时间了解如何使用。产品的设计应该与用户的认知相符，避免使用户感到困惑或需要过多的帮助。例如，在设计一个移动应用时，应该使用户能够直观地找到应用的功能按钮和菜单，避免用户在应用中迷失方向。

④ 个性化定制。一个好的产品应该能够满足用户的个性化需求，让用户能够根据自己的习惯和需求来定制产品的功能和操作方式。这样可以提高用户的满意度和忠诚度，同时也可以增加产品的差异化竞争力。例如，在设计一个电商平台时，可以提供个性化的推荐服务，根据用户的购买历史和浏览记录来推荐商品，满足用户的个性化需求。

⑤ 适应性。一个好的产品应该能够适应不同的使用场景和设备，让用户在任何情况下都能够方便地使用产品。这样可以扩大产品的使用范围，提高产品的市场竞争力。例如，在设计一个移动应用时，应该考虑到不同设备屏幕大小和操作系统的差异，使应用能够适应不同的设备和使用场景。

2. 交互功能简单

在爆品的设计中,"交互功能简单"是确保用户能够轻松上手并愉快使用产品的关键因素。

① 交互设计的基础。进行用户研究,深入理解用户的行为、需求和痛点。通过原型或者模拟产品来测试功能设计,收集反馈并迭代改进。确保产品直观性,让用户能够凭直觉使用产品,无须额外学习。

② 简化用户路径。精简操作流程,减少用户完成任务所需的步骤数量。用清晰的导航确保用户能够轻松找到所需功能,不会在产品的界面中迷路。设计明确的指引,为用户提供清晰的操作指引,确保他们知道下一步该做什么。

③ 交互元素设计。使用通用的符号和图标,让用户能够快速理解每个元素的作用。设计适合触控操作的界面元素,尤其是在移动设备上。通过视觉或听觉反馈让用户知道他们的操作已被系统识别和执行。

④ 功能的智能化。在可能的情况下,让系统自动执行任务,减少用户的手动输入。采用个性化推荐,根据用户的使用习惯和偏好,提供个性化的功能或内容推荐。

3. 情感设计人性化

① 形态情感化。形态一般指物体的形状、形式或者形象。在产品的设计中,形态通常是指产品外观的表情因素。但是,在优秀的产品经理眼中,形态被认为是产品具有的内在特质和其给用户的视觉感官两者的结合。一款产品,如果能够拥有漂亮的形状、精美的外观,那么产品的外在魅力值就会得到大幅度提升。产品的形态以最快、最直接的方式向用户传递其视觉方面的信息,帮助用户快速了解产品。

② 气质情感化。真正的设计必定是有灵性的设计,就是说设计的产品能够打动人心,并且这款产品能够向用户传递感情,让他加倍感受到产品带给自己的惊喜,将产品与生活的情感和记忆相互串联起来。所以在产品策划中,产品经理需要给产品赋予特定的气质,使产品能够在用户的心中留下特定的形象,让用户在提起该产品时就能够想起企业其他的产品,让用户与产品之间产生情感联系。

③ 操作情感化。若产品拥有巧妙的使用方式,会给用户留下深刻的印象,从而使用户在情感上对产品产生好感。首先,可以分析产品的操作步骤,发现产品在实际操作中需要改进的地方,并加以完善。其次,重视用户的操作习惯,通过对用户的操作分析,找到用户的典型操作习惯。最后,通过与用户之间建立情感联系,能够站在用户的角度进行情感上的思考,进而改善操作中的情感部分。

7.3.2 爆品运营

1. 爆品运营的概念

爆品运营是指通过打造具有高人气、巨量用户和可观收入的产品,实现企业品牌和产品的快速传播,提高企业的市场竞争力和收益。爆品运营旨在发掘和创造用户需求,通过产品创新和营销策略的优化,实现产品的快速普及和用户忠诚度的提升。

爆品运营的核心在于产品的差异化和用户体验的优化。在产品方面,爆品需要具备独特的特点和功能,能够满足用户的需求并与其他产品形成差异化。在用户体验方面,爆品需要提供优质的购买和使用体验,包括产品易用性、交互功能简单、反馈明确、容错性设计和可扩展性等方面。

2. 爆品运营工作的主要内容

爆品运营工作的主要内容包括内容运营、用户运营及活动运营。

(1) 内容运营

"内容"就是爆品能够为消费者提供的并且能满足消费者需求,刺激用户转化的展示。爆品内容可以是视频、音乐、文字、图片,甚至是一句话、一个动作。一般情况下产品都有内容,区别就在内容的类型、特点、表现方式等。它们带给消费者的体验不一样,参与爆品互动的方式也就不一样。所有的互联网爆品都有内容,它们都需要进行爆品内容运营,区别则在于爆品性质和运营重点。什么是内容运营?内容运营就是指以爆品内容为主,通过编辑、创新、组合等一系列方式,打造爆品推广内容,并吸引用户的关注,从而达到推广爆品的目的,提高爆品销量。所有的互联网爆品都需要优质的内容运营。爆品的内容运营工作如图7-3所示。

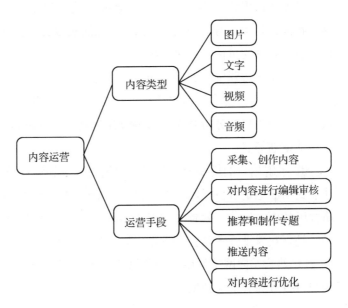

图7-3 内容运营

内容运营对文案要求非常高,在文字水平、逻辑能力、创意能力等方面对运营人员都有要求。既需要有创新的观点,但是想法又不能太新奇以免曲高和寡。同时,运营人员也要多和用户沟通,了解用户的想法,找到更适合用户的宣传方式,从而获得更多优质的内容。过去,内容运营的载体非常单一,但是如今市场发展日新月异,内容载体也比以往多了许多。特别是在互联网上,运营人员对新媒体、新终端的了解考验着内容运营人员的能力,他们要能针对不同的渠道、不同的终端进行不同的内容设计。

(2) 用户运营

网站或者是爆品的使用者就是用户。如何让目标用户使用爆品，是用户运营的主要目标。爆品用户运营就是把提升爆品的活跃度、用户数量作为目标，根据用户的需求制订运营方案。目前，爆品用户运营已经发展到针对不同类型的用户采取有针对性的运营策略的阶段。

发展新用户、维护老用户、提升用户活跃度、挽留流失用户是所有爆品的重点关注内容。当一个爆品没办法继续留住老用户时，产品就会走下坡路。不同的运营阶段，用户的基数不一样，爆品运营的工作内容也会发生变化。不同的爆品，运营方式是有很大差异的。这种差异体现在用户有多依赖爆品，或者爆品内部如何定义用户方面。如今，爆品将"用户"定义为"会员"，这种改变也会影响爆品的运营策略，甚至连运营工具和运营指标也会跟着改变。"用户"是指使用爆品的人，不管他是从何种渠道获得爆品的，只要在使用就是用户。但是"会员"比用户更高级，他们认可爆品，并且愿意为爆品花钱，相当于游戏中的"玩家"。总的来说，"会员"的定义更精准一些，想要开发会员，要做的事情也更多一些。

爆品用户运营要做的事情包括三个方面：

① 用户运营要掌握用户结构。用户结构包括性别、年龄、教育程度、收入、兴趣点等。基础用户的分析结果会影响爆品运营人员的策略制定，包括运营方法、运营渠道和活动策划等。

② 了解用户的规模及增长或衰退情况。了解这些情况才能知道爆品处于什么阶段，才能更精准地定位目标用户，选择更合适的爆品运营方式。如果运营者从事的是一个网络社区的用户运营，就首先要清楚用户习惯，如他们是喜欢原创内容还是喜欢流行话题，是喜欢看漫画还是喜欢看微电影，等等，要根据他们的兴趣点进行用户管理。

③ 熟练掌握网站的用户行为数据分析。这对开发新用户、留存老用户，以及促进用户付费方面有很大帮助。

(3) 活动运营

参照本章第一节的内容。

7.3.3 爆品传播

爆品传播是一个多渠道、多策略的综合过程，它要求对品牌信息、目标受众、市场动态和传播媒介有深入的理解和精确的掌握。

1. 制定传播策略

① 明确传播目标。确定传播活动的主要目标，如提升品牌知名度、增加产品销量等。

② 确定目标受众。分析并定义目标受众的特征，包括他们的需求、偏好和消费

习惯。

③ 制定信息核心。创建简明、吸引人的信息核心,确保在所有传播中保持一致性。

2. 选择合适的传播渠道

① 数字媒体。利用社交媒体、搜索引擎、电子邮件等数字渠道进行传播。

② 传统媒体。通过电视、广播、报纸和杂志等传统媒体扩大影响。

③ 影响者营销。与行业内的意见领袖和影响者合作,利用他们的影响力进行传播。

④ 内容营销。创造有价值的内容来吸引受众,如博客文章、视频、播客等。

3. 创作吸引人的内容

① 故事讲述。围绕爆品创作引人入胜的故事,与受众产生情感共鸣。

② 视觉元素。使用高质量的图片和视频,增加内容的吸引力。

③ 互动内容。设计互动性强的内容,如线上游戏、竞赛和问卷调查。

4. 实施和管理活动

① 定时发布。根据受众的在线行为习惯安排发布时间,以获得最大曝光率。

② 多渠道协同。在多个渠道上协同推广,以保持品牌信息的一致性和覆盖更广的受众。

③ 监测和调整。实时监测传播效果,根据反馈调整传播策略。

5. 分析和优化

① 效果评估。使用数据分析工具评估传播效果,识别成功的元素和需要改进的地方。

② 调整传播策略。根据分析结果调整内容和传播方法,优化后续的传播活动。

6. 持续的用户参与

① 社群管理。在社交平台上建立和维护社群,促进用户之间的互动。

② 顾客关系管理。使用CRM工具管理与顾客的关系,提升顾客忠诚度。

7. 后续支持

① 售后服务。确保产品的成功传播后,顾客能得到及时的售后支持。

② 持续沟通。即使爆品传播活动结束,也要持续与顾客沟通,保持品牌的活跃度。

7.3.4 爆品营销

爆品营销是一种专注于特定商品的营销策略,旨在通过精心策划的推广活动快速提升该商品的知名度和销量。相应的活动包括口碑营销、痛点营销和粉丝营销。其目的是营造一种热潮,使产品在短时间内成为市场上的焦点,从而大幅增加销售和品牌的曝光度。

1. 口碑营销

爆品营销中的口碑营销是指通过创造正面的用户体验来激励和引导顾客自愿地传播产品的好评，从而在潜在顾客中建立品牌的信任和兴趣。口碑营销的核心在于"人际推荐"的自然传播机制，其影响力在于真实和可信的用户评价。

(1) 口碑营销的原理

① 信任传递。人们倾向于信任来自亲朋好友的推荐。

② 社交证明。消费者在看到其他人使用并推荐产品后，更可能被影响。

③ 情感连接。好的产品体验常常激发强烈的情感，促使人们分享自己的体验。

(2) 创造可分享的体验

① 产品质量。确保产品本身足够优秀，能够超出顾客的预期。

② 独特卖点。突出产品的独特之处，使其值得谈论和分享。

③ 用户参与。设计让用户参与的活动，如评测、分享体验故事等。

(3) 激励顾客分享

① 提供激励。通过奖励或认可机制激励顾客分享他们的正面体验。

② 建立品牌大使。培养忠诚顾客成为品牌大使，自然而然地向他人推荐产品。

③ 用户生成内容。鼓励用户创建并分享关于产品的内容，如晒单、评价等。

(4) 利用社交平台

① 社交媒体营销。在社交媒体上创建易于分享的内容，扩大口碑效应。

② 社交媒体监控。监控社交媒体上的品牌提及，并积极参与对话。

③ 网络社区。在网络社区和论坛中建立积极的品牌形象。

(5) 评价管理

① 收集反馈。鼓励顾客在各大平台上留下正面评价。

② 应对负面评价。对负面评价给予及时、专业和积极的回应。

③ 评价展示。在营销材料中展示正面评价，增加新顾客的信任感。

(6) 口碑的测量与分析

① 跟踪传播。使用工具跟踪口碑的传播路径和影响范围。

② 分析效果。评估口碑营销对销售和品牌形象的实际影响。

③ 优化策略。根据分析结果优化口碑营销策略。

(7) 故事讲述

① 品牌故事。塑造感人的品牌故事，故事易于传播且容易引起共鸣。

② 顾客故事。分享顾客的真实故事，用人们的语言传播品牌信息。

(8) 跨渠道协同

① 整合营销传播。确保口碑营销与其他营销渠道相协调，形成统一的品牌声音。

② 线上线下结合。将线上的口碑营销与线下活动相结合，形成更大的影响力。

(9) 持续的关系建设

① 建立长期关系。与顾客建立长期的关系，而不仅仅是一次性的交易。

② 顾客忠诚计划。设计顾客忠诚计划，奖励持续的顾客支持和推荐。

2. 痛点营销

爆品营销中的痛点营销是一种以消费者的需求和问题为核心的营销策略，它着眼于识别、理解并解决消费者在特定领域内所遇到的"痛点"或困难。这种方法不但能够推动产品销量，而且能够在消费者心中建立品牌的正面形象。

(1) 痛点识别

① 市场调研。通过问卷调查、访谈和市场分析来识别目标群体的共同问题和需求。

② 社交倾听。在社交媒体和论坛上倾听相关讨论，以发现消费者的痛点。

③ 竞争分析。分析竞争对手的产品和服务，找出他们未能解决的消费者问题。

(2) 痛点解决方案

① 产品特性。确保产品设计能够有效解决这些痛点。

② 定制化服务。提供能够满足个体差异需求的定制化解决方案。

③ 增值服务。除了基础产品，还提供额外的服务或工具来解决相关问题。

(3) 痛点沟通

① 信息传达。在营销信息中突出产品如何解决这些痛点。

② 故事讲述。用真实的用户故事和案例研究来说明产品的解决方案。

③ 情感共鸣。创建情感共鸣，让消费者感到品牌理解他们的问题和需求。

(4) 营销内容创作

① 解决方案导向。生产内容应围绕如何解决痛点展开，提供具体的指导和建议。

② 教育性内容。通过教育性内容帮助消费者了解他们的需求和潜在解决方案。

③ 优质内容。创造高质量的内容来提升 SEO 排名，吸引目标受众。

(5) 互动与反馈

① 顾客反馈。鼓励用户反馈他们的问题以及产品如何提供帮助。

② 社区建设。建立社区或论坛，让用户分享他们的经验和解决方案。

③ 实时互动。通过在线聊天和客户服务提供即时帮助。

(6) 营销活动

① 痛点解决活动。举办针对特定问题的营销活动，如研讨会、研究报告发布等。

② 案例展示。在各种营销活动中展示产品如何解决实际问题的案例。

(7) 跨渠道协同

① 统一信息。确保所有营销渠道上的信息都是一致的，共同强调解决痛点。

② 全方位营销。将痛点营销策略整合到电子邮件、广告、内容营销等各个方面。

（8）测量与分析

① 效果监测。追踪痛点营销活动的效果，包括用户参与度、转化率和销售数据。

② 持续优化。根据反馈和数据分析的结果不断调整痛点营销策略。

3. 粉丝营销

粉丝经济时代，爆品也需要培养和经营粉丝。粉丝能够影响其他消费者，影响产品开发，影响消费潮流。要积累更多粉丝，增强和粉丝之间的黏性，就必须在粉丝身上投入更多，建立沟通渠道，充分了解粉丝。爆品最正确的营销方式就是粉丝营销。

① 企业或店铺需要了解自身的粉丝是谁及其类别。企业应当通过准确的方法判断粉丝群体，然后根据不同标准对粉丝进行分类，比如依据年龄段、性别、文化程度、行业（职业）、收入、区域、语言、使用资源类别、关注内容等对粉丝分类。对于想要打造爆品的企业和商家来说，最有实用价值的分类一般包括年龄段、收入结构与关注内容等类别。

② 弄清粉丝需要什么。从打造爆品的层面来看，打造爆品主要是为了满足粉丝的生理需求、安全需求和社交需求，同时如果能够部分满足粉丝的尊重需求或自我实现需求，那么将是最成功的。如今的互联网用户大多出生于互联网成长时期，成长于智能时代。他们从网络中接收海量的信息，拥有无限的创意和独特的个性。在消费观念和消费行为上，他们更加注重自己的感受，情感体验也是他们消费的重要依据。因此，企业要想抓住基数庞大的"90后""00后"消费者，就要在爆品设计中融合最新的娱乐元素。他们也注重功能体验，乐于尝试新事物，享受高科技带来的便利，期待产品的新功能，注重易用性。企业一定要在功能上下功夫。他们也重视综合体验，爆品在视觉、听觉、触觉、嗅觉上都要让人耳目一新，才能让他们感兴趣。

③ 强化与粉丝交流，提升忠诚度。一则为粉丝创造极致体验。有好的产品和服务，只是成功转化粉丝的第一步，还要在用户体验上做文章。让用户成为粉丝就要创造贯穿消费过程的极致体验。从产品研发开始就站在用户角度思考，销售期间营销方案抓住用户需求和痛点，售后服务做到贴心周到，这样才能让用户产生认同感和归属感，直至成为忠实的粉丝。二则建立粉丝交流的平台。建立粉丝交流平台的目的是与粉丝进行情感交流和互动，与粉丝的交流互动是互联网营销的手段之一。与粉丝对话时，需要注意三个禁忌：一是敏感问题不要针锋相对，二是拒绝像背书一样枯燥无味，三是不要扑灭粉丝的热情。

④ 保持粉丝的饥饿感。在进行粉丝营销时，企业或商家首先要问一问自己：我的粉丝够饥饿吗？因为粉丝是否饥饿，决定着他们对爆品是否有需求，所以可以用免费营销制造用户饥饿感。一是利用"捆绑式免费"带动销售。"捆绑式免费"就是把免费的东西和付费的产品进行捆绑，用免费赠品带动付费产品的销售。二是利用免费环节带动间接消费。在售卖爆品和售后服务中设置若干免费环节，用这些免费环节来刺激消费者

的购买欲望，带动销售。三是利用免费营销提升人气和知名度，带来再次消费。利用饥饿营销做好三阶段的工作：在售前明确产品市场定位和消费群体，做好前期造势；在售中制造产品供不应求现象；在售后做好售后服务工作，完善技术支持。

本章小结

活动运营是电商运营中至关重要的一环，它提供了一系列具体而实用的策略和方法，用于有效地开展商业活动并促进销售。本章从活动运营的策略制定入手，详细讨论了如何结合市场需求与品牌定位来规划活动；接着，深入店铺活动的策划环节，强调创造独特购物体验的重要性；最后，探索如何将普通商品转变为爆品，强调活动运营在整个商品生命周期中的作用。

通过本章的学习，读者能够理解和掌握活动运营的要点，学会如何运用在各个小节中讨论的技巧和策略来增加顾客参与度、提升品牌形象以及驱动销售。活动运营不是孤立的一环，而是整个商业策略中不可或缺的部分，它需要与市场调研、产品开发、顾客服务等多个方面紧密协作，共同推动商业目标的实现。我们期望读者能将本章的知识应用于实际工作中，为自己的业务带来实质性的增长和成功。

第 8 章 客服运营

在现代电子商务的竞争环境中,优秀的客户服务(简称客服)不仅仅是一个附加值,它已经成为企业成功不可或缺的一部分。本章将深入探讨如何构建和维护高效的客服体系,这对于提高客户满意度、构建长期客户关系和推动业务增长至关重要。本章首先介绍客服的基本概念,明确客服在电商中的核心地位和作用。随后,本章将提供一系列专业的客服技巧,包括沟通技巧、问题解决和客户心理分析,这些技巧旨在帮助客服人员更有效地与客户互动。最后,客服关系管理的内容将帮助读者了解如何利用技术和人文关怀相结合的方式来维护和提升与客户的长期关系。

8.1 客服概述

8.1.1 客服的含义和作用

1. 客服的含义

客服,全称为客户服务(Customer Service),是指企业在销售产品或提供服务过程中,为满足客户需求和解决客户问题而设立的服务职能部门。它是企业与客户进行互动的主要接口,承担着信息传递、用户支持、问题解答、协助处理交易过程中的各种问题等职责。优质的客服不仅能够解决客户在购买前、购买中和购买后可能遇到的问题,还能够通过积极的沟通建立起客户的信任感和忠诚度,进而提升品牌形象和市场竞争力。在电子商务环境下,客服还常常利用各种在线工具和平台,如即时聊天、电子邮件、社交媒体等,为客户提供快速、高效和个性化的服务。

2. 客服的作用

① 客服是品牌的代言人。客服是品牌与消费者之间的直接沟通渠道,代表着品牌

形象。通过提供专业、友好和有效的服务，客服能够正面地影响消费者对品牌的看法，从而增强品牌声誉。

② 客服是顾客体验的塑造者。顾客体验始于用户的第一次查询或购买，并延续至整个产品或服务生命周期。客服通过迅速响应顾客的需求，解决问题，并提供额外的帮助，直接塑造顾客的整体体验。

③ 客服是销售和营销的助推器。客服通过提供产品信息、解释促销活动和协助完成交易等活动，间接地促进销售。此外，通过跨销售（Cross-selling）和增销（Up-selling），客服可以有效地提高平均订单价值。

④ 客服是客户忠诚度和满意度的关键因素。通过有效的沟通和问题解决，客服能够提升客户的满意度和忠诚度。满意的客户更有可能成为品牌的忠实拥护者和口碑传播者。

⑤ 客服是市场反馈的来源。客服在与顾客互动的过程中能够收集关于产品或服务的直接反馈，这些信息对于企业了解市场需求、调整策略和改进产品至关重要。

⑥ 客服是风险管理者和危机应对者。当产品或服务出现问题时，客服是应对危机的第一线，通过有效管理，妥善处理顾客的不满和投诉，可以减少负面影响并快速恢复顾客的信任。

⑦ 客服是客户维持与增长的驱动力。在现代电商运营中，保持现有客户的成本远远低于吸引新客户。客服通过维护良好的客户关系，确保客户回头率的提高，可以为企业带来稳定和收益的增长。

8.1.2 客服岗位职责

1. 售前客服

售前客服的职责包括：

① 熟练运用聊天工具，在线与客户进行沟通和交流，促进客户的最终成交。
② 了解客户的需求信息，进行有效的跟踪服务，做好销售前的指导和服务工作。
③ 熟知公司产品的专业知识，能够解答客户在购物过程中的问题。
④ 对公司现有客户进行系统维护，定期通知公司当前的促销活动。
⑤ 做好相关数据的整理、录入，进行公司各项活动的数据统计。
⑥ 通过良好的服务降低客户的流失率、拒收率和退货率。

2. 售后客服

售后客服的职责包括：

① 运用电话、在线聊天工具等手段，与客户进行充分沟通，帮助客户顺利完成对于企业产品的实际使用。

② 了解客户的真实需求，妥善处理客户对于产品及企业的不满，消除因为产品或服务问题对客户造成的伤害。

③ 熟悉产品的实际使用事项，以专业化的角度给予客户真正的体验式建议。

④ 做好相关数据的整理工作，录入、处理公司产品实际问题的统计数据。

3. 语音客服

语音客服的职责包括：

① 利用电话等通信手段，与客户进行有效沟通，帮助客户解决在线操作的实际问题。

② 协助客户完成企业所销售产品的相关事宜。

③ 妥善处理客户对于所销售产品或服务的不满。

④ 做好相关数据的整理，录入、处理公司各项活动的数据统计。

4. 客服主管

客服主管的职责包括：

① 管理客服团队，按照周期分配团队成员接受咨询、销售商品的任务指标，并协助团队成员完成指标，做好指标下达之后的跟进工作。

② 学习商品相关知识，并组织团队成员学习相关的知识，提升咨询的转化率。

③ 负责协助团队成员处理疑难客户的咨询、投诉问题。

④ 负责收集、整理客服部门所有的相关信息，了解分析客户的真实需求，进行企业相关产品及促销方案的改进。

⑤ 与其他部门进行配合，保证公司促销活动能够真正落实到每个客服人员身上。

8.1.3 客服的任职基础

1. 电脑操作基础

① 打字速度在 80 字/分以上，基本实现盲打。

② 熟练使用 Word 和 Excel，懂得基本的文档归类和表格处理操作。

③ 懂得应用互联网，能够快速地在网络上寻找到自己需要的资料。

④ 熟练使用聊天工具，熟悉聊天工具内各细节功能。

2. 心理素质基础

① 必须具备很强的服务意识。

② 必须具备抗打击能力。

③ 必须具备情绪的自我调节能力，遇到各种问题的时候能够控制情绪。

④ 必须具备处变不惊的应变能力，能够处理各种各样的问题。

⑤ 必须拥有足够的耐心，有些客户提出的问题很简单甚至很幼稚，仍需要客服人

员耐心解答。

⑥ 必须具备对自己、对产品、对企业的充分信心，否则无法打动客户。

3. 基本能力基础

① 文字表达能力，电子商务的客服沟通很多时候都是利用文字进行的。

② 善于学习的能力，电子商务是个日新月异的行业，知识更新很快，必须要不断学习。

③ 良好的人际交往能力，同客户进行沟通和交流事实上就是与人交往的过程。

④ 本行业的基础知识。

8.1.4 客服的知识结构

客服的知识结构，具体如下：

① 产品知识。熟悉公司的产品和服务，包括产品的特点、使用方法、价格、可用性等，以便于给顾客提供准确和全面的信息。

② 公司政策和流程知识。了解公司的退货政策、配送流程、支付方式、隐私政策等，这对于正确指导顾客和处理订单至关重要。

③ 基本法律知识。了解与电商相关的基本法律知识，如消费者权益保护法、电子商务法等，以确保公司操作符合法律规定。

④ 技术知识。熟悉使用客服软件、订单管理系统、聊天工具等电商平台的技术工具。

⑤ 市场和竞争对手知识。了解市场趋势和竞争对手的情况，有助于更好地理解顾客需求和预测行业变化。

⑥ 沟通和危机管理知识。具备良好的沟通能力和危机应对技巧，能够在遇到困难或争议时保持专业和冷静。

⑦ 多语言知识。对于国际电商平台，能够使用多种语言进行沟通是一个加分项。

8.2 客服技巧

8.2.1 语言沟通技巧

1. 常用规范用语

客服常用语要注意规范、礼貌、谦和、亲切。

① 少用"我"字，多使用"您"或者"咱们"这样的字眼：让买家感到我们在全

心全意地为他考虑问题。

② 多使用"您好""请问""麻烦""请稍等""不好意思""非常抱歉""多谢支持"等。平时要注意修炼自己的"内功",同样一件事用不同的方式表达会有不同的效果。如果语言表述不当,则很容易引起误会和纠纷。

2. 尽量避免使用负面语言

客户服务语言中不应该出现负面语言。什么是负面语言?例如,"我不会""我不能""我不愿意"等。

① 在与客户服务的语言中,没有"我不能"。当客服人员说"我不能"的时候,买家注意力就不会集中在客服人员能做到的事情上,而会集中在"为什么不能""凭什么不能"上。正确用语是"让我看看能够帮您做什么",这样就避开了和买家说"不行""不可以"。

② 在客户服务的语言中,没有"我不会做"。当客服人员说"我不会做"时,买家会产生负面情绪,认为客服人员在拒绝他;买家的注意力会集中在客服人员说话的内容上。正确用语是"我能为您做的是……"。

③ 在客户服务的语言中,没有"这不是我应该做的"。买家会认为客服人员的服务态度不好,从而不再听客服人员的解释。正确用语是"我很愿意为您做……"。

④ 在客户服务的语言中,没有"我想我做不了"。当客服人员说"不"时,与买家的沟通会马上处于一种消极的氛围中,为什么要让买家把注意力集中在我们不能做什么或者不想做什么上呢?正确用语是"我能做什么",并且表示非常愿意在自己力所能及的范围内为他们提供帮助。

⑤ 在客户服务的语言中,没有"但是"。不论客服人员前面讲得多好,如果后面出现了"但是",就等于将前面对买家所说的话否定了。正确用语是不说"但是"。

⑥ 在客户服务的语言中,有一个"因为"。想让买家接受建议,应该给买家一些充足的理由;当不能满足买家的要求时,也要告诉其原因。

8.2.2 聊天工具使用技巧

1. 沟通的语气及表情的活用

客服人员在聊天工具上和买家进行沟通时,应该尽量使用活泼生动的语气,要让买家感到客服人员的热情,千万不要让买家感觉到被怠慢。如果确实很忙,不妨客气地告诉买家"对不起,我现在比较忙,我可能会回复得慢一点,请您谅解"。这样买家才能理解并且予以体谅。

当我们没有想到合适的语言来回复买家的时候,与其用"呵呵""哈哈"等语气词,不妨使用一下聊天工具中旺旺的表情。一个生动的表情能让买家体会到客服人员的善意,并且可以带动聊天氛围。

2. 聊天工具的状态设置

我们可以通过设置快速回复来提前把常用的句子保存起来,这样在暂时不在线的时候可以快速地回复买家。在日常回复中,当我们发现一些买家问得比较多的问题时,也可以把回答内容保存起来,需要时可以达到事半功倍的效果。

网店客服还可以通过聊天工具的状态设置,给店铺做宣传,如在状态设置中写一些优惠措施、节假日提醒、商品推荐等。

8.2.3 处理价格异议

产生价格异议的原因有很多。有的可能是因为买家进行了价格对比,发现店铺的商品价格比其他同类店铺商品的价格高;有的买家希望能省则省……作为客服,在与买家讨价还价的过程中该如何应对呢?总的原则是分类施策,坚持底线。具体处理方式可参考如下:

① 倾听和确认。客服应耐心倾听顾客的价格异议,避免打断顾客。表达理解和认可顾客的担忧,这有助于建立信任。

② 分析异议背后的真实原因。有时候,价格异议可能只是顾客不满或疑虑的表面原因。深入了解顾客提出异议的根本原因,是否是对产品价值的不理解,或者是对比竞争对手的价格等。

③ 强调价值而非价格。客服应侧重于强调产品或服务的价值和独特卖点,解释价格背后的成本和服务支持,使顾客感受到物有所值。

④ 使用情感连接。尝试与顾客建立情感联系,让他们感觉被理解和尊重,这有助于缓解对价格的敏感性。

⑤ 提供比较。合理地提供市场上类似产品或服务的价格比较,以便顾客可以看到产品在价格和价值上的合理性。

⑥ 展示证据。提供用户评价、评分或第三方评估,证明产品的性价比和市场认可度。

⑦ 提供选择。如果顾客对价格持续表示异议,可以提供不同价格层次的产品或服务选项,让顾客自行选择。

⑧ 灵活性。根据公司政策,客服可能有一定的价格谈判空间。在确保不损害利润的情况下,可以适当提供折扣或优惠。

8.2.4 处理交易纠纷

要成功地处理交易纠纷,先要找到最合适的方式与买家进行交流。很多客服人员都会有这样的感受,买家在遇到交易纠纷时会表现出情绪激动、愤怒,甚至破口大骂。作为专业的网店客服,必须能够控制自己的负面情绪,同时要掌握纠纷处理的基本思路及技巧。

买家把自己的不满和怨气发泄出来,其不快的情绪便得到释放和缓解,从而维持了心理平衡。此时,买家最希望得到的是卖家的理解、尊重和重视。因此,客服人员应耐心倾听、诚挚道歉,并及时采取相应的补偿措施才会有效。具体处理方式可参考如下:

① 迅速响应。一旦交易纠纷出现,客服须迅速响应,向顾客确认收到他们的投诉,并保证将尽快处理。

② 详细了解情况。客服需要详细了解纠纷的具体情况,这可能涉及订单细节、交付问题、产品质量等方面。这一步骤通常需要收集相关的交易证据,如订单记录、通讯记录、产品照片等。

③ 中立立场。在了解和处理纠纷的过程中,客服应保持中立,不偏袒任何一方。中立的态度有助于保持专业性,增加解决纠纷的可能性。

④ 沟通与协调。客服须与顾客以及可能涉及的其他部门(如物流、财务、法务等)进行有效沟通。确保所有参与方都明白纠纷的状态和处理进度。

⑤ 提供解决方案。根据公司政策和纠纷的性质,客服需要提供一个或多个合理的解决方案。这可能包括退款、换货、折扣、优惠券或其他补偿。

⑥ 谈判和调解。如果纠纷复杂,可能涉及与顾客进行谈判和调解。客服需要具备一定的谈判技巧,以便找到双方都可接受的解决方案。

⑦ 记录和文档化。所有的交易纠纷和处理过程应当被详细记录并存档。这包括顾客的投诉、沟通记录、采取的行动和最终的解决结果。

⑧ 遵守法律规定。在处理交易纠纷时,务必要遵守相关法律法规,避免公司因不当处理方式而产生法律责任。

⑨ 跟进和反馈。即使纠纷得到了解决,客服也应跟进顾客,确认他们对解决结果的满意度,并邀请他们提供反馈。

⑩ 预防措施。客服应将纠纷处理过程中获得的经验反馈给公司,帮助制定预防措施,减少未来的交易纠纷。

⑪ 培训和教育。客服团队应接受有关交易纠纷处理的培训,以便提升处理此类问题的能力。

⑫ 持续改进。客服团队应不断评估和改进交易纠纷的处理流程,确保它们高效、公正,并且能够适应不断变化的业务需求。

8.3 客户关系管理

8.3.1 客户关系管理的内涵

客户关系管理（Customer Relationship Management，CRM）是一种综合性策略和流程，用于管理企业与其客户之间的互动，目的是通过理解客户需求和行为来优化长期关系。这通常涉及使用数据分析来深入了解客户信息、跟踪与客户的沟通历史，以及管理销售或客户服务流程。CRM 策略是由一系列实践、技术和工具支持的，这些工具包括但不限于 CRM 软件系统，其功能涵盖营销自动化、销售力自动化和服务自动化。

客户关系管理的目标在于提升顾客满意度、增加客户保留率、优化营销策略、提升销售效率、增强交叉销售和增销、降低运营成本、改进产品和服务，以及增加数据驱动的决策。

8.3.2 客服关系管理系统

1. 客户关系管理系统的定义

客户关系管理系统（CRM 系统）是一套软件工具和技术，设计用于集中、存储和分析客户信息，以及管理企业与客户之间的互动和关系。CRM 系统的核心是数据库，它记录了客户的联系方式、交易历史、偏好、行为数据以及与客户之间的沟通记录。这些数据可以被用来跟踪销售机会，执行营销活动，提供服务和支持，以及生成洞察力，帮助企业提高服务质量，提升客户满意度和忠诚度。

淘宝、天猫等电商平台都会用到 CRM 系统。常用的 CRM 系统，如越级店长、网店管家、多卖 CRM、集客 CRM 等，可以在服务市场里面找到。

CRM 成功的关键在于理念，理念也是 CRM 实施应用的基础；信息系统和技术是 CRM 成功实施的手段和方法；管理是决定 CRM 成功与否、效果如何的直接因素。借助现代信息技术手段，运用先进的管理思想，通过业务流程与组织上的深度变革，帮助企业最终实现以客户为中心的管理模式，这就是新型 CRM 系统的主要目标。

CRM 系统带来的个性化服务，可以使企业在一个愈加复杂的市场中合理分配和优化资源，找到最佳的服务和投资方向，获得最合适的收益风险比。CRM 系统能够促使企业从以一定的成本取得新顾客转变为取得顾客份额，从发展一种短期的交易转变为开发顾客的终身价值。

(1) 以客户为中心，整合所有的对外业务

以客户为中心是客户关系管理的灵魂，是进行所有对外业务的出发点与落脚点。CRM 系统整合了营销、销售、客户服务及电子计算机技术支持等多个涉及客户切身利益的相关业务，而众多相关业务所遵循的最高指导原则就是以客户为中心，满足顾客多种需求，从而避免交叉服务带来的负面念头，以及各个部门因为个别员工自身的原因带来的偏差，最终建立起本企业与客户之间通畅、高效的沟通与反馈。

(2) 培养和维护客户的忠诚度

培养客户的忠诚度是 CRM 的最根本目的。客户永远是企业生存和发展的根本源泉。当今社会竞争激烈，争夺客户关系到企业的切身利益，所以市场竞争的重点已经逐步转移到争夺客户资源上来。而维持住一个客户又远比争取一个新客户要难得多，因此，如何在获得优质客户之后稳固住这些客户资源，又成为一个重点内容。维护的重点就在于培养顾客的忠诚度。

(3) 利用个性化服务关注重点客户群体

不同的客户对企业的价值是不同的，对贡献度大的客户，企业应当重点关注，为其提供个性化的服务，这样才能确保企业利润的持久与稳定。

2. 客户关系管理系统的功能

(1) 客户往来

对客户进行全面管理，如查询客户的相关详细信息、客户购买产品的信息、客户反馈信息等。

(2) 客户管理

包括客户资料管理、客户交互管理、客户提醒管理、客户回款管理、客户流失管理、合同文档管理等。

(3) 市场管理

① 现有客户数据的分析。识别每一个具体客户，按照共同属性对客户进行分类，并对层叠分类的客户群体进行分析。

② 提供个性化的市场信息。在对现有客户数据的分析基础上，发掘最有潜力的客户，并对不同客户群体制定有针对性的市场宣传与促销手段，提供个性化的、在价格方面具有吸引力的产品介绍。

③ 提供销售预测功能。在对市场、客户群体和历史数据进行分析的基础上，预测产品和服务的需求。

(4) 销售管理

① 提供有效、快速而安全的交易方式。一般的 CRM 系统均会提供电话销售、移动销售、网上销售等多种销售形式，并在每一种销售形式中，考虑实时的订单价格、确认数量和交易安全等方面的问题。

② 提供订单与合同的管理。记录多种交易形式,包括订单和合同的建立、更改、查询等功能。可以根据客户、产品等多种形式搜索。

(5) 销售支持与服务

提供呼叫中心服务、订单与合同的处理状态及执行情况跟踪、实时的发票处理,提供产品的保修与维修处理。记录客户的维修及保修请求,执行维修和保修过程,记录该过程中所产生的服务费用、备品、备件服务,并在维修服务完成后,开出服务发票。记录产品的索赔及退货。

(6) 竞争者分析

① 记录主要的竞争对手。对竞争者的基本情况加以记录,包括其公司背景、目前发展状况、主要的竞争领域和竞争策略等内容。

② 记录主要竞争产品。记录其他企业所提供的同类产品、近似产品和其他可替代产品,包括其主要作用、性能及价格等内容。

(7) 统计分析

包括客户分析、产品销售分析、利润贡献分析、业务员业绩分析,反映出客户、产品销售、利润与业务员之间的关系。

(8) 系统设置

可以对数据库备份、恢复,系统初始化,操作员修改密码,基础资料设置,商品信息设置,等等。

8.3.3 客户关怀方法

对于企业而言,忠诚的客户是企业竞争最有力的武器。如何维系在日常交易及促销活动中沉淀下来的客户忠诚度,如何让客户再次产生购买行为,都是客户关系管理的关键。只有不断地为客户提供优质的商品、令人满意的服务,才能提升客户的满意度,最终达到客户与卖家双赢的结果。

一个店铺的客户群体是具有生命周期的,一般经历产生、成长、成熟、衰老、死亡五个阶段。其中成长、成熟、衰老这三个阶段往往伴随着消费行为,而成熟期则是消费的黄金阶段,延长成熟期就是客户关怀的最主要内容和最终目的。

1. 关怀工具

(1) 电子邮件

通过电子邮件向客户发送定制化的促销信息、新品通知、优惠券等,以吸引客户再次购买。优势在于可以精准定位目标客户群体,提高客户参与度和转化率。劣势在于需要客户同意订阅才能发送邮件,且如果邮件内容不吸引人,反而可能导致客户反感。

(2) 短信

通过短信向客户发送促销信息、订单通知、生日祝福等,以增强客户忠诚度和参与度。优势在于可以覆盖更多客户群体,且能够随时随地与客户保持联系。劣势在于需要客户同意接收短信,如果短信内容不恰当,可能会让客户感到是在骚扰他。

(3) 在线聊天工具

如旺旺、Skype(即时通讯软件)等,可以与客户进行实时沟通,快速解决客户问题,提高客户满意度。优势在于可以随时随地与客户保持联系,且能够提供个性化的服务。劣势在于需要专门的人员进行在线客服,且对于一些常见问题可能需要重复回答。

(4) 社交媒体

通过社交媒体平台向客户发送个性化的促销信息、新品推荐等,以吸引客户参与和分享。优势在于可以与客户的社交网络进行互动,扩大品牌影响力。劣势在于需要投入大量时间和精力维护社交媒体账号,且需要不断更新内容以吸引客户关注。

2. 关怀方式

卖家关怀客户的方式有很多,常见的有订单关怀、情感关怀、节日关怀及促销推送。

(1) 订单关怀

在电商运营中,订单关怀是一种重要的客户关怀方式。订单关怀通常指的是在客户下单购买商品后,对订单状态进行实时跟踪和关怀,以确保客户能够顺利收到商品,并及时解决可能出现的问题。订单关怀包括以下几个方面:

① 订单状态实时更新。在电商平台上,订单状态通常会实时更新,显示客户订单的发货、配送、签收等状态。这种实时更新能够让客户随时了解订单的进展情况,减轻客户的焦虑和不满情绪。

② 订单异常情况提醒。当订单出现异常情况时,如延迟发货、配送失败、商品损坏等,电商平台应该及时发出提醒通知,告知客户具体情况和解决方案。这种提醒通知能够让客户感受到电商企业的关心和服务,提高客户满意度。

③ 订单备注和跟进。在订单关怀中,电商企业应该对每个订单进行备注和跟进,了解客户的个性化需求和问题,并及时解决。这种备注和跟进能够让客户感受到电商企业的专业性和服务态度,增强客户的信任感和忠诚度。

④ 客户评价和反馈。在订单关怀中,客户评价和反馈是非常重要的环节。通过收集客户的评价和反馈,电商企业可以及时了解客户需求和问题,优化产品和服务质量。同时,客户的评价和反馈也是电商企业信誉和口碑的重要体现。

(2) 情感关怀

卖家进行客户关系管理的目的是培养买家的忠诚度并提高其满意度,而客户关系管理除了资金投入,还离不开感情投资。尽管很多时候卖家会选择用软件替代人工关怀,但是买家不喜欢与一台机器对话,而更喜欢有感情、重细节的关怀方式。这就需要客服人员在与买家沟通时更人性化,更注重买家的情绪,而不是一味地使用快捷短语或自动回复。当到了买家生日等重要纪念日时，卖家可以发送祝福短信，对于重要买家甚至可以为其寄一份礼物。

（3）节日关怀

在节日来临前，客服人员通过短信或聊天工具对买家进行关怀，并适时推送促销信息，也会产生不错的效果。

（4）促销推送

当卖家发布新品、店铺庆典、日常促销时，通常会提前给买家发送优惠或红包，客服人员应及时通知买家相关活动信息。但此类信息发送的频率不宜太高、语言不宜太直白，否则容易引起买家的反感。

8.3.4 客户忠诚度管理

客户忠诚是指客户对企业的商品或服务产生了好感，形成偏爱并长期频繁地重复购买的行为。它是客户对企业的商品或服务在长期竞争中所表现出优势的综合评价。

1. 客户忠诚的类型

① 根据客户忠诚的深浅程度划分，可分为认知性忠诚、情感性忠诚、意向性忠诚、行为性忠诚。对于商家来说，最有价值的还是从行为维度上定义客户忠诚，这样商家就可以通过策划有利于店铺收益的营销方式来影响客户未来行为。

② 根据客户态度行为层面划分。根据态度忠诚和行为忠诚两个维度，可按图 8-1 所示对客户忠诚进行划分。对于商家来说，最有价值的是具有高行为和高态度的绝对忠诚类型。

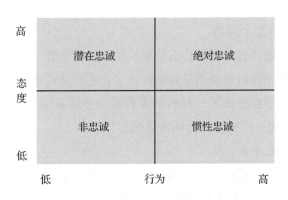

图 8-1 根据客户态度行为划分客户忠诚

③ 根据客户重复购买行为产生的原因划分。美国的凯瑟琳·辛德尔博士根据客户重复购买行为的原因，将客户忠诚划分为七种类型，即垄断忠诚、惰性忠诚、潜在忠诚、方便忠诚、价格忠诚、激励忠诚和超值忠诚。

2. 客户忠诚的衡量

在电商运营中，客户忠诚是指客户对某一家电商企业或品牌的偏好和信赖，以及在长期购买过程中产生的重复购买行为。客户忠诚是电商企业的重要目标之一，因为它能够为企业带来稳定的客流和收入，同时降低营销成本和提高客户口碑。以下是衡量客户忠诚的几个常用指标：

① 重复购买率。重复购买率是衡量客户忠诚最直接的指标，它指的是在一定时间内再次购买同一品牌或同一产品的客户比例。一般来说，重复购买率越高，说明客户的忠诚度越高。

② 购买频率。购买频率是指客户在一定时间内购买同一品牌或同一产品的次数。购买频率越高，说明客户的忠诚度越高。

③ 购买金额。购买金额是指客户在一定时间内购买同一品牌或同一产品的总金额。购买金额越高，说明客户的忠诚度越高。

④ 口碑传播。口碑传播是指客户在社交媒体、评价网站等渠道上对某一家电商企业或品牌的评价和推荐。口碑传播能够影响其他潜在客户的购买决策，为企业带来更多的客流。

⑤ 客户满意度。客户满意度是指客户对某一家电商企业或品牌的整体评价和感受。客户满意度越高，说明客户的忠诚度越高。

3. 客户忠诚管理的会员体系

创建会员体系有三大作用，即收集会员资料、提升客户留存、促进会员交易增长。

（1）明确目标

商家应该清楚以下几个问题：

① 这套会员体系能为客户带来什么价值？这个价值是否为客户迫切需要的？

② 设计的会员体系通过什么渠道触达客户，让客户尽可能多地成为会员用户？

③ 在满足客户基于会员体系享受折扣等特权服务的基础之上，这套体系能给自己的店铺创造多大的价值？带来多大的销售量增长？

（2）确定会员等级方案

① 明确会员等级划分的依据。明确会员等级划分的依据，如消费金额、购买次数、活跃度等。这些依据可以反映客户对电商企业的贡献和忠诚度。

② 确定会员等级的数量。根据企业战略目标和市场调研，确定会员等级的数量。一般来说，会员等级数量不宜过多，以免增加管理难度和客户认知困惑。

③ 制定会员等级的权益和服务。针对不同等级的客户，制定相应的权益和服务。例如，高等级的会员可以享受更多的折扣、优先配送、专属客服等；而低等级的会员则可以享受基础的优惠、快速退款等。

④ 设计会员等级的晋升机制。为了激励客户不断消费和贡献，需要设计会员等级的晋升机制。例如，客户在达到一定消费金额或购买次数后，可以晋升到更高等级。同时，也可以设置积分兑换、抽奖等活动，鼓励客户参与。

⑤ 制订会员等级方案的实施计划。制定会员等级方案的实施计划，包括宣传推广、系统升级、人员培训等方面的准备。同时，也要定期评估方案的效果，及时调整和优化。

（3）根据会员等级设定会员权益

① 价格权益。价格权益是指对不同等级的会员设定不同的价格策略，即越高等级的会员能够在购买时享受更多优惠。为会员提供价格权益的主要方式有商品折扣、满减、差额优惠券、包邮等。

② 服务权益。淘宝本质上是一个打折的电商平台。商家做活动、打折的现象层出不穷，更加导致了淘宝的优惠信息变成了泛滥型信息。因此，淘宝上的商家需要构建更多的与价格无关的权益方式来对会员的成长进行激励，即为会员提供更多的服务权益。为会员提供服务权益的方式包括差异化客户人员服务、快递优选、生日特权、无理由退换货、上新优先权等。

③ 专属权益。专属权益是指通过对客户的商品购买范围进行限制来凸显会员的尊贵。在稳定的会员体系中，专属权益一定是显式的、具有暴露性的，仅仅让能够享受专属权益的人可以看到专享区是不够的，而是让所有的客户都可以看到，因为能看到但不能购买才是最让人焦急的。

（4）制订有穿透力的会员传播策略

① 确定目标受众。明确目标受众是谁，他们的年龄、性别、兴趣爱好、购买习惯等信息。这将有助于更好地了解他们的需求和偏好，以便制定更精准的传播策略。

② 制订传播渠道策略。根据目标受众的特点，选择合适的传播渠道。常见的传播渠道包括社交媒体、电子邮件、短信、电话等。需要评估每个渠道的覆盖范围、受众反应和成本效益，以确定最合适的渠道组合。

③ 制订内容策略。在制订会员传播策略时，内容是至关重要的。需要创造有趣、有价值、与会员利益相关的内容，以吸引他们的注意力和提高参与度。例如，可以分享独家优惠、新品推荐、会员专属活动等信息。

④ 制订时间策略。传播时间也是非常重要的考虑因素。需要确定何时与会员进行沟通，以确保信息在合适的时间传达给他们。例如，在重要节日或会员生日时，发送祝福和促销信息可以增强会员的归属感和忠诚度。

⑤ 制订奖励计划。为了激励会员参与和提升活跃度，可以制订奖励计划。例如，会员可以获得积分、优惠券、礼品等奖励，以鼓励他们在平台上进行更多消费和参与活动。

⑥ 制订危机处理策略。在任何情况下，都需要制订危机处理策略，以应对可能出现的意外情况。例如，如果遇到产品质量问题或服务不足等问题，需要及时回应和处理会员的投诉和反馈，以避免不良影响扩大。

（5）评估并调整会员体系

① 通过对会员体系的运行效果进行日常监控，商家可以及时了解会员管理中存在的问题，为优化会员体系提供数据支持。在日常监控中主要的监控内容有会员新增率、会员消费占比、会员活跃度、会员流失率。

② 对会员体系的准确性进行数据分析，判断其标准设定得是否准确，如分析会员等级划分是否符合当初设置会员体系的目标。商家根据设置会员体系的预期目标做出决策，决定是继续沿用会员体系，还是做出进一步修改。

（6）会员积分管理

在电商运营中，会员积分管理是非常重要的一环，它可以帮助企业更好地了解客户需求，提高客户忠诚度和参与度。

① 设定合理的积分获取规则。制定积分获取规则，包括积分获取的方式、数量、时效等，以鼓励客户参与和提升活跃度。例如，可以通过购物、评价、分享等方式获得积分，并根据积分的获取情况设置不同的积分等级。

② 建立积分体系。根据会员的需求和偏好，建立合理的积分体系。例如，可以设置积分兑换商场、积分兑换券等，以吸引客户参与和消费。同时，要确保积分体系与商品体系、价格体系等相互协调，以实现整体运营的效果。

③ 定期评估和调整积分体系。定期评估积分体系的运营效果，根据客户需求和市场变化及时调整积分体系。例如，可以根据会员的反馈和积分使用情况，优化积分获取规则和兑换规则，以提高客户满意度和忠诚度。

④ 加强积分活动推广。通过各种渠道推广积分活动，例如通过社交媒体、电子邮件、短信等方式向会员发送活动信息。同时，可以在线下门店、电商平台等渠道设置积分活动专区，以吸引客户参与和互动。

⑤ 建立积分数据统计和分析系统。建立积分数据统计和分析系统，对会员的积分获取、使用、消费等情况进行全面掌握和分析。通过数据分析，可以更好地了解客户需求和市场趋势，为制定更精准的营销策略提供支持。

⑥ 做好客户服务。在会员积分管理过程中，客户服务是非常重要的一环。要建立完善的客户服务体系，及时解决客户的问题，以提高客户满意度和忠诚度。

本章小结

　　本章探讨了客服运营在电子商务中的关键作用。从客服的基本概念入手，明确了提供高质量客户服务的必要性，讨论了客服技巧，如有效沟通、问题解决技巧，以及如何运用心理学知识来理解和满足客户需求。还进一步阐述了客户关系管理，强调了建立和维护积极客户关系的长远价值，以及如何通过各种工具和策略来优化这一过程。

　　本章强调客服运营不仅仅是处理日常查询，更是塑造品牌形象、培养客户忠诚度和推动业务增长的战略环节。随着电商平台竞争的加剧，卓越的客服运营已成为企业脱颖而出的关键。读者应将本章的理论知识与实际情况相结合，不断提高客服质量，以实现企业的长期发展目标。

第9章 仓储及进销存

在任何物理产品的供应链管理中,仓储和进销存系统都扮演着至关重要的角色。它们不仅保障了货物储存的安全和高效,还通过精细管理来优化库存水平,降低成本,同时确保产品能够及时到达市场。有效的仓储及进销存管理能够为企业带来竞争优势,提高客户满意度,并直接影响企业的盈利能力。

本章帮助读者理解和实施有效的仓储和进销存策略。本章从"进销存实务"开始,讨论如何跟踪和控制库存的流动,包括采购、销售和存货管理。"包装"一节将阐述包装在物流和品牌建设中的重要性,包括如何选择材料、设计包装及其在市场营销中的作用。"物流"一节将集中物流系统的优化,讨论如何通过合理规划运输、配送和提供信息流来提高效率和降低成本。

9.1 进销存实务

9.1.1 网店 ERP

随着中小型电子商务企业的发展,对企业日常的采购、销售、仓储等进销存业务进行规范管理,不仅能提高企业的信息化水平、管理水平和工作效率,同时也能为企业管理者及时了解企业日常经营状况提供一个便捷实用的信息平台。

ERP(Enterprise Resource Planning,企业资源规划)是一种综合性的信息系统,用于在一个组织内集成和管理各种关键的业务流程和功能。在电商运营中,ERP可以被定义为一个用于管理电商企业各个方面的集成性软件系统,包括但不限于销售、库存管理、采购、财务、人力资源、客户关系管理等。它的主要目标是提高运营效率、降低成本、优化资源利用,并提供实时数据分析和决策支持,以帮助电商企业更好地管理其业务并满足客户需求。ERP系统通常包括模块化的功能,可以根据企业的需求进行定制配置，以适应不同规模和类型的电商企业。通过 ERP 系统，电商企业可以更有效地协调各个部门的工作，提高效率，并更好地满足客户的需求。

淘宝服务市场中的"快递助手"，可以完成基本的 ERP 管理功能，如下载订单、打单、发货、商品录入、出入库管理、利润核算等。如果商家需要更多的功能，目前内贸电商企业用得比较多的 ERP 系统有聚水潭、旺店通、管家婆、管易等，跨境电商企业常用的 ERP 系统有马帮、全球交易助手、芒果店长、店小秘等。

目前市场上电商 ERP 系统越来越多，如何选择适合自己的呢？一款好的 ERP 系统应该符合操作简单易上手、售后服务效率高、软件更新及时这三个基本要求。除了这些基本要求，在选择 ERP 系统时，还可参考以下三个方面的条件：

① 产品体系。随着电商行业的发展，商家对 ERP 系统功能的需求越来越多，一款优秀的软件应该完善覆盖 ERP、O2O、门店管理、分销、跨境、新零售等各种传统及新型业务场景。

② 升级费用。ERP 系统的更新速度很重要，但同时也要兼顾升级的费用，如果每次升级都需要另外付费，则是一笔很大的开销，所以卖家在选择时，一定要考虑 ERP 系统服务提供商是否承诺免费升级。

③ 对接平台。如今电商平台越来越多，除了淘宝、天猫、京东、拼多多等大型电商平台，还有很多新的电商平台在快速崛起，这就对 ERP 系统有了更高的要求，只有系统对接的平台足够多，商家在拓展新的销售渠道时才能更加方便快捷。

没有最好的 ERP 系统，只有最合适自己的 ERP 系统。一款 ERP 系统适不适合自己，还是要通过实践的检验，所以卖家在选择时不要冲动购买，可以先试用，再挑选出最适合自己的 ERP 系统。

9.1.2 销售发货处理

销售发货处理是电商运营中至关重要的一部分，它涵盖了将客户的订单转化为实际货物发货的过程，确保产品按时送达客户，同时维护准确的库存记录和订单管理。以下是销售发货处理的主要步骤：

① 订单接收。首先，从不同的销售渠道（例如网站、移动应用、电话订单等）接收客户订单。这些订单包括客户的购买详情，如产品信息、数量、价格和送货地址等。

② 订单确认。确认订单的准确性，检查产品的可用性和价格。在必要时，与客户联系以核实订单细节。

③ 库存检查。检查库存以确保有足够的产品来满足订单。如果库存不足，需要采取相应措施，如补货或通知客户等。

④ 订单处理。创建订单处理工作单，将订单的详细信息输入系统中，包括产品信息、数量、价格和客户信息。

⑤ 包装和准备。根据订单的要求，选择合适的包装材料对产品进行包装。同时，生成装箱单和发货单，记录包装的内容和数量。

⑥ 物流安排。安排合适的物流方式，如快递公司或物流合作伙伴，以确保订单能够按时交付给客户。生成运单或运输标签，将货物移交给物流合作伙伴。

⑦ 发货通知。通知客户订单已经发货，并提供相关的发货跟踪信息，以便客户能够跟踪其订单的交付状态。

⑧ 更新库存记录。在订单发货后，更新库存记录，减少相应产品的库存数量。

⑨ 订单跟踪。持续跟踪订单的交付状态，确保订单按时送达客户，并解决任何可能出现的物流问题或延误。

⑩ 结算。根据订单的支付方式，进行结算和财务处理。记录订单的付款信息，确保订单的支付得以确认。

⑪ 客户反馈。与客户保持沟通，收集客户的反馈和满意度，解决任何可能出现的问题，以提高客户体验。

9.1.3 销售统计与分析

销售统计与分析是电商运营中的关键活动之一，它有助于企业了解销售绩效、顾客需求和市场趋势。通过对销售数据的分析，电商企业可以制定更好的战略，改进产品和服务，并提高销售效率。以下是关于销售统计与分析的内容：

① 销售数据收集。收集并记录所有销售数据，包括销售额、订单数量、产品类别、顾客信息等。这些数据可以来自电子商务平台、POS系统、线下销售点等多个渠道。

② 销售数据分析工具。使用专业的销售数据分析工具或软件来处理和分析销售数据。这些工具可以帮助企业更轻松地制作报告、图表并做趋势分析。

③ 销售额分析。分析销售额的变化趋势，比较不同时间段、产品类别或地理位置的销售额。这有助于识别销售高峰和低谷，以及制定促销策略。

④ 产品分析。对不同产品的销售表现进行分析，了解哪些产品最受欢迎，哪些产品需要调整或淘汰。还可以分析产品的毛利润和成本以优化产品组合。

⑤ 顾客分析。了解顾客的购买行为，包括购买频率、购买渠道、地理位置等。这可以帮助企业更好地满足顾客需求，制定个性化的营销策略。

⑥ 库存管理。结合销售数据，进行库存管理和预测，确保有足够的库存以满足需求，同时避免库存积压。

⑦ 销售渠道分析。分析不同销售渠道的表现，例如在线销售、线下实体店等。这有助于企业优化销售渠道的资源分配。

⑧ 市场趋势分析。监测市场趋势，了解竞争对手的动态，并根据市场情况做出调整。这可以帮助企业保持竞争优势。

9.1.4 采购管理

精准化备货一方面能够保障供应，另一方面还可以提高资金周转效率。那么如何能够做到精准化备货呢？下面提供一个简单的采购模型。

假定：A 为当前采购时间点的实际库存；B 为当前采购批量；S 为一个周期的销售量。理想情况下，$B = S - A + S$，即 $B = 2S - A$。在实际的电商运营过程中，由于 S，即一个周期（一周、一个月或一个季度）的销售量会随着商品销售淡季和旺季的到来而产生波动，所以电商卖家必须在理想的采购量的基础上加上或者减去一定的百分比。

9.1.5 入库管理

商品入库是仓储业务的开始。商品入库管理，是相关人员根据商品入库凭证在接受入库商品时所进行的卸货、查点、验收、办理入库手续等各项业务活动的计划和组织。采购部下订单时应该认真审核商品的库存数量，做到以销定进。采购部审核订单时，根据企业实际情况，核定进货数量，杜绝出现库存积压、滞销等情况。订单录入后，采购部通知供货商送货时间，并将货物到达时间及时通知仓库的相关人员。

当商品从供货厂家运抵仓库时，收货人必须认真检查商品的外包装是否完好及商品的相关情况，若出现外包装破损或商品原包装缺失、商品临近有效期等情况，收货人必须拒绝收货，并及时上报采购部；若因收货人未及时对商品进行检查所造成的经济损失由收货人承担。

确定商品外包装完好后，收货人必须依照相关单据（订单、随货同行联），对商品的品名、等级、数量、规格、金额、单价、有效期进行核实，核实正确后，方可签字收货、入库保管；若单据与商品实物不相符，应及时上报采购；若商品未经核对即签字收货入库，造成货、单不相符合，由收货人承担因此造成的损失。

入库商品在搬运过程中，应对照商品外包装上的标识进行搬运；在堆码时，应按照仓库管理堆放距离要求、先进先出的原则进行堆码。若未按规定进行操作，由此造成的损失由收货人承担。

入库商品明细必须由收货人所在的仓库管理员核对签字认可，做到账、货相符。商品验收无误后，仓库管理员依据收货单及时记账，详细记录商品的名称、数量、规格、入库时间、单证号码、验收情况、存货单位等。若不按照该制度执行验收，所造成的经济损失由仓库管理员承担。

9.1.6 盘存管理

在存储过程中，为了对库存商品的数量进行有效控制，并查清商品在库中的质量状况，必须定期或不定期地对各存储场所进行清点、查核，这一过程就是盘点。一般来说，盘点的内容主要有以下几项：

① 商品数量。通过点数、计数查明商品在库的实际数量，核对库存账面资料与商品实际库存数量是否一致。

② 商品质量。检查在库商品质量有无变化，是否超过有效期和保质期，有无长期积压等现象。

③ 保管条件。检查保管条件是否与各种商品的保管要求相符合。例如，堆码是否合理稳固，库内温度是否符合要求，各类计量器具是否准确，等等。

电商 ERP 系统可以完成货物数量的盘点，可以根据需求进行日盘点、周盘点、月盘点，活动前或者结束后的盘点。相关人员根据盘点的情况进行报表统计，实时掌握盈亏情况。

另外，相关人员须设定一个库存健康临界点，即库存预计可销售月数量超过 1 个月（可以根据企业实际情况调整临界点），则判定为库存积压，需要做活动清理库存；库存不足 1 个月，可能出现库存不足等情况，需要考虑是否补货。

9.2 包 装

9.2.1 包装及其分类

包装是将产品放置在适当容器内的过程，以确保产品的安全性、完整性和可识别性，并在运输、存储和交付过程中提供便利。

包装可以根据不同的标准和特性进行多种分类，以下是一些常见的包装分类。

1. 按材料分类

① 纸盒包装。通常用于轻量产品，可定制印刷以展示品牌和信息。

② 塑料包装。可用于各种产品，包括食品、电子产品和化妆品等。

③ 玻璃包装。主要用于液体食品、饮料和高端化妆品。

④ 金属包装。适用于罐装食品、饮料和一些耐用商品。

⑤ 纤维板包装。主要用于电子产品和家具等大型商品。

2. 按功能分类

① 保护性包装。旨在保护产品免受损害或污染，如气泡信封、泡沫填充等。

② 促销包装。具有吸引力的包装，旨在吸引客户并促使他们购买，通常在促销活动中使用。

③ 环保包装。设计以减少废物和环境影响，如可降解材料或可回收材料。

④ 便携包装。使产品易于携带和使用，如单次使用包装和便携式容器。

3．按产品类型分类

① 食品包装。专门设计用于包装食品和饮料，须符合卫生和安全标准。

② 电子产品包装。适用于手机、电脑、家电等电子产品的包装，通常包括内部保护和外部包装。

③ 化妆品包装。具有精美外观的包装，旨在吸引消费者。

4．按形状和大小分类

① 方形包装。适用于规则形状的产品。

② 圆柱形包装。通常用于饮料、香水和一些食品。

③ 特殊形状包装。根据产品特性设计的独特形状包装，如鞋盒、礼品盒等。

9.2.2 包装在营销中的作用

1．保护产品

包装的主要作用之一是保护产品免受损坏、污染、变质或外部环境的不利影响。它可以防止物理损害、化学反应和微生物污染，确保产品在制造、存储、运输和使用过程中的完整性和安全性。

2．标识和信息传递

包装通常包含产品的标签、标识和使用说明，这些是帮助消费者识别产品，了解其特性、使用方法、成分等的重要信息。这有助于确保客户购买到所需的产品，并正确使用它们。

3．促销和吸引力

包装是产品的外观窗口，可以通过吸引人的外观、图案、颜色和设计来提高产品的吸引力。精美的包装可以吸引更多的消费者，增加购买欲望，特别是在零售环境中。

4．品牌形象和识别

包装是品牌形象的一部分，可以通过标志、品牌颜色和设计来传达品牌的价值观和标识。这有助于建立品牌认知度和忠诚度。

5．便捷性和携带性

包装使产品易于携带、存储和操纵。适当的包装可以提供便利，使消费者能够方便地购买、使用和携带产品。

9.2.3 包装设计与要求

1. 包装设计

包装设计应依据科学、经济、牢固、美观和适销的原则，对以下各方面进行创造或选择。

(1) 包装外形

包装外形主要取决于产品的物理性能，如固体、液体，其包装形状各不相同。包装外形应能美化商品，对用户拥有吸引力，方便运输、装卸和携带。

(2) 包装大小

产品包装的尺寸、分量，主要受目标顾客购买习惯、购买力大小及产品的有效期等因素影响，应力求使用方便、经济。过大过小、过重过轻、过多过少都不利于销售，甚至影响到企业利润。

(3) 包装构造

产品包装的构造设计，一方面要突出产品特点，另一方面要具有鲜明特色，使产品外在包装和内在性能完美统一，给用户留下深刻印象。

(4) 包装材料

包装材料的选用，其要求有三点：能充分地保护产品，如防潮、防震、隔热等；有利于促销（如能显示产品的性能和优点等），开启方便，便于经销商贮存和陈列；节约包装费用，降低售价。

(5) 文字说明

就不同产品的特点，包装上的文字说明既要严谨，又要简明扼要。文字说明主要包括产品名称、数量、规格、成分、产地、用途、使用与保养方法等。某些油脂类产品、食品通过检验后，应实事求是地在包装上注明"不含黄曲霉素"或"无胆固醇"等字样，在糖制食品上应注明"没有使用糖精"等，以增加顾客对该商品的信任感。

2. 包装设计的要求

包装作为一种营销工具或手段，其设计要考虑满足不同对象的要求。

(1) 消费者的要求

由于社会文化环境的不同，不同国家和地区的消费者对包装的要求也是不同的。包装决策时应该分析消费者的特点，区别国内、国外，不同民族，城市、乡村，使包装的形状、图案、颜色、语言等都适应目标市场的需求。例如，在发达国家应注重包装的美观，而在发展中国家双重用途的包装较受欢迎，它有可能被顾客用作容器。

(2) 运输商的要求

运输部门主要考虑能否以最小的费用将商品安全运达目的地。要满足这个要求，必须采用有效的包装方法。因此，企业需要了解以下问题：货物运往哪里；是否需要堆积；需露天堆放还是仓库堆放；装卸方式是什么。

（3）分销商的要求

分销商要求商品包装既符合运输包装又符合销售包装的要求。

（4）政府的要求

政府对包装的要求通常与标签有关。标签是指附着或系挂在商品上和商品包装上的文字、图形、雕刻及印制的说明。为了防止冒名顶替或欺骗顾客，要把包装内商品的数量如实地告诉消费者，便于消费者进行比较。许多国家制定了商品标志条例，规定商品标签应记载某些指定的项目，有的国家还要求两种语言标签。例如，从2011年开始，美国食品药品监督管理局要求美国的香烟制造商在他们生产的香烟包装及广告上，加印那些会引起人不适感觉的警示图片及标语，以提醒吸烟者吸烟会对他们的健康造成巨大的伤害。

9.2.4 包装装潢

装潢是对产品包装进行装饰和艺术造型。随着经济发展和生活水平提高，消费者对美的追求日趋明显。包装造型与装潢能否为广大顾客欣赏、接受，已经成为产品能否得到社会承认的必要条件之一，许多企业将其作为一种重要的营销和竞争手段。

以下是一些关于包装装潢的建议：

① 符合品牌形象。包装装潢应该与品牌形象相符合，体现品牌的特点和风格。例如，如果品牌注重环保，则可以在包装上使用环保材料和设计环保图案，以突出品牌的环保形象。

② 突出产品特点。包装装潢应该突出产品的特点，让客户一眼就能看出产品的优势和卖点。例如，如果产品是手工制作，可以在包装上添加手绘或手写风格的图案或文字，以突出产品的手工特点。

③ 简洁明了。包装装潢应该简洁明了，不要过于复杂或难以理解。过于复杂的装潢不仅会分散客户的注意力，还会让客户感到困惑和不满。

④ 高品质材料。包装装潢应该使用高品质的材料，以增加客户对产品的信任度和满意度。例如，可以使用高档纸张、金属材料等，以提升产品的品质感。

⑤ 注意细节。包装装潢应该注意细节处理，例如封口处、贴纸等，这些细节处理不好会影响客户对产品的评价和信任度。

⑥ 添加个性化元素。如果企业针对的是年轻人群或特定群体，可以在包装装潢中添加个性化元素，以增加产品的趣味性和独特性。例如，可以添加动漫人物、明星形象等元素，以吸引目标客户的关注和喜爱。

9.2.5 包装策略

现代包装与生产和消费者有密切关系。从消费方面来说,由于收入增长,健康与卫生水平提高,对包装产品的要求会提高;包装产品便于商店陈列,也便于消费者选购;特定包装的产品可以使顾客免于错买粗劣的仿冒品。从生产方面来说,新包装材料的出现,包装机械的开发、改善,使包装设计的改良成为可能。规格化的包装有利于大批量生产。以下是一些关于包装策略的建议。

1. 包装材料选择

选择合适的包装材料是制定包装策略的首要任务。不同的产品类型和品牌形象需要选择不同的包装材料。例如,对于易碎品或重物,应该选择质地坚固的纸箱或木箱;对于高档产品或礼品,可以选择使用高档纸张或礼品包装纸等。同时,要注意环保和可持续发展,选择可回收利用或环保的包装材料。

2. 包装结构设计

包装结构设计是影响包装保护功能和美观度的关键因素。合理的结构设计可以有效地保护产品在运输过程中不受损坏,同时也可以提高产品的整体美观度。例如,对于易碎品,可以在包装内部添加泡沫垫或气泡膜等缓冲材料,以增加产品的抗震性能。

3. 包装信息设计

包装信息设计是指包装上印制的文字、图案、标识等信息。这些信息应该清晰、简洁、易于理解,同时要符合品牌形象和产品特点。例如,可以在包装上印制品牌标志、产品名称、特点、使用方法等信息,以增加客户对产品的认知度和信任度。

4. 定制化包装

定制化包装是指根据客户需求定制独特的包装设计。这种包装策略可以增加产品的独特性和个性化,提高客户对产品的兴趣和好感度。例如,可以根据客户的喜好和需求,定制个性化的包装盒、礼品包装、贴纸等。

5. 绿色包装

随着环保意识的不断增强,绿色包装成为越来越多企业的选择。绿色包装是指对环境友好、可回收利用的包装设计。这种包装策略不仅可以减少对环境的污染,还可以树立企业的环保形象,提高客户信任度。例如,使用可回收材料制作包装,不过度包装等。

9.3 物流

9.3.1 物流的含义与职能

1. 物流的含义

物流是指通过有效地安排商品的仓储、管理和转移,使商品在需要的时间内到达需要的地点的经营活动。物流是一个相当宽泛的概念。从不同的观察角度,可分为宏观物流、中观物流和微观物流;从不同的空间范围,可分为国内物流和国际物流,或区间物流和区内物流;从不同的服务对象,可分为产业物流、商业物流和消费者物流;从其在产业部门的不同功能,可分为生产物流、营销物流(包括电商物流)、采购物流和回收物流。

彼得·德鲁克曾在1962年4月的《财富》杂志上撰文,指出物流是当时美国降低成本的最后边疆,也正是市场营销最后的黑暗大陆。德鲁克的这一论断,被学术界称作"黑大陆"说。此外,关于物流还有"物流冰山"说、效益背反说、第三利润源说等。

与经济全球化和电子商务的应用相适应,现代物流呈现出产业化、专业化、规模化、网格化、自动化和国际化的发展趋势。

2. 物流的职能

物流的职能包括:

① 运输管理。运输是物流的核心职能之一,涉及选择合适的运输方式(如陆路、铁路、海运、空运等)、路线规划、运费谈判、货物装载和卸载等。运输管理旨在确保产品安全、准时地送达目的地,同时控制运输成本。

② 库存管理。库存管理职能包括库存水平的控制、需求预测、补货策略和库存调整等,以确保在需要时有产品可用,并减少库存成本。良好的库存管理可以平衡供应和需求,避免库存过多或过少。

③ 订单处理和管理。物流需要处理和管理订单,包括接受、处理和执行客户订单。这包括订单跟踪、确认、分配和通知客户预期交货时间等活动。

此外,物流的职能还包括分销和配送、仓库管理、信息管理和技术应用、包装和标记等。

9.3.2 电商物流管理目标及其实现手段

电子商务是一场渠道的革命,这场革命源自渠道效率的大幅度提升,而效率源自信息流、物流、资金流的高速运转。电子商务企业的仓储物流管理是企业运营的核心工作，是效率的集中体现。

仓储物流的职能中，"流动"是核心，"存储"只是为了解决供给与需求时间上的不匹配而采取的手段。电子商务企业仓储物流部门的任务就是用最合理的成本、最合理的时间，把商品准确、完整地送达客户手上。为了保障这个任务的实现，需要对仓库及仓库内的物资进行高效率的管理。物流管理是指在市场经济活动中，根据物资流动的规律，应用管理的基本原理和科学方法，对仓储物流活动进行计划、组织、指挥、协调、控制和监督，使各项活动实现最佳的协调与配合，以降低物流成本，提高物流效率和经济效益。

1. 电商物流管理的目标

电商物流管理具有以下五个子目标，简称"5S"目标：

① 优质服务（Service）：无缺货，无损伤和丢失现象，费用便宜。

② 迅速、及时（Speed）：按用户指定的时间和地点迅速送达。

③ 节约空间（Space Saving）：发展立体设施和有关物流机械，以充分利用空间和面积，缓解城市土地紧缺的矛盾。

④ 规模适当（Scale Optimization）：物流网点的优化布局，合理的物流设施规模，自动化和机械化程度。

⑤ 合理库存（Stock Control）：合理的库存策略，合理控制库存量。

2. 电商物流管理目标实现的手段

为实现电商物流管理的"5S"目标，需要以下手段的配合。

（1）信息化

电子商务时代，物流信息化是电子商务的必然要求。物流信息化表现为物流信息收集的数据库化和代码化、物流信息处理的电子化和网络化、物流信息传递的标准化和实时化、物流信息存储的数字化等。因此，条码技术（Bar Code）、ERP系统、仓库管理系统（WMS）在电商物流中被普遍应用。

（2）自动化

自动化的核心是机电一体化，自动化的外在表现是作业过程无人化，自动化的效果是增强物流作业能力、提高劳动生产率减少物流作业的差错等。物流自动化的设施非常多，如条码/语音/射频自动识别系统、自动分拣系统、自动存取系统、自动导向车、货物自动跟踪系统等。

（3）柔性化

柔性化是为了实现"以顾客为中心"的理念而在生产领域提出的。电子商务消费具有更大的不确定性，任何对未来销售数据进行预测的方法、手段都是有较大误差的，所以要根据消费者需求的变化来灵活调节仓储物流,没有柔性化的物流系统是不可能达到目的的。柔性化的物流正是适应生产、流通与消费的需求而发展起来的一种新型物流模式。这就要求物流配送中心根据消费需求"多品种、小批量、多批次、短周期"的特色,灵活组织和实施物流作业。

9.3.3 电商物流仓储及功能区

电子商务仓储的功能核心重在"流动"而非"储藏",电商物流管理的最高境界就是货物的周转率越高越好,快进快出,货物的停滞就是资金的停滞,会占用企业大量资金,增加运营成本。仓库的布局跟网店或者公司的实际需求和大小有很大关系。图9-1为日出货量500单以上客户的仓库布局设计图。

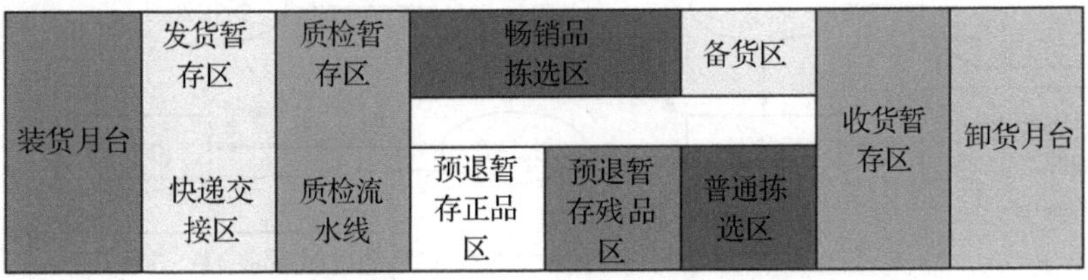

图9-1 仓库的功能分区

① 卸货月台。卸货月台是一个通常位于仓库、物流中心或运输枢纽的物理结构,用于高效地卸载货物或方便货物运输工具(如卡车、列车等)通行和作业。

② 收货暂存区。收货暂存区是电商物流仓库中用于临时存放新到货物的区域,以便对货物进行质检、分拣或进一步将货物分配到其他储存区域。

③ 备货区。备货区是存放即将发货商品的区域,目的是加快订单处理速度,确保快速、高效的商品拣选和发货流程。

④ 畅销品拣选区。畅销品拣选区是专门为销量高商品设置的区域,用于集中存放这些商品,以便实现快速、高效的拣选和发货流程。

⑤ 普通拣选区。普通拣选区是用于存放销量一般或需求较低商品的区域。这些区域用于处理常规订单,确保这些商品的有效拣选和配送。

⑥ 预退暂存正品区。预退暂存正品区是电商物流仓库中用于暂存符合质量标准且计划退回的商品的区域,以便进行退货处理或重新销售。

⑦ 预退暂存残品区。预退暂存残品区是专门用于存放待退货或损坏商品的区域,以便进行后续的处理,如退回供应商或进行修复。

⑧ 质检暂存区。质检暂存区用于对新到货物或退回商品进行质量检查,确保符合标准后再进行后续处理。

⑨ 质检流水线。质检流水线是电商物流仓库中设置的一条自动化或半自动化流水线,专门用于对进出仓库的商品进行系统化的质量检查,以保证产品符合规定标准。

⑩ 发货暂存区。发货暂存区是货物包装完毕待运送的地方，也是和物流快递公司核对数量、扫描、签字交接的地方，紧邻仓库门口。

⑪ 快递交接区。快递交接区用于将准备好的发货商品交接给快递或物流公司，以便进行最终的配送。这个区域是仓库与运输服务之间的连接点。

⑫ 装货月台。这是物流快递公司货车完成装货的区域，可以与卸货月台使用同一区域。当进出货物量增大时，建议分开卸货及装货作业区域，以免造成作业冲突。

9.3.4 电商物流的工作流程

电商物流的工作流程如图9-2所示。

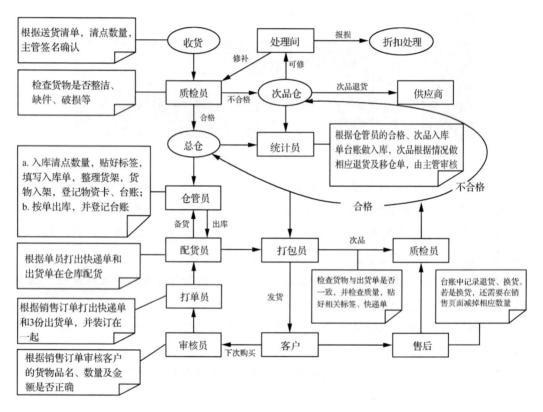

图9-2 电商物流工作流程

1. 收货

收货对仓库管理至关重要，须提前计划和协调各环节，包括市场部预测销售和采购部及时采购，以确保流程顺畅。否则，可能导致商品供应不足，出现质量问题，以及后续销售困难等。收货分采购收货和退换收货，两种收货在操作上略有区别，收货的流程如下。

(1) 采购收货流程

① 采购部在某批次采购合同生效时，及时将采购商品的供应商、运输商、商品种类、商品总件数、预计到货时间等信息通过 OA（办公自动化）系统通知给仓库统计员，仓库将根据到货计划做好入库工作安排。

② 库房人员根据到货计划做好仓库货位调整，确保商品及时上架。

③ 当商品到库房进入收货区，仓库人员应及时做好收货工作。

④ 收货过程中出现疑问应及时向相关人员或上级主管沟通、汇报，不可擅自处理。

⑤ 收货完毕，于送货单上加盖收货专用章，待上架商品堆放整齐，做好收货环境整理、清扫工作。

(2) 退换收货流程

① 统计文员在签收顾客退回包裹前，应首先查看是否有客服部批准的退货申请单。有则签收后通知收货人员收货，若无退货申请单则作拒收处理。

② 收货人员应检查商品质量、外观，对照是否与退回原因相符，电器类产品查看是否有厂家指定售后公司提供的商品检测报告。

③ 收货完毕，将退货单粘贴至退回商品外包装上，并作退回收货登记。

④ 退回商品放入退货区专架，经确认产品合格，适宜二次销售的等待仓管员重新入库上架，若产品不合格，已经失去商品价值，放入次品库等待集中给供货商退货。

2．质检员

质检员的工作流程如下：

① 接收商品，进行外观和功能的详细检查，确保无损坏且符合规格。

② 记录所有检查结果，基于这些数据判断商品是否合格，合格则转入下一步（总仓），不合格则退回或处理（进入次品仓）。

③ 将检查结果更新到仓库管理系统，确保信息准确，便于库存和订单管理。

3．总仓

(1) 仓管员的工作流程

① 仓管员根据上架单对商品上架。货架编码规则：货架货位编码一般为6位，第1位、第2位为仓库顺序号；第3位为英文字母，表示排顺序号；第4位、第5位为数字，表示列顺序号；第6位为数字，表示货架层顺序号。例如，第02号仓库、第H排、第12列、第7层的货位编码为02H127。

② 商品上架位置优化。活动商品、赠品优先考虑放置靠近验货台货架；畅销商品（周转率高者）优先考虑位于第二、三层，滞销商品尽量远离验货台（区）及货架较高的位置；库区实物货位调整需登记上报货架号，及时配合统计员进行系统货位调整。

③ 按单出库，并登记台账。

（2）统计员的工作流程

① 根据仓管员的合格、次品入库单台账做入库。

② 次品根据情况做相应退货及移仓单，由主管审核。

（3）其他管理员的工作流程（如库房环境管理和设备管理等）

① 根据"5S"库房管理要求对库房及商品进行整理、整顿、清洁和清扫。

② 收货区、备货区、退货区、次品区、发货区分区明晰，严禁各区商品混放。

③ 对库房及商品进行安全检查，定期检查消防设施及库房水电安全，保持消防通道畅通。

④ 严禁无关人员随意出入库房，个人物件不得带入库房。

4．配货员

配货员的工作流程如下：

① 通过仓库管理系统接收并审核订单。

② 根据订单信息，在仓库相应区域拣选商品，使用扫描设备确保准确性。

③ 核对拣选商品的订单，确认无误后交由打包员。

5．打包员

打包员的工作流程如下：

① 从配货员处接收核对无误的商品。

② 检查商品无损并选择适合的包装材料。若有损则交给质检员。

③ 仔细包装商品，确保商品固定，外部贴上运输标签和条形码。

④ 将打包好的商品移至发货暂存区。

6．审核员

审核员的工作流程如下：

① 从销售部门或系统中接收待审核的客户订单。

② 仔细审核订单中的货物品名、数量和金额，确保与客户要求及销售记录相匹配。

③ 若发现信息不符或有疑问，与相关部门联系解决或调整。

④ 确认所有信息无误后，批准订单。

⑤ 将审核通过的订单传递给打单员，以便进行下一步的订单处理。

7．打单员

打单员的工作流程如下：

① 从审核员处接收待处理的订单。

② 根据订单详情，打印相应的运输单据和标签，包括收货地址、订单编号等信息。

③ 确认打印的单据信息与系统订单完全匹配，确保无误。

④ 将打印好的快递单和出货单传递给配货员，用于随后的商品拣选和包装工作。

8．售后

售后的工作流程如下：

① 通过电话、电子邮件或在线平台接收客户的售后请求和问题描述。

② 分析客户问题，确定问题性质和责任归属。

③ 根据问题类型，提供维修、更换、退款或其他服务。若是换货，还需要在销售页面减掉相应数量。

④ 安排维修服务或发送替换产品，处理退款等。

⑤ 确保问题得到解决，跟进客户满意度。

⑥ 记录处理过程，分析售后服务数据，用于改进产品和提升服务质量。

9.3.5　电商物流相关岗位职责

1．电商物流部的组织架构

① QC（质量控制）组，负责质量检查、数量核对、标签和配件检查。

② 订单组，负责订单生成、打印、核对、交接及快递单事务。

③ 入库组，负责分类、包装、入库、盘点。

④ 商品管理组，负责上架、抓货、移库、盘点。

⑤ 出库组，负责分拣、包装、贴快递单、打包、交接物流。

⑥ 退货组，负责退换货事务。

2．电商物流部的考核标准

① QC 组，质检出错率，质检完成率，"5S"执行情况。

② 订单组，订单出错率，订单及时完成情况，配货单完成情况。

③ 入库组，入库完成率，盘点数量差错率。

④ 商品管理组，商品上架完成率，配货完成率，配货出错率。

⑤ 出库组，商品发错率，出库完成率。

9.3.6　仓储管理系统

1．仓库管理系统

仓库管理系统（Warehouse Management System，WMS）是一种软件工具，专门设计用于优化仓库或分配中心的操作和管理。它涉及从货物接收、存储、拣选、打包到发货的整个过程。WMS 的目标是提高效率、减少错误，并支持库存管理的实时可见性。WMS 给用户带来的收益包括：

① 提高效率和准确性。自动化的数据收集和处理减少了人为错误，提高了物流操作的效率和准确性。

②库存优化。系统通过实时监控库存情况,帮助企业准确预测库存需求,从而避免过剩或短缺的情况,优化库存管理。

③成本节约。通过优化仓库布局和提高操作效率,企业能够显著降低仓储和物流成本。

④增强客户满意度。快速、准确的订单处理能够提升客户服务水平,提高客户满意度和忠诚度。

⑤数据分析和报告。系统能够提供详细的数据分析和报告,帮助企业监控关键绩效指标(KPI)并做出更明智的商业决策。

⑥适应性和可扩展性。随着业务的发展,仓库信息管理系统可以灵活调整以满足不断变化的需求,保证长期的可持续发展。

2. WMS 系统功能简介

(1) 货位管理

采用数据收集器读取产品条形码,查询产品在货位的具体位置(如 X 产品在 A 货区 B 货道 C 货位),实现产品的全方位管理。通过终端或数据收集器实时地查看货位货量的存货位置、空间大小及产品的最大容量,管理货仓的区域、容量、体积和装备限度。

(2) 产品质检

产品包装完成并粘贴条码之后,运到仓库暂存区由质检部门进行检验,质检部门对检验不合格的产品扫描其包装条码,并在采集器上作出相应记录,检验完毕后把采集器与计算机进行连接,将数据上传到系统中;对合格产品生成质检单,由仓库保管人员执行生产入库操作。

(3) 产品入库

当产品到达仓库时,系统用于记录产品的接收,并核对发货单或订单以确认数量和类型是否正确。对入库产品进行质量检查,确保产品符合标准和要求,没有损坏或缺陷。将产品的详细信息(如数量、类型、批次号等)录入系统,更新库存记录。系统根据产品特性和存储需求自动分配合适的货位。为产品打上条形码或 RFID(无线射频识别)标签,并进行适当的分类和标记,以便于今后的跟踪和管理。同步更新相关系统(如订单管理系统、库存管理系统等)中的数据,保持信息的一致性。

(4) 货物拣配

根据不同的订单生成的配货清单包含非常详尽的货物信息,包括品名、数量、货位等,相关配货人员在拣货时可以扫描商品条码信息自动形成预警。对错误的商品和数量信息进行预警提示,可以极大地提高仓库管理人的工作效率。

(5) 产品出库

接收并处理客户或内部的出库订单,确定需要出库的商品类型和数量。根据订单需求，系统指导仓库工作人员到指定货位拣选商品，并进行适当的包装和装箱。在商品离开仓库前进行最终的质量检查，以确保发出的产品符合质量标准。记录商品的出库信息，更新库存数据，以确保库存记录的准确性。安排运输途径，确保商品能够安全、及时地送达客户或目的地。与其他系统（如销售管理系统、库存管理系统）同步更新数据，以维持数据一致性。

（6）仓库退货

根据实际退货情况，扫描退货物品条码，导入系统生成退货单，确认后生成退货明细和账务的核算等。

（7）仓库盘点

根据企业的制度，在系统中根据要盘点的仓库、品种等条件制定盘点任务，把盘点信息下载到采集器，仓库工作人员通过到指定区域扫描产品条码输入数量的方式进行盘点，采集完毕后把数据上传到系统中，生成盘点报表。

（8）库存预警

仓储环节可以根据企业的实际情况为仓库总量、每个品种设置上下警戒线，当库存数量接近或超出警戒线时，进行报警提示，及时进行生产、销售等的调整，优化企业生产和库存。

（9）质量追溯

记录和追踪原材料的来源、批次号和质量状态，确保原材料质量的可靠性。在生产过程中追踪关键质量控制点，记录任何可能影响最终产品质量的信息。当产品进入仓库时，进行质量检验并记录检验结果，确保只有合格的产品被存储和进一步处理。在产品出库前进行最后一次质量检查，确保发往客户的产品符合质量标准。系统地管理所有与产品质量相关的数据，包括检验报告、不合格品记录、改进措施等。在需要时能够快速追踪产品的整个历史记录，包括所有质量相关的信息，以便于分析和报告。

本章小结

本章首先审视了"进销存实务"，讨论了精确跟踪库存、预测需求和有效补货的技术和方法，认识了基本操作原则对于确保库存水平与市场需求之间平衡的重要性。接着，转向"包装"的重要性，强调了它在保护产品、降低物流成本以及增强商品吸引力方面的作用，并讨论了包装设计的原则，以及如何使包装既实用又具有吸引力。最后，在"物流"一节，分析了物流管理的复杂性，并提供了优化物流操作的策略，这些策略旨在提高运输效率、降低成本，最终提高顾客满意度，同时也强调了信息技术在物流规划和实施中的作用。

　　本章的内容不仅适用于希望改善现有仓储和进销存系统的业务管理者,也适用于那些正在构建新系统的专业人士,能够帮助读者全面了解仓储及进销存知识,使他们能够在实际操作中应用这些原则和技术,优化供应链管理,提升业务效能。在市场快速发展和消费者需求不断变化的今天,掌握这些知识不仅能帮助企业保持竞争力,还能为他们实现可持续增长奠定基础。通过本章的学习,读者将能够把握住管理现代供应链中一个核心环节的关键知识,从而使他们所在的组织在激烈的市场竞争中保持领先。

参考文献

[1] 陈韵棋，老胡. 私域流量运营指南：从流量到高利润［M］. 北京：中国铁道出版社，2021.

[2] 崔恒华，孙效宸. 电商多平台客服实战：淘宝、京东、拼多多［M］. 北京：电子工业出版社，2021.

[3] 郭相臣. 社群运营与营销一本通［M］. 北京：北京联合出版公司，2022.

[4] 韩丽. 私域流量运营：用户增长的制胜法宝［M］. 北京：电子工业出版社，2021.

[5] 李琪，彭丽芳，王丽芳. 电子商务概论［M］. 北京：清华大学出版社，2017.

[6] 李强，李燕伟，狄方馨. 爆款运营手册［M］. 北京：电子工业出版社，2017.

[7] 李云飞. 网上店铺运营实务［M］. 北京：北京理工大学出版社，2020.

[8] 邵兵家，钱丽萍. 客户关系管理［M］. 北京：清华大学出版社，2023.

[9] 邵贵平. 电子商务供应链管理［M］. 北京：人民邮电出版社，2021.

[10] 苏朝晖. 电商客户关系管理［M］. 北京：人民邮电出版社，2021.

[11] 唐连生. 电子商务运营管理实务［M］. 北京：中国财富出版社，2020.

[12] 王永贵. 市场营销［M］. 2版. 北京：中国人民大学出版社，2022.

[13] 吴健安，聂元昆. 市场营销学［M］. 5版. 北京：高等教育出版社，2014.

[14] 杨飞. 流量池［M］. 北京：中信出版社，2018.

[15] 曾水华，向天夫，王伟. 粉丝运营：吸粉技巧＋盈利模式＋实战案例［M］. 北京：人民邮电出版社，2017.

[16] 张巍，吴勇，傅治. 电子商务运营实务［M］. 上海：上海交通大学出版社，2019.

[17] 中国物流与采购联合会. 物流管理［M］. 北京：人民邮电出版社，2023.

[18] 周海容，朱景伟. 电子商务运营实务［M］. 北京：电子工业出版社，2021.

[19] 周英英. 短视频＋直播：内容创作、营销推广与流量变现［M］. 北京：电子工业出版社，2021.

[20] 竹林羿，李雨桐，刘宇轩. 流量运营与变现［M］. 北京：中国经济出版社，2020.